▲ 军旅生涯30年,1991年转业前与妻子合影留念

▼ 2011年,庆贺70岁生日时全家人欢聚一堂

▲ 国家药监局颜江瑛副局长在奉贤区区长及上海市、奉贤区市场局领导陪同下到上海创元公司调研考察

▶ 法国客人在上海东方美谷国际化妆品大会期间到上海创元考察。法国化妆品谷创始人让-吕克·安塞尔（左一）、法国黛法汉化妆品集团总裁迪米特里·黛法汉（左三）、黛法汉中国分公司副主席王登君（右）与作者合影

▼ 东方美谷企业代表参与国家发改委美容产业规划编制组调研座谈

▶ "玛丽黛佳"制造基地与营销公司分别在庄行、南桥两镇。两地政府领导参观"玛丽黛佳"艺术展后与作者合影
左起：周国祥、骆永、蔡光军、盛梅娟、作者、沙成禹

◀ 公司年会上班子成员与庄行镇政府领导合影

▶ 左起：公司核心成员曾四立、崔晓红、崔晓华、作者、曲显武，在2016年年会上合影

▲ 1997年崔晓华刚进入化妆品行业，快乐一家人合影

▲ 与妻子、儿子崔晓华、女儿崔晓红在"玛丽黛佳"年会上

▲ 在2018年年会上的一家人

▲ "玛丽黛佳"乌鲁木齐代理商大会后和两个女儿在喀纳斯湖旅游

▲ 上海创元连续三年进入奉贤区财富百强企业行列。这是2016年百强企业代表合影

▲ 人民优选直播大赛奉贤赛区"玛丽黛佳"产品获奖，颁奖会上领奖

▲ 每年一次供应链大会，不断加强供应链建设，提升供应链竞争能力

◀ 陪同奉贤区委书记庄木弟参观"玛丽黛佳"艺术展

▶ 上海市消费者协会负责人到"玛丽黛佳"总部考察

◀ 奉贤区区长郭芳到上海创元工厂考察

▶ 1989年在杭州为部队授课后与妻子旅游

◀ 时任军委副主席李德生（前中）到高级陆军学校视察，前左郭兴福、任保裕，作者后右一

▶ 1991年军旅生涯结束转业前与家人合影留念

▲ 企业家黎高雄（左三）与作者（左四）共同观赏湖北黄梅县黄梅剧团在上海演出。观后与主要演员合影

◀ 位于奉贤北环路869号工厂建成。在开业典礼仪式上，与崔晓华合影

◀ 义乌市委常委副市长施文臻（左二）、改革创新研究院院长黄卫勇、经委副主任鲍淑敏来上海创元调研从义乌出来的企业如何转型升级成功。调研后与作者（右二）合影

从太行山到上海滩

艰苦奋斗改变命运的人生回忆

崔东昇 / 著

文汇出版社

序一
走出太行山的奋斗人生

上海日用化学品行业协会执行会长
金　坚

作者与上海日用化学品行业协会执行会长金坚在东方美谷化妆品大会上合影

听闻崔东昇先生的回忆录《从太行山到上海滩》即将出版，甚是激动。

读罢作者的著作，我心潮澎湃，久久难以平复。

洋洋洒洒十余万字，叙述了作者的奋斗历程。历尽艰难险阻，道尽酸甜苦辣。书写了一家人艰难创业、改变命运的历程，读起来荡气回肠。

作者带领一家人，从太行山走出来，从一无所有，到打造著名的彩妆制造企业，创立闻名的艺术彩妆品牌"玛丽黛佳"，堪称传奇。

熟悉太行山的人都知道红旗渠，它是当地人民靠"自力更生、艰苦奋斗"的精神，构筑的一条人间天河，从此改变了生存面貌。一方水土养一方人，从那里出来的人，血液里都流淌着奋斗的基因。作者的生命奋斗史，不仅是一家人的骄傲、林州人的骄傲，更是红旗渠、太行山人的骄傲。

巍巍太行，英雄辈出。"北上太行山，艰哉何巍巍！羊肠坂诘屈，车轮为之摧。树木何萧瑟，北风声正悲……行行日已远，人马同时饥……悲彼《东山》诗，悠悠使我哀。"遥想当年，曹操率兵亲征高干，途经太行山，委曲如肠的路上，风雪交加，食宿无依，古直悲凉，又有排除万难、必定取胜的雄心。

作者崔东昇的人生经历，竟和古人的描述极为相似。生于贫困的太行山，艰难中活下来，为吃饱饭去当兵；走出太行山，军旅生涯奋斗三十年；夫妻分居十五载，妻子在农村养育三个子女，最终一家人走出太行山。为就业，两个子女都历经了军旅的历练。从当个体户，到上海滩创业，一家人通过艰苦卓绝的奋斗，创造了业绩，改变了人生，也改变了一家人的命运，一切显得那么悲壮。

作者更是怀有"老骥伏枥志在千里"的雄心。他历经无钱读书而从教、军旅生涯磨练、为子女放弃在部队退休而转业，连续工作了43年，任团处级职务22年。60岁退休后，跟随改革开放的大潮，与时俱进，带领全家人，进入彩妆行业，创业奋斗18年。他们跟着时代的前进步伐，一家人逐步从体制内转到体制外，艰苦奋斗，不断创新，历尽波折，攻坚克难，走出太行山，创业上海滩，最终成就了一番事业。

作者的儿子崔晓华不畏艰辛，艰苦奋斗，从失业到当个体户，又创办了亚洲最具竞争力的彩妆工厂，取得非凡成绩，创造商业传奇。

作者的小女儿崔晓红，工科出身，在上市公司工作10年后，改行创立了中国艺术彩妆品牌"玛丽黛佳"，被誉为"彩妆教母"。

作者一家人相互扶持，风雨同舟，人生曲折。读罢动人心弦，感动至极。我不禁思考，我们这个时代，最可贵的是什么？

是奋斗的精神。奋斗是人类最宝贵的财富。在物质生活越来越丰富的今天，部分年轻人奋斗的精神成了稀缺资源。在作者笔下，一家人性格各异，但共同奋斗的形象栩栩如生。奋斗的品质渗透在人生的全过程，每个人都通过艰苦奋斗而改变了命运，取得了成就，实在令人感佩。

正如红旗渠是依靠奋斗创造的人类奇迹一样，作者改变家族命运的历程，正是一部奋斗史。他们通过奋斗改变人生命运，创造了非常宝贵的精神财富，那就是"自力更生、艰苦创业、团结协作、无私奉献"的红旗渠精神。

他们骨子里渗透着红旗渠精神,也在事业中得到了充分的展现,成就了企业的优秀文化,赋予了民族品牌的内在价值,值得当今社会提倡和弘扬。

他们家族的奋斗故事,正是中国改革开放、社会变革创新的缩影。应该让更多人知道,也值得更多人参学、借鉴,为民族企业崛起、为培养一代优秀民族企业家点赞,为优秀品牌"玛丽黛佳"成为中国彩妆先驱而赞扬。

我深信,作者的家族企业和品牌,一定能:立世界之前端,创行业之领先,彰民族之精神,垂太行之示范!

在此诚愿,本书能给读者带来心灵的感动和人生的启发,能让读者体会到奋斗的价值,从中获得榜样的力量。

序二
新时代的红旗渠精神

林州市委常委、宣传部部长
王献青

王献青

偶然机遇下,我和我的同事在上海拜会了崔东昇先生。作为林州人,见识了他们的家族企业,聆听了他们奋斗的故事。在震惊的同时,更多的是为林州人感到骄傲和自豪。

崔东昇是我们林州市河顺镇石村人。出身贫困,保家卫国去当兵,军旅生涯三十年,最终走出太行山。妻子在家乡养育三个子女,最终随军在南京团聚。随着改革开放的大潮,一家人先后从体制内离开,进入化妆品行业。先在南京、义乌创业,后闯入上海滩,创办化妆品企业,艰苦奋斗,历尽艰难波折,最终成就了一番美妆事业。

他协助儿女,创办了亚洲最具竞争力的上海创元化妆品美妆工厂,创立了中国艺术彩妆品牌"玛丽黛佳",并开始走向国际,创造了商业传奇。

提起林州,就不得不提起红旗渠精神。红旗渠动工于1960年,勤劳勇敢的林州人民,苦战十个春秋,靠一锤一铲两只手,在太行山悬崖峭壁上修成了1 500公里的人间天河,从此改变了生存面貌,缔造了"自力更生、艰苦创业、团结协作、无私奉献"的红旗渠精神。

习近平总书记提出,"红旗渠精神是我们党的宝贵精神财富"。红旗渠精神是林州人民的传家宝。学习、传承和弘扬红旗渠精神是林州永恒的课题,是每一个林州人与生俱来的责任和义务。我们倡导"弘扬红旗渠精神,争做新时代出彩林州人",探索将红旗渠精神放在新时代的大背景、大趋势下,让红旗渠精神植根于中华沃土,植根于人民群众追求更加美好生活的生动实践,是时代赋予我们这代人的使命。

我们惊喜地发现"一方水土养一方人"。崔东昇一家人"艰苦创业,改变命运"的故事,是我们林州人的骄傲。他们"想做大事、敢做大事""相信奇迹、创造奇迹""不断超越、奋斗不息",骨子里正是来自故乡的基因,就是"自力更生、艰苦创业、团结协作、无私奉献"的红旗渠精神,在影响着他们的奋斗、拼搏。他们用真实的人生践行并取得成功,为新时代学习、传承和弘扬红旗渠精神做出了榜样。

虽远离故乡,他们仍是新时代最出彩的林州人!

过去的辉煌是红旗渠精神引领创造,未来的理想依然要靠红旗渠精神引领实现!得知崔东昇先生的自传回忆录即将出版,值此之际,我代表故乡的父老乡亲表示祝贺!我期待也相信,有更多读者通过本书感受到红旗渠精神,领略到林州人的魅力!

谨以此为序。

2020 年 11 月

序三
摸着时代的脉搏前行

上海市奉贤区民营经济协会会长
李国辉

与上海市奉贤区民营经济协会会长李国辉合影

中国经济快速发展的历程,是始于 20 世纪 70 年代末最伟大的抉择"改革开放",由计划经济转向市场经济体制。这是一场新的伟大革命,是对中国经济原有体制进行的一场根本性的变革。不论对国家、对企业、对一个家庭乃至个人,都是一个崭新的事业。谁能顺应时代发展趋势,勇于改变观念,敢于大胆尝试,率先走向市场,谁就会赢得未来。然而真正能转变思维方式,摸准时代脉搏,走向市场经济且获得成功的,则是凤毛麟角。崔东昇一家人的创业经历,正是这个时代的真切见证。

崔东昇参军走出故乡太行山林州,妻子儿女后来随军来到南京。为谋求体制内的"铁饭碗",儿女两人分别参军服役,想办法进入体制内工作。妻子退休后开电话亭大胆尝试。儿子崔晓华率先放弃"铁饭碗",为谋生进入化妆品行业,从当个体户开始,尝到了闯荡市场的滋味。崔东昇退休后全力经营化妆品产业,大女儿崔晓君辞去银行工作进入化妆品行业;小女儿崔晓红从上市公司辞职,转做化妆品营销。十年间,一家两代四个家庭,逐步从体制内转入化妆品行业,走向了发展民营经济的创业之路。

跟随时代变革的步伐,敢于打破传统观念,走在了潮流的前面,他们的选择是大胆的。正如崔东昇先生所说:"观念决定一切,不断学习进步，让思想观念不僵化、不固化，跟随时代的变迁，与时俱进，丰富了人生，也收获了生命的价值。"

一家人从太行山到上海滩，互相信任，齐心协力，不畏艰险，不断改变观念，摸着时代的脉搏，在经济转型发展的大潮中，跟随时代步伐前行。从零起步，从当个体户开始，始终坚信"只有不努力，没有不可能"。经历无数艰辛，在挫折中勇敢坚持，把握住了经济发展的大趋势，在民营经济发展这条路上，创新创业，变革升级，依靠着艰苦奋斗的精神，在化妆品行业创出了一番事业。

他们创办的上海创元彩妆工厂，在上海东方美谷崛起，被誉为亚洲最具竞争力的彩妆工厂；创立的"玛丽黛佳"中国艺术彩妆品牌，成为中国美妆界著名的民族品牌！"中国制造"的民族彩妆产品，打入国际市场；两家企业双双进入上海市、奉贤区财富百强企业，在民营企业发展的道路上，取得了成功，创造了商业传奇，为中国经济做出了贡献！

他们一家人艰苦创业改变命运的经历，曲折动人。回忆录文笔流畅，读后让人感动。在此，我以民营企业协会的名义，为优秀的民族企业，为民族化妆品企业崛起，也为"玛丽黛佳"成为中国优秀的民族美妆品牌表示祝贺。我相信本书出版后，有更多的读者或民营企业家，会继续紧贴时代的脉搏，在新时代不断改变观念，继续艰苦奋斗，为中国民营经济创新发展，增光添彩，取得更大的成就。

自序
人生百年香犹在

2011年70岁生日与妻子崔苏巧合影

2019年春,古稀之年的我,经历了人生中最为沉痛的日子。相濡以沫六十年,一起从太行山走出来的爱妻,罹患癌症离我而去,走到了生命的终点。

几十年习惯了她照料我的生活,从未想过没了她我怎么生活。本以为她一定比我长寿,平时运动、走路、爬山她都比我强。病榻前,她与病痛争斗,坚强地接受着各种难以忍受的治疗,依旧流淌着对我无微不至的关怀;依旧流露出对子孙的无限牵挂;依旧充满对生命强烈的热情和渴望。

看着她苍白而消瘦的脸庞,我束手无策,痛彻心扉。

在预感时日不多时,她以不舍的眼神看着我,颤巍巍地说:"老头子啊,今后你怎么办?"我每每试图安慰她,却忍不住眼泪盈眶,说不出话来。永远不能忘记,每次从医院回到家里,我都通宵难眠,泪如雨下。

妻子走了。我知道,死亡是每个人最终都无法避免的结局。无数个失眠的深夜、痛苦的瞬间,我忍不住回顾几十年风雨同舟,或心酸,或感慨,或惊喜,或悲伤。看着爱妻的遗像,忍不住自问:人生不过百年,百年之后,我们给世人留下什么?谁能记起我们的艰难不屈,携手奋斗,度过那血与火的人生历程?

妻子离世当年的3月12日,"我为创元添绿色,绿树伴我同成长"持续十余年的企业植树文化活动中,为悼念妻子,我将从中国桂花之乡桂林精心挑选的两棵桂花树,带领全家用颤抖的双手,移植在企业院子里。我将其命名为"77金桂",枝叶繁茂,郁郁葱葱,具有特殊意义。我愿企业如金桂,四海闻香。期盼"百年金桂,百年企业,百年品牌"。我愿年年桂花香,年年思故人。桂花树寄托着一家人的无限期盼与思念。

上海"创元"是我们一家人共同创办的民营企业,企业点点滴滴,无不凝聚着全家人奋斗的心血。在孙子出生的第一时间,我和妻子在院子里栽下三棵具有特殊意义的树,寄托对孙辈与企业未来共同成长发展的期盼。

1942年,我与妻子生于太行山东麓。同村、同学、同姓、同龄,走过77个春秋。曾经发誓要携手共过80岁生日,可她先我而去,留下我独自面对生活。每当想起她我都忍不住泪眼婆娑。

在故乡巍巍太行山林州,弯弯曲曲的红旗渠,勾起我无限的思念。记忆隐隐约约,有些模糊。忘不了生我养我的太行山。不管离开多少年,走出太行山成长的人生历程,早已扎根在我的心里。

年纪越来越大,我越发感悟到从那片土地上走出来的人,犹如太行山上的一棵崖柏,即便风再大、雨再狂,都会顽强生长;即便长得再高、再旺,也是汲取了那片土地的营养;故乡那片土地、那片山水,永远是我的根。故乡留在我脑海的印记,赋我血液里的基因,犹如沉香,丝丝缕缕地滋润着我的灵魂。不管去了哪里,不管离乡多少年,不管有多大的变化,那浸入灵魂的精神沉香,像一根看不见的线,将命运永远与那片土地联系在一起,书写了我们的人生。

太行山人,"自力更生,艰苦创业,团结协作,无私奉献"的红旗渠精神,是一股巨大的力量,无时无刻不在支撑着我和家人。生于太行山红旗渠畔的我们,在改革开放社会变革的大潮中,克服无数困难,战胜艰难险阻,一家人风风雨雨,白手起家,齐心协力,经过二十多年的奋斗拼搏、进步成长、变革创业,终于创立了一个著名的民族彩妆品牌,创办了一家不断成长的彩妆制造企业。在中国经济的龙头上海，化妆品产业之都——"东方美谷"，占有一席之地，绽放出灿烂的辉煌。

在中国波澜壮阔的改革开放、市场经济浪潮中，我们的家族化妆品企业由小到大，由弱到强不断发展壮大、成长进步。从太行山走出来的我和我的儿女们，展现出顽强不屈、艰苦奋斗的精神。我一直深感欣慰，也越发思念我的爱妻——红旗渠的女儿，思念生我、养我、给我生命、哺育我成长的那片土地。

于是，我开始回顾我走过的人生历程，怀念走过的沟沟坎坎，记录岁月中沉淀的人和事。期待百年之后，子孙后代想起我和我的故乡，知道我们是如何走完人生旅程的，能从中悟到点什么。

踏入耄耋之年，我想象着某一天，我和妻子在另一个世界会面相见，她微笑着问我："为啥写书呢？"我豪迈地告诉她："人生百年终将逝，留有余香泽后人！"

谨以此为序。

崔东昇

栽种在企业院子里的两棵金桂，寄托着一家人对企业未来的无限期盼

目　录

001　序一　走出太行山的奋斗人生
001　序二　新时代的红旗渠精神
001　序三　摸着时代的脉搏前行
001　自序　人生百年香犹在

第一部分　走出太行

003　第一章　太行山下
023　第二章　与妻子牵手一生

第二部分　军旅生涯三十年

053　第三章　开启军旅生涯
080　第四章　军区机关的新生活
108　第五章　我的全部期望

第三部分　全家人的事业

123　第六章　从零开始做生意
141　第七章　全身心助发展
163　第八章　全家人走进同行业

第四部分　勇闯上海滩

177　第九章　在上海滩立足

196　第十章　要建自己的制造基地

220　第十一章　靠产业链优势竞争

247　第十二章　创立自主品牌"玛丽黛佳"

271　第十三章　企业成长离不开奋斗精神

282　跋：人生启示录

太行山人吸取了那片山水的营养，留在脑海里的印记，是流淌在血液里的基因，是渗入灵魂的精神沉香，丝丝缕缕地滋润着奋斗的灵魂。犹如太行山上的崖柏，即便风再大、雨再狂，都会顽强成长。

从太行山到上海滩
（艰苦奋斗改变命运的人生回忆）

第一部分　走出太行

南京团聚后的一家人

童年的艰辛和苦难,从骨子里孕育了坚忍不拔的精神。在人生的旅程中,面对艰难曲折,即便再苦再累,都能始终保持不放弃,不动摇,不懈努力直至实现目标的原动力。

第一章 太行山下

一 我的祖辈们

我出生于1942年农历十一月初七(阳历12月14日),河南林县河顺乡,一个叫石村的小山村里。

林县位于河南省西北部,太行山东麓的丘陵地带,向东渐进入华北平原,地处豫、晋、冀三省交界地。我家所在的河顺乡在林县北部,穿过东岗能到河北省,向西穿过姚村过太行山能到山西。

石村三面环山,由南向北形成三块密集聚居的村庄,分别叫南石村、上石村和北石村。整个石村有几百户人家,基本上都姓崔,仅有的几个其他姓氏的散户。祖辈传说是从山西移民过来的。

我家住在北石村最南端,一个老井的旁边。

老井位于谷底,在我的记忆里,无论怎么干旱,老井都没有断过水。老井的水,清凉甘甜,方圆三五里的村民,都在那里取水,整个北石村的人,就是靠吃这口井的水长大的。

北石村位于石村的最北端,是个东西高、中间低、有山河流过的地方。

从我家出来,不管是向东还是向西都要爬道坡。向北沿着一条小河,可以到一个叫奶奶山的北山上。

我奶奶一共生了五男二女,我的父亲是兄弟五个中的老五,他还有两个姐姐。男丁起名是"显"字辈,最后一个字按"仁义礼智信"排序,他们五兄弟分别叫崔显仁、崔显义、崔显礼、崔显智、崔显信。

我爷爷能对我父辈用"仁义礼智信"儒家"五常"起名,不难看出对他这几个儿子在做人的道德准则、伦理原则上寄予的厚望。

我爷爷在我父亲很小的时候就去世了,他没有见过我爷爷,我父亲对我爷爷长什么样子,也不大记得。爷爷是家里的顶梁柱,爷爷死后,奶奶就只好拖着小脚,独自将七个孩子抚养长大。

奶奶是个贤惠能干的女人。小时候,我常常看到她轮流到五个儿子家里吃饭,每去一家,都要帮着各家的媳妇纳鞋底、缝被子、做针线、搓绳子,一刻都不闲着。她少言寡语,不惹事,很受晚辈尊重,每家都很喜欢她。

我父辈兄弟五人中,我大大爷崔显仁胆子最大,头脑最灵活。灾荒年时,他逃到山西,在战乱中,从给部队运送军火补给看到了商机,赚到钱后,在山西娶了妻,生了子,成了父辈兄弟五人中最富有的一个,在石村小有名气。一九四九年后,我大大爷崔显仁从山西回到石村。划成分时,五个兄弟中,其他四家都是贫农,唯独他被划成了中农。

我二大爷崔显义是个老实命苦的庄稼人,住在我家堂屋的北边。他妻子死得早,只给他留了一个女儿叫银花。庄稼人在乎养儿防老,我二大爷崔显义就又抱了一个男孩子过来抚养。

我小时候,常听到父亲跟别人抱怨说:"我有三个儿子,要哪一个,我都会给,可他却抱了一个没有血缘关系的外姓人来养。"父亲说这话时,已经有了我们兄弟姐妹五人。在那个连年灾荒、缺吃少穿的年代,养大一个孩子不容易,辛苦一辈子也不见得能盖几间草房,想着二大爷抱养外姓人却不收养自己的儿子,难免会心存怨气。

我三大爷崔显礼在灾荒年时,和我大大爷崔显仁一样,逃荒到山西,但他没有我大大爷崔显仁幸运,他在逃荒途中去世了。三大爷死后,三大娘便独自带着两个女儿、一个儿子艰难度日。

我四大爷崔显智是个老实巴交的庄户人，一辈子没出过远门，即便灾荒年也在家种田，日子过得很辛苦。

我父亲崔显信是个老党员。入党很早，解放前就是个老地下党员。解放后，他也一直担任村干部。村里成立互助组时，他是互助组组长；成立合作社时，他是合作社社长；成立生产队时，他又是生产队的队长；成立党小组时，他还是党小组组长。

我母亲王彩琴是个勤快的高个子女人，我们家的炕头上永远放着一台纺花机。她经常半夜两三点起来纺棉花。

小时候，还在睡梦中的我们，总能听到她纺棉花的吱呀声。母亲还会织布，我们家的被子床单衣服，都是母亲自己织、自己做的。记得小时候，我有时也会帮大人搓棉絮、上织布机。

母亲很能干，虽然不识字却会心算，还会打理事情，不仅是五个妯娌里的头，就是在村里，哪家有婚丧嫁娶之事，也都会来找她。

一家人都是吃家门口这口井的水长大的。姐弟三人站在老井旁忆起小时候

母亲的娘家在离我们石村不到两公里的粟家沟,和我父亲家一样,母亲家也是五男二女,母亲排行老三,是女儿中的老大。

我姥爷是个靠打铁维持生计的手艺人,开了家铁匠铺,人称老黑。我的五个舅舅里,除了四舅当兵残疾了外,其他四个舅舅都是打铁的,可谓一家两代都是铁匠。

祖辈当中有很多人我未曾谋面,都是从其他人口中听说的。

和太行山下的无数个家庭一样,我家祖祖辈辈在贫瘠的山中,艰辛地生活着,接受着命运的安排,但冥冥之中却期盼着老天开眼,期盼着子孙们会有不一样的前程。

二 苦难的童年

1942年,林县春夏无雨,发生了严重的旱灾,庄稼枯死绝收。

为了生存,村民们成群结队地翻越太行山,到山西去逃荒。

俗话说"福无双至,祸不单行",大旱之后,林县又遇蝗灾,整个林县,到处都是密密麻麻的蝗虫。蝗虫所到之处,遮天蔽日,所过庄稼地头,全都光秃秃的。

庄稼被祸害了,村民们就去捕捉蝗虫,一麻袋一麻袋地带回家食用。除了旱灾和蝗灾,那年还有日本兵入侵,致使到处兵荒马乱,民不聊生。

林县处于沦陷区与解放区的边界。听母亲讲,我出生时正值日本兵扫荡,村里人心惶惶。一听说日本人要来,便有老乡敲着锣大喊"日本鬼子来了,日本鬼子来了",这就是村里的警报。村民听到后就开始跑,有老人的扶着老人,有小孩的抱着孩子,慌张地躲进山里,不敢有任何动静。不知过了多久,听到老乡再喊"日本鬼子走了",村民们再陆陆续续回到村子里。人们因为害怕,到处躲藏,也没有见到过日本人长什么样子。

再加上国民党军队汤恩伯部扩张军队,在河南大征粮,军纪涣散的兵痞子们到处欺压百姓,让原本就饱受天灾人祸的百姓雪上加霜。河南百姓痛恨之下,将汤恩伯与水灾、旱灾和蝗灾统称"四灾"。

我就出生在"四灾"肆虐的那年冬天。

我生下来没名字。有一天,母亲在街上遇到算命先生,请求给起个名,算命先生问:"什么时候生的?"

母亲回答说:"农历十一月。"

"那就叫'冬生'吧。"

可是父亲母亲不识字,也不知道哪个"冬"字。

我的出生,给我们贫困的家庭带来了希望,可也带来忧愁。因为在我出生后的两年里,林县因"四灾"让家家断炊烟,村村闻哭声。为了活命,越来越多的人外出逃荒。逃荒途中,饿死、病死者不计其数。

大人没东西吃,我也就没奶吃,营养不良导致我自小就体弱多病。看着面黄肌瘦的我,父母很是着急,他们担心我会像哥哥一样早早夭折。

我上面本来有个哥哥,哥哥的出生也曾让父母欣喜不已,可灾荒年时,哥哥不幸夭亡。母亲无比悲伤,哭得上气不接下气,紧紧抱着哥哥的尸体不撒手。可最后,哥哥的尸体还是被"抢"走了,扔进了一条河沟里。

那条河沟,扔过不少"死孩子"。

"他哥我们没养大,他一定要养成人!"无数个深夜,母亲流着泪对父亲说。

"谁不想啊!他可是咱家第一个孩子!可怎么养大?大人活着都难,何况小娃娃!"每次母亲说时,父亲都瓮声瓮气道。

嘴上这么说,但父亲在心里和母亲一样,也在为我能否长大成人而忧心忡忡。

在那个缺吃少穿的年代,养大一个孩子,谈何容易。在父亲和母亲一筹莫展时,有一天,奶奶对母亲说:"咱附近村里有户人家的孩子,整日病歪歪的,自打认了奶奶庙里供着的神做干娘,病就好了。"

母亲一听,很是高兴,当即抱着我去了奶奶庙。

在认了奶奶庙里供着的神做干娘后,母亲还不放心,又让我认了城北村一个姓常的神婆做干娘。

自我认了两个干娘,每年我生日,母亲都要给我穿上新衣服,拉着我,提着蒸好的馒头,去给两个干娘烧香磕头。

认老干娘是为了活命。母亲还在我的脖子上挂了用白线穿着铜钱、带着穗子的长命锁,每到生日,就到庙里磕头、上香,祈求着上天的护佑、保命,好让我活下来。

在父母和家人的战战兢兢和小心翼翼中,我一天天长大了。

可自我出生那天起,饥饿就伴随着我,整个童年都处在黯淡无光中。不过,再黑暗的地方,都有阳光从缝隙里透进来。童年记忆里,和小伙伴们做抓石子、跳绳的游戏,过年时吃枣糕和穿新衣服,赶庙会,参加村里的婚嫁喜事等,都曾给我黯淡的童年,增添了一抹亮色。

我是家里的第一个孩子,父母对我视若珍宝。可穷人的孩子早当家,我在很小的时候就帮着父母干活。五六岁时,家里盖房子需要石头,见父亲推着独轮车去河里捡石头,我就跟着去捡。捡不动大的,我就捡小的。有时候不小心把手划破了,我也不哭不闹。捡完石头回家时,父亲在后面推独轮车,我在前面拉,非常懂事。

林县是老解放区,土改比较早。我小时候正适土改,记得村子的大操场上,分着一堆一堆东西,我们家分到了一头毛驴。后来,村里的穷人家都分到了田地,从此我家也有了地。

七八岁时,看父母天不亮就要下地干活,虽然困得眼睛都睁不开,我还是会揉着眼睛,跟着起床,帮父母去地里点豆子,或犁地时在前面帮着父亲牵着犁地的驴;再长大一些,我开始跟着大人在自家地里种菜、割麦子和插红薯秧。

我就这样在艰难中活了下来,慢慢长大。虽说后来陆陆续续有了两个弟弟崔银生、崔金生和两个妹妹崔保英、崔朋英,但爹娘在我身上寄托的希望是最大的。

少年的我在懵懂中早已做好了和祖辈一样,一辈子在山沟做泥腿子的准备,一字不识的父母却希望我将来有比他们更好的人生。

"什么是更好的人生?怎么才是更好的人生?"质朴的爹娘并没有能力回答我,只是沉默地充满希望地看着我。望着爹娘殷切的眼神,身为长子的我,第一次在心底生起了对未来沉甸甸的责任感。

三 不当文盲去读书

新中国成立初期,全中国各地的教育都很落后,我们村没有几个识字的。为了扫盲,政府给村里的成人办了扫盲识字班,并给每个村派了一名老师,除了教学,还要动员适龄儿童去上学。

动员到我家时,父母决定送我去上学,不让我当文盲。

我不到八岁,不知道上学是什么。

"什么是上学?"我问父亲。

"就是识字!"父亲说。

"什么是识字?"我又问父亲。

"识字就是……"父亲也说不上来,只是挥了挥手说,"就是你看到自己的名字,能认出个头朝上还是头朝下来!"

母亲说:"会算个简单的账,就行了!"

父亲和母亲不识字,看到自己的名字也不认识。

村子里的人大多也都不认字,写信、读信都是找人帮忙。一九四九年前村里没有学校,所以比我年龄大的都没几个上学的,而是上夜校的扫盲班,学识字。解放后,地主家的房子被没收了,小院子改成了学校,但是人们对上学也没有概念,只是觉得小孩能上个初小就很不错了。

1950年9月,我进了我们村的复式小学。

复式小学是初小,位于北石村和中石村之间,原是地主家的四合院,土改时,被政府没收,成了村里的小学。四合院的门朝南,从门进去有个长条院子,东屋用于老师办公,西屋和南屋是教室。我当时就在南屋上课。南屋很小,曾经是地主家的马厩。

学校很简陋,教学条件也很差,连桌椅板凳都没有。没有桌子可以,可没有板凳,几个小时站下来谁也受不了。于是,每天上学时我们都要从家里拿板凳去上学,放了学再背着板凳回家。

小学只有一年级到四年级,有一名老师姓余,腿有残疾。第一天上学,余老师就问我叫什么名字,我只知道"冬生"这个音,不知道是哪两个字,余老师误以为是"东方的东,生产的生",就给我的名字写成了"东生"。

教室只有两间屋子,西屋和南屋坐进了两个年级的学生,学生年龄差距非常大。由于只有一名老师,不得已,余老师只好西屋、南屋轮流上课。不管是在西屋还是南屋,也都是一会儿教高年级,一会儿教低年级。

在复式小学,我们主要学认字和数数。学的东西都很简单,语文课学写自己的名字,学笔画,"大小多少""东西南北"等简单的汉字,数学课也是最简单的数数、加减乘除,也背诵乘法口诀。

余老师教我们认字时,会指着黑板上的字,大声地念一句,我们跟着念一句,直到会读。

会读还要会写,但没有铅笔和本子,我们就地取材,从墙缝里抠石灰或拾石子在地面上写。写好后,叫余老师来看,余老师看过后,我们再把地上的字抹掉,再写。

买不起铅笔和本子,也没有新衣服穿,每个人都穿着补丁摞补丁的衣服。冬天的时候，天气冷，容易流鼻涕，没有手绢擦，我们就扯着袖子去揩鼻涕，久而久之，破棉袄的袖口上就结起了痂。

在这么艰苦的情况下还要送孩子读书，没有哪个家长不希望自己的孩子多识几个字。我父亲也很关心我每天上学都学了什么，只要有时间，他就问我："今天跟老师识了几个字？"

我要是说不上几个，他就不开心地皱着眉头不说话。我要是识的字多了，他就高兴地说："不赖！好好跟着老师学！"

在村子里，老师是备受尊重的文化人。父亲很感激余老师教我识字，为表达感激之情，也为了让老师多教我识字，就会让我请余老师来家里吃饭。

余老师来了后，我母亲会给他下碗面条吃。余老师吃面条时，我父亲会在旁边对他说："对我们家冬生严厉点！该打打，该骂骂！"

我们村很多家长都请过余老师去家里吃饭，无不是为了让老师教得认真点。没有请老师去家里吃饭的，有些就会在自家孩子上学时，对孩子说："去！把那棵白菜给老师抱去！"

在这样的学校，这样的教育环境下，我上完了四年的初小。

初小毕业后，我面临着还要不要继续上学的问题。

初小只有一年级到四年级，想上五年级和六年级，就必须去上高小。我们村没有高小，要上高小，就必须去别的村。听说班上好几个同学的家长都不再供他们上高小，我也有些担心，毕竟我家孩子多，只靠种地生活本就困难，供我上完初小已经很不容易。

毕业那天，我心事重重地回了家。一回家就忙着挑水，直到把院子里的水缸挑满。在我又帮母亲烧火做饭时，母亲看出了我的异样。

"今儿这是咋啦？"母亲问。

我不说话。

"是为上学的事吧！"母亲看我一眼又说。

我还是不说话。

"唉!"母亲先是叹了一口气,接着说,"等你爹回来了,问问他再说!"

我心里顿时七上八下起来。

太阳落山后,父亲扛着锄头刚一进门,母亲就冲他说:"冬生毕业了!"

父亲放下锄头,坐在门墩上抽了半晌旱烟后,问我:"你还想上不?"

我点点头,还是没说话。

父亲猛抽一口旱烟说:"行!去上吧!多识几个字总是有好处的!"

我高兴得差点儿蹦了起来。

1954年9月,我进了城北村的民办高小。

这是一所由石村、城北村、东寨村三个村合办的高小。那时候能上高小,在我们村已经算是个"文化人"了,父母为我能成为全村少有的几个"文化人"而骄傲。

报名的头天晚上,我激动得整夜都睡不着觉。第二天一早,母亲把一个书包塞给了我。纯手工做成的书包,是母亲纺线、织布、染布、缝制而成。看着这个倾注了母亲心血的布书包,又欣喜又感动,我的眼眶红了。

"好好听老师的话!"母亲说,"书包里有铅笔和本子,省着点用!"

我打开书包,看到了渴望已久的铅笔、本子和蘸水笔。我的眼泪不争气地流了下来。我知道,这铅笔、本子和蘸水笔来得多么不容易,是父母省吃俭用好长时间,才给我省下来的。

城北村位于北石村西边,我所上的民办高小在城北村戏楼对面一个庙堂里。和我一样,从复式小学毕业,去城北村民办高小上学的学生总共只有六七个,北石村占了两个。学校和我家相隔两三公里,中午不能回家吃饭,我就早上去,晚上回来,中午吃从家里带的干粮。路虽然远,但好在教学条件比复式小学好了很多,教室里不仅有课桌,老师的教学也很规范,数学、语文分开来教。

上学的机会来之不易,我发誓要好好学习来报答父母。时间过得很快,一眨眼,两年的高小上完了,我考上了初中,并成为全班考上初中的三人中的一个,也是我们村唯一一个考上初中的。

能去上初中,别说村里,就是乡里都很少。父母为我成为村里第一个初中生而高兴,答应"就是从牙缝里省钱"也要供我读下去。

我满怀希望地期待着开学,也暗暗下决心一定好好读书,将来考上大学离开这个穷山窝。

四　艰难求学路

自从上学以来,我是发自内心想继续读书。与此同时,家里也确实没钱,只好拿粮食、鸡蛋去换点钱来供我上学。

1956年,我成为河顺乡完小的第一届戴帽初中生。

所谓完小,是拥有一年级到六年级的学校,本来也属小学,在我考初中那年,河顺乡完小开了一个初中班叫"戴帽初中",是为促进乡村教育的临时需要设立的,教我们的老师是从县里调过来的,所学课程有语文、数学、地理和自然等。

乡完小离北石村有四公里的路程,我没办法住家里,便寄宿在了西阳区一个远方亲戚家里,每周回家一趟,回家主要是为了背粮食给寄宿的家庭。

在寄宿家庭,每天我也只吃早饭和晚饭,中饭带干粮去学校吃。那时经济困难,家家户户吃得都不好,虽然我每周会从家里背粮食给寄宿家庭,可他们不舍得拿来做给我吃。因为伙食不好,营养就跟不上,我越来越瘦。

不过,虽然生活很艰苦,但我已经有了上大学的理想,为了理想,我埋头苦学,非常用功。

眼看三年初中就要读完了,一次周末回家,我对母亲说:"娘,我想考高中!"

母亲一听,先是愣住了,接着叹口气说:"你心气大,求上进,我和你爹都知道,只是咱们家……娃儿他爹,还是你说吧!"

母亲说着起身忙家务了。

"我想考大学!"我对父亲说,"只有上高中才能考大学。"

"上高中?家里有那能力?要是有,供你上到什么时候都行!可你看看,看看家里还有什么能换钱?"父亲指指一贫如洗的家说,"我们愿意供你上学,但是没钱啊。"

我低下了头。农村赚钱难,老百姓只能以种田、养毛驴、养鸡为生。我母亲买个针线,都要卖鸡蛋或用粮食换,哪有钱替我交学费?

见我不说话,父亲安慰我说:"要不,你去考个不用花钱的学校?"

上不花钱的学校只有技校和中专师范。技校毕业后能进工厂做技师,中专师范毕业后可以当老师。

这两种职业,都与我梦寐以求的大学有一段距离,但我没有其他选择。

报志愿时,我将第一、第二志愿写上了技校和师范,第三志愿写上了高中。

我学习好,父母都觉得考技校和中专师范没问题。可很多时候就是这样,你越是觉得有把握的事,越容易出问题。结果是,我没有被第一、第二志愿录取,被第三志愿录取了,录取的是安阳第一高中。

安阳第一高中是河南省重点高中,我们戴帽初中的两个班九十多个学生里,只有我和吕启田考上了安阳第一高中。得知被安阳第一高中录取后,我既高兴又难过,高兴的是离我的大学梦又近了一步,难过的是我担心家里没钱交学费。

收到录取通知书那天,本该是值得庆祝的,我们家却是愁云密布。

母亲一直叹气,父亲不停抽烟,我则闷坐在一边,气氛很是压抑。

对于上高中,我还是抱着一线希望,希望父母能想出筹学费的办法。可随着时间一天天过去了,眼看还有两天,报名就结束了,我感到了绝望,躺在床上不吃不喝,默默哭泣。

"娃儿呀!知道你争气,我和你爹也想供你,可家里没钱啊!"母亲端着粥,坐在我床边说。

我把头侧在另一边,眼泪止不住地流。

离报名还有一天,吕启田来到了我家,见我躺在床上就说:"我已经报完到了,你怎么还不去?就明天一天了!"

我看着吕启田,既羡慕又嫉妒地说:"我不像你,能交得起学费!"

"怕什么?我听老师说了,安阳第一高中设有奖学金!"吕启田说,"你学习那么好,肯定年年都能拿到奖学金。"

我也相信,只要我进了安阳第一高中,凭着我的刻苦和努力,一定能年年拿奖学金。可现实是,我连进安阳第一高中的学费都拿不出。

"我家没钱,交不起学费!"我把被子蒙在头上,呜呜地哭了起来。

不知道自己哭了多长时间,也不知道吕启田是什么时候走的,我只知道我的梦想被现实打败了,不得不辍学。

用父母的话说:"这就是命。"

在那贫困得饭都吃不饱的年代,上学是一件奢侈的事。能上初中已经是一种幸运,考大学的愿望在现实面前戛然而止。

贫穷截断了我的求学路,我不得不面临人生的第一次选择。

五　学会当老师

考上高中却上不了,我既伤心又难过。低落地过了一段时间后,我接受了命运的安排,做好了当农民的准备。

当时国家提倡民办学校,乡里办学,需要民办老师,但找不到有文化的人，师资紧缺。刚好我初中毕业，没去读高中，于是我有了当老师的机会。

我还是不甘心。当老师总比种田要好一些。父亲看在眼里，也不想让我和他们一样当个脸朝黄土背朝天的农民，就跑到乡里找领导。乡里领导在了解了我的情况后，同意我去做民办老师。

1959年，虚岁18岁的我成了一所村小学的民办老师。

老家有句话说："家有三斗粮，不做孩子王。"老师不能算是最好的选择，可对我来说，能成为一名老师，不仅不用再做泥腿子，还对以后燃起了新的希望，同时，每月还能领到16元工资，对一个贫穷的家庭来说，绝对是件大喜事。

父亲在知道我被分配做老师后，激动得连连说："孩儿，你可一定要好好地给人家教，咱们要对得起那16元钱。"

我苦笑着点点头。

"我会当个好老师的！"我在心里对父亲保证说。

我分配到申村小学。学校位于韩家庄的东边，是后申村、韩家庄、郭家庄联合办的小学。学校原来是一座寺庙。院内偏东侧有座"惠民寺石塔"。因高僧"惠民"葬于此，后称"惠民寺"。院内中间有天王殿、大佛殿、水陆殿。大殿两边是平房，是教室和老师宿舍。院子南北长110米，宽50米左右，中间是学生们活动的地方。

申村小学共有五六名老师。刚当上老师，学校便安排我教三、四年级的语文和数学。

我一下子就蒙了，心里想："我从未受过教师培训，没人告诉过我怎么当老师，怎么上课，怎么教学生知识，我能行吗？"

没有退路了，虽知道不容易，可我很珍惜当老师的机会。

我该怎么办？为学习如何当老师，我去请教其他老师，借读关于教育学、心理学的书来看，还经常听他们讲课，一边听一边像学生一样做笔记，记要点。

就这样，我认真地向其他老师学习，学怎么教书，怎么备课，怎么改作业。慢慢地，我从什么都不懂，学会了怎么上课。

可很快我发现，只会讲课还不行。要想当一名好老师，还得克服害羞的习惯，要大胆，要勇于表达。

我从小性格内向，不爱说话，别说见生人，就是过年去给姥姥、姥爷、舅舅、妗子们拜年，都紧张得手足无措，面红耳赤。如今却要站在讲台上，面对讲台下那一双双渴求知识的眼睛，给他们传授知识，这对我来说，实在是种挑战。

"再大的困难我也要克服！"我在心里暗暗说。

为了克服紧张、害羞的毛病，每天晚上，在其他老师都休息了时，我还要点着煤油灯，一遍又一遍地，把第二天要讲的内容拿出来演练，直到所讲的内容我能脱口而出，内心没有丝毫紧张感为止。

晚上演练完，我还不放心。第二天一早，天还没亮，我又早早起床，一个人躲在院子的僻静处，将院子里的花花草草当成学生，对着它们一遍又一遍地演练。

功夫不负有心人。经过一段时间的演练，我越来越健谈，越来越自信，开朗活泼了很多。面对讲台下的学生时，我的心不慌了，脸也不红了，胆子也大了，成了学生们眼里既严厉又敬业的好老师。

不断克服困难给了我极大的信心，可是穷困和饥饿却丝毫没有改变。

1959 年，刚到申村小学教书时，每家每户都不允许开火，村村办大食堂。申村小学由后申村、韩家庄和郭家庄三村合办。我们老师轮流去三个村大食堂吃饭。大食堂对我们老师很照顾，有时候还能吃到馒头和玉米面。

1960 年年初，家家户户交到大食堂的粮食快吃光了，粮荒问题开始出现。

为了将有限的粮食做更多的饭，有人发明了"增量做饭法"，让有限的米膨胀,给人一斤米能做出四五斤饭的错觉。人们给它编了个顺口溜:"增量增量,米泡膨胀,饿坏肚子,撑坏膀胱。"

说白了,"增量做饭法"是自己骗自己,其实还是吃不饱。

为了吃饱肚子,又挖掘出了用于充饥的代食品:各种农作物,薯类植物的根、茎、叶、秆,玉米皮、玉米芯、稻谷壳,榆树叶、树皮、洋槐叶用来吃,以及用来做猪饲料的水生植物,造人造肉精等。

这些东西没有营养可言,不少人患上了浮肿病和肝炎。林县常年干旱,庄稼原本收成就不好,粮荒问题也就比其他地方更严重。我们先是挖野菜,剥榆树皮,摘榆树叶、槐花吃。这些东西吃完后,又去挖葛根,把嫩的拿来吃,再就是把玉米芯、麦秸等先是泡在大缸里,

1959年作者(右)在惠民寺申村小学当民办教师

然后碾成粉，沉淀后，把沉淀物蒸着吃……

1960年9月，粮荒愈加严重，大食堂没有东西吃，我从申村小学调到了东寨小学，自己做饭吃。可吃什么呢？根本没有东西吃，饥饿让老师无心上课，学生没力气听课，到处都是人心惶惶。

1961年5月，我又被调回了石村小学。由于离家近，我开始在家吃饭。都在闹饥荒，再加上自然灾害，家里也没东西吃，日子相当艰苦。就在这时，我萌生了离开的想法，常常自言自语："如果有机会，一定要走出去！"越是吃不饱，寻找出路、寻找机会的愿望也就越强烈。

古人云："曾经沧海难为水，除却巫山不是云。"经历过常人所不曾经历的苦，才能真正领会苦的价值，为后来的奋斗转化成无尽的动力。

当老师是我走向社会的第一课。在挑战中我学会了表达，改变了性格，提升了胆魄，掌握了教学方法，懂得了与人相处，为此后几十年的人生路，打下了扎实的基础。

这段岁月是无比艰辛的，无数次饥饿磨练了我的意志，无数个苦日子铭刻在灵魂深处。在后来面对人生的浮沉，心里装着未来美好的梦想，苦难成为精神的最后解放者，让人大彻大悟，苦也成了甜，成为奋斗的资源。

六　为改变命运去当兵

1960年的征兵开始了，一直寻求机会离开的我，动了报名的念头。

当再一次听说有人饿死后，有天晚上，我终于开口对父亲说："爹，我不想当老师了！"

"不当老师能干啥？"父亲看着因饥饿而眼窝深陷的我，无奈地说。

"想去外面闯闯！"我说，"当老师没出路，饭都吃不饱！"

"干什么有出路？出去闯？去哪儿闯？现在到处一个样！"父亲

心疼地说。

"我不甘心!"我说,"我不甘心一辈子待在村里!我……"

"要是出去也不行呢?"父亲说。

"那我就再回来!"我说,"至少出去是个可能改变命运的机会!"

改变命运?谈何容易! 1960年征兵条件中,民办教师暂缓,遗憾的是当年没当上兵。

到了1962年,形势异常严峻。蒋介石企图利用国家经济困难和国际形势准备反攻大陆,在福建前线部署了大量部队。加上那时刚经历三年经济困难时期,又遇苏联背信弃义,雪上加霜。印度政府在美国、英国的支持下不断侵犯我国边境,内忧外患。

鉴于中印边界冲突和蒋介石企图反攻大陆的紧急情势,当年要扩大兵源,做好备战。征兵办公室的工作人员挨个村地动员适龄青年服兵役。同时,国家扩大了征兵的范围,年龄也放宽到了20周岁。

我那年正好20周岁,是征兵最后年龄段了。

服兵役是为了保家卫国,父亲是共产党员和村干部,要以身作则,积极响应国家号召,便率先为我报了名。

这一天终于来了,我无比兴奋地等待着消息。与此同时,我也有过激烈的思想斗争:当兵有打仗的风险,生死未卜;但在老家确实看不到希望,又吃不饱饭,真的不想在农村待下去。

最后我自己想:"我从来没有离开过林县,出去看看机会。就算是碰碰运气,当三年兵之后看看怎样再说。"

意外的是,当我接到体检合格通知,父亲却后悔了。

他生气地对母亲抱怨道:"当民办老师还有个收入,有点儿回头钱,能帮到家里。这下可好,什么都没啦!"

母亲担忧我的性命安危,颤抖着问父亲:"听说这次征兵,是要上前线打仗的?"

说着母亲忍不住哭了起来,一边哭一边对父亲说:"不行!我不同意，你去说说！"

第二天，父亲去找村子里负责征兵的工作人员。当时征兵的任务分到村子里了，谁去报名，体检，政审，都是提前定了的。

他用恳求的语气对负责征兵的工作人员说："这次能不能不让我大儿子去，过两年我二儿子年龄到了，让他去，行不？"

好不容易我成了一名民办教师，二弟早就辍学在家种地。他已17岁了，再过一年就能报名当兵。我每个月有点儿收入，而让二弟去当兵，在父亲看来，对这个家庭来说是最好的。但是他的反悔已无济于事。

正是缺兵源的时候，我身体素质好，是贫下中农，征兵工作人员自然不会答应。他们面面相觑，哭笑不得。

看着心急如焚的父亲，好心的工作人员安慰道："当兵光荣！吉人自有天相！"

父亲失望地耷拉着头，拖着步子回到家里，躺在床上唉声叹气，不吃不喝了好几天，怕失去儿子的恐惧，将他整个人给吞没了。

眼看没办法阻止了，母亲难过地问我："你真的愿意去当兵？"

我点点头，安慰母亲说："娘，我愿意去当兵。你想想，咱们家里已经揭不开锅了，据说当兵能吃饱饭。再说，我不想一辈子待在山沟里，连火车、飞机也没见过。"

母亲的眼睛已经哭肿了，抚摸着我的脸问："要是去打仗怎么办？"

我脱口说："我不怕！"

嘴上说不怕死，但心里还是怕的，怕上战场被打死，又对当兵生活充满期待。无论如何，都不能改变一个事实，对于山沟里吃不饱饭的我来说，当兵是一次改变命运的机会。

我必须抓住这个难得的机会。面对爹娘的担忧和不舍，我也很难过，也知道没办法让他们放心，只好一次次对自己说："一定要走出去，先走出去再说！"

当兵的时候，我把名字"东升"的"升"改成了"昇"，是太阳初升、上升的意思，这是我为自己的名字改了一个字。

1962年6月，我拿到了入伍通知书，同时结束了三年民办教师生涯。同村应征入伍当兵的除了我之外，还有一个叫张金有。领军装之后不久，我们俩胸前戴着大红花，骑着骡子，在一片敲锣打鼓声中到县城去集中报到。

当时兵役制是陆三（年）、空四（年）、海五（年）。我只知道要服三年兵役。至于去当什么兵种，到哪儿当兵，都不知道。

我只知道，我要出去闯荡，要改变在山沟里穷苦一辈子的命运。至于以后到底会怎么样，我不知道，也不知道如何思考。

怀着复杂的心情，怀着一心想改变命运的想法的我，终于离开了生于斯长于斯的太行山。

当兵是我人生第一个重大转折。随着当兵离开了家乡，我的人生有了更多的选择机会，我的命运也从此改变了。

是红旗渠精神的宝贵财富,激励着在后来的人生历程里,不断战胜困难,超越自我,奋勇前进。

第二章　与妻子牵手一生

一　红旗渠的女儿

我的妻子崔苏巧出生于1942年3月,家住上石村。

1960年年初的一天,她正在屋里做针线活,听到屋外有人嚷嚷,便走了出去,只见她母亲正抱着年幼的弟弟,无奈地冲生产队队长说:

"队长啊你瞅瞅,你瞅瞅,看我家还谁能去修水库啊?"

原来是生产队来派工了。队长要求群众参加的是红旗渠前期的南谷洞水库工程的修建。南谷洞水库是"引漳入林"工程的一部分,"引漳入林"是为了解决林县缺水而建设的水利工程。

据史料记载,从1436年到中华人民共和国成立,林县大旱绝收三十多次。林县属于少雨区,旱灾频繁。十年九旱,水缺贵如油。"天旱把雨盼,下雨冲一片,卷走黄沙土,留下石头蛋。"新中国成立后,为缓解林县人的吃水问题,政府组织修建了一些水库,但问题并没有根本解决。1959年全国大旱时林县尤其严重,过境河流被截断,水塘变旱地,方圆十几里都找不到一眼泉水,连吃水都成了问题,人们的生存受到极大威胁。

1960年年初,为彻底解决林县干旱和长期缺水的问题,在党和政府的领导下,林县人民开始实施"引漳入林"工程,目的是为了把山西省平顺县境内"浊漳河"水引到林县来。

然而,浊漳河的水在上游山西平顺,林县在太行山东麓,要想把漳河的水引到林县,就必须把原本向东流的漳河,改为沿着壁立千仞的山峦,经平顺向南流20公里进入林县。这是一个庞大的工程,国家又处在困难时期,既无法提供资金支持,也没有先进设备。想要完成这个几乎不可能的任务,就必须依靠全县人民自力更生、艰苦奋斗,依靠集体之力来想尽办法完成。

要修建这个大工程,就必须做好耗时耗力持久战的准备。于是整个林县,农闲时家家户户除了老弱病残,都要派人去修水库。我因为当时已在小学当老师,才没有去。

整个林县人,年年秋收之后,就开始派工,群众自己带被褥、粮食、小盆子、镢头,干完分配的任务,记工分。大家会推着小推车拉土,三个人一个小组,冬天去干活,过年回家,春天又去,农忙就回来,秋收之后又去,每年农闲都去修水库。

就这样,当地人年年被派工去修,家家户户、男男女女都要去修。

"每户都要派人去!"队长大声说,"这是任务!"

"可我屋里连个顶事的男人都没有,孩子都还小,咋去?"崔苏巧母亲无奈地解释。

队长正要说什么,崔苏巧大声说:"我去!"

"你?你咋去?你还小啊,你能干得了?"母亲急了,一把拽住崔苏巧的衣角,"你干不了!"

"干得了!"崔苏巧说,"娘,我长大了,村里的大姐大娘们都能干,为啥我不能干?"

"我看中!苏巧这妮儿能行!明儿一早村口集合,扛上镢头、铁锹!"生产队队长说完,一边朝外面走一边喊口号:"要打仗,孩子老婆一起上!"

"你能行吗?"母亲看看女儿单薄的身子担忧地问。

"能行!放心吧娘。"崔苏巧脸上露出坚定的微笑。

崔苏巧的父亲是个走街串巷的木匠,长年不在家,崔苏巧是家里的老大，下面还有三个弟弟、一个妹妹，年龄都还小。母亲不能去，要在家照顾四个孩子，能去的也只有她了。

去工地的头天晚上，崔苏巧正收拾床铺要睡觉，母亲走了进来。

"妮儿啊！爹娘对不住你啊！"她母亲伸出袖子抹了一把眼泪。

"说啥呢？娘！"崔苏巧笑着安慰，"甭担心我！我啥都能干！"

在这个家，平时出工挣工分的活也大多是崔苏巧，村民家里有事也不找她母亲而直接找她，她俨然已经成了家里的顶梁柱，她母亲都看在眼里。

"娘知道你啥都能干！娘只是觉得对不住你——"她母亲先是叹口气，接着又说，"你爹这几年不在家，里里外外多亏你帮娘张罗，这还得去干重活，娘心里难受！"

"难受啥？修渠是好事！修好了，就不用跑几里路去挑水抗旱了！"崔苏巧以明快清脆的声音劝慰道。

第二天，天麻麻亮，崔苏巧便跟着一群村民，扛着从家里带的镢头、铁锹，推着小推车，背着破铺盖卷去了工地。

工地不安排吃住，他们就自己动手，解决吃住的问题。没有饭吃，他们要么自带干粮，要么把三块石头搭在一起，垒成一口灶，支起一口锅，然后捡来柴挖来野菜煮着吃；晚上没有地方睡，他们就睡山洞或用树枝搭草棚住。

虽然每天的肚子都是空空的，但工地上却没有一个人偷懒，他们饿着肚子抬石头、烧石灰、挖土、推泥……

有一天，崔苏巧正在工地上干活，有人喊她："崔苏巧，你娘看你来了！"

崔苏巧先是一惊，接着丢下镢头，跑了过去，站在母亲面前，惊讶地大声叫道："娘，你咋来了？"她母亲愣在那里，看着站在面前，脸上全是尘土的女儿，眼睛湿润了："你……你是妮儿？"

"不是我是谁？"崔苏巧一把挽住母亲的胳膊，疲惫的脸上露出勉强的笑容,"这才几天,你就连你自家妮儿都不认识了!"

"认识啥?这能认啥?"母亲一边用手抹她脸上的土一边说,她的脸上、身上、头上全是土。"我的妮儿受苦了!"母亲呜呜咽咽起来。

一见母亲哭,崔苏巧也哭了。母亲心疼她,她也心疼母亲。南谷洞水库在半山腰,从家里到工地有几十里路,路远不说,还是山路,她母亲又是小脚,不知道遭了多少罪才找到她。

"我不苦!苦啥?你看,大家干得多起劲!"崔苏巧朝干活的人一指说,只见在悬崖峭壁和陡峭山路上,男男女女,不是搬石头,就是运泥土,大家无惧危险,干得热火朝天。

"都是好小子、好妮儿!"她母亲说着从包袱里拿出一袋炒面。

"正饿着呢!"崔苏巧拿过炒面,一边吃一边说,"娘做的就是好吃!"

一听这话,母亲又抹起眼泪来。吃完炒面,崔苏巧把她母亲送到下山的路口,就和其他村民一样,又开始不顾疲倦地干起活来。

没有房就住山洞草棚,没有石灰就自己烧,没有炸药就自己造,林县人不认输、不怕苦,没条件创造条件,通过一锤一钎一双手,跨经两省,削平山头1 250座,十年时间,投入5 600万个民工,在太行山的悬崖峭壁间凿出了红旗渠,修建成了荫及后代的世界水利奇迹。

通过努力,林县人改变了自己的命运,将不可能变成可能,终于喝上了红旗渠的水!随着渠水流淌,太行山历经岁月风霜后,沉淀的坚韧,也滋润了林县人的生命,也成了无数个从林县走出来的红旗渠儿女的精神源泉。

那一段艰辛的激情岁月,铭刻在每一个红旗渠儿女的生命里。漫漫人生路并非坦途,无论多少困难波折,红旗渠的儿女们始终坚信:不怕艰苦努力奋斗就能改变命运,能吃苦就能创造奇迹,在巍巍太行山悬崖峭壁上,红旗渠能修成,就没有什么不可能,没有什么做不成!

这样的信条悄无声息地埋藏在妻子和我的心里,也埋在了生于太行山我们一家人的心底,见证着红旗渠儿女们在人生中的伟大创举。

二 六十年的缘是天注定

老话说:"缘分天注定,无缘莫强求。"我与妻子的缘是老天给结的。

1960年秋,我刚虚岁十九。一天,媒人上门来向母亲提亲,才知道是上石村崔苏巧的母亲看上了我。

我刚当民办老师不久,一次宣传会演,我上台表演节目,她母亲正好在台下看,见我长得机灵又有文化,很是喜欢,就向人打听:"这孩子是谁家的,长得这么精干?是做什么的?"邻居告诉她:"这是后石村崔显信家的儿子,在申村当民办老师。"

得知我父亲是村干部,知道我家境不算有钱,在村里有些地位,她便托她家门口我的一个堂姐来我家提亲。堂姐满怀希望地来,却打听到我想要去当兵,便如实转告。她母亲说:"好女不嫁当兵汉,三年守寡两年半。"很是失望,无奈惋惜,就不再提了。

命运仿佛开了个玩笑。1960年林县征兵名额不多,民办教师未列入征兵范围。我就没有当成兵。她母亲知道后,又喜笑颜开地再次找堂姐崔用果上门说亲。出乎意料的是,提亲时就声称:"对彩礼没有要求,虽然开了个礼单,只要你们家同意,均可以商量。能给多少,也可以开个条件。"

那时农村说媳妇都要很多彩礼。这么便宜的好事上哪儿找啊?我父母高兴极了一口答应,简直有点儿不敢相信。农村太穷了,说媳妇并不容易,有点儿条件的都早婚。我刚当上民办教师不久,父母便开始为我张罗婚事,开始看上同村一户人家的外甥女儿,女孩很漂亮,她和家人都认可我,但我们家没钱,拿不出彩礼;我母亲很能干利索，但性格耿直，说话严厉，他家怕女儿嫁过来受委屈，就不再说了。我和那个女孩儿有缘无分，最后没成。

缘分是个奇妙的东西。我们家看上人家的，人家嫌弃我家给不出彩礼，现在居然有人在彩礼上没有要求？她母亲太想跟我们家结亲了！她父亲长年在外，母亲独自带着儿女在农村，孤儿寡女总受欺负。她母亲看中了我，不图家里的钱财，就图我父亲是村干部，图这个人好，在村里有人保护，能过日子就行了。

她母亲托人提亲后才知道，我父亲虽是干部，但家里不富裕，没有什么钱，靠种庄稼养活一家子。这也没有，那也没有，勉强提的微薄的彩礼条件也都达不到，不得已步步退让，不再要求什么，只图我这个人了。两家大人商定同意后，才让我知道，才安排我和崔苏巧见面，地点定在上石村堂姐夫崔发启家。

正值冬天，冷风刺骨，当我从家去申村小学经过堂姐家时，崔苏巧已经等在那里了。我走进堂屋时，她正低头坐在灶火台边，她的样子以及穿着，腼腆的我没敢正面细细打量，只是默默地坐到了她的对面。

隔着火台，我们都羞怯地看了看对方，小声地询问："你叫啥？""崔苏巧。""哪一年生，属啥的？""属马的，1942年。"

接着她忽然说："我们还是同学呢。"

这时我才想起来上小学时的事。

"我记得不清楚。怎么后来没看到你上学？"

她解释："我们都在复式小学，我低你一级。我读到三年级就回家干活了。"

我四年读完后，继续上了民办高小，又去河顺读初中，上学期间没什么接触和交往。我们是一个村，但不是一个生产队，她大部分时间去红旗渠修南谷洞水库大坝，而我在申村当老师，虽是同村却并没有过多交集，也不熟悉。

这时我才知道我们是"一个村、都姓崔、同年生，还是同学"，她只比我大几个月。

她叹气道:"你真的记不得我吗?"

我点头,真的没什么印象。

她又笑着说:"你忘了,可我一直记得。"

我们都很青涩,没有更多的话聊,就这样坐了一会儿,气氛略微冷清,也有一些微妙,然后我走出来,告别堂姐家。

堂姐夫崔发启见状,神色关切地跟上来,急迫地问我:"怎么样?怎么样?"

我不知道回答什么,便反问:"什么怎么样?"

堂姐夫嬉笑着说:"你没有意见,那就是同意了?同意了?"

我不置可否,只是在心里说:"我能有什么意见?能有一个女孩不计较彩礼地答应嫁给我,除了感激,我还能说什么?"

这就是我们的姻缘。

这年冬天,父母为我们定了亲。她家决定这门亲事的是她母亲,她父亲并不知道这件事。结婚前她父亲回家来才知道女儿已经许配了人家。他很是惊讶,不安地向他大嫂打听:"闺女定给谁家了?"邻居大娘随口就告诉他:"定给粟家沟老黑家的黑闺女,黑彩琴家黑孩子!"

她父亲顿时脸变黑,满脸地不高兴,责问道:"谁是老黑家?"

老黑家指的是我姥爷家,"老黑"是出了名的外号,真名倒没人记得了。我母亲王彩琴被说成黑彩琴,我是黑彩琴家的黑儿子。她父亲一听"黑孩儿",以为我长得黑,很是生气,冲操办此事的妻子大发脾气:"我女儿不漂亮。怎么也不能将闺女嫁给黑孩子!"她母亲反讥道:"闺女是我生的,你长年不在家。这个家是我当,我说了算!再说,我已经跟人家说好了,不能变!"

就在领结婚证之前,我到她家去过,帮她家干活。她父亲才第一次见到翘首期盼的女婿,便不停地打量我,看我干活,要我休息,要我干活慢一点,注意安全,终于打量了个够。后来我妻子对我说,她父亲进屋后对着她母亲嘿嘿一笑说："小伙打眼、很灵光。谁说人家黑，一点儿都不黑。"她母亲便逮着机会嘲讽道："你只信野鸡叫，也不信自己人！你用脚指头想想，我怎么可能害我的女儿？"

我小时候在家很勤快，只要看到缸里没有水，就去挑水，直到把缸挑满才停下。结婚前到她家去过两三次，每次看到院子里有需要的活，和煤扫院，二话不说，挽起袖子就去干。她父亲很是喜欢，忍不住喜上眉梢，对她母亲啧啧称道："这孩子不错，勤快灵活，真有眼光。"

双方大人都很满意，但我们俩都很青涩，并不知道恋爱是怎么回事。定了婚，也没有情书来往，也没有过牵手、拥抱，更没有亲密行为。不善言谈的我们，只是知道心里有种无法描述的感觉，在慢慢接触中两个人才渐渐拉近，恋爱和感情是在结婚后才慢慢发展培养出来的。

20世纪60年代初，结婚年龄规定，男20岁，女18岁。1961年过了元旦，我和妻子虚岁正好20岁，年龄符合规定，就可以结婚了。我记得两个媒人陪同我俩一起去河顺乡政府领取结婚证。办证工作人员例行公事地问："提倡自由恋爱，反对包办婚姻，你们自愿吗？"我们俩对望了一眼，一起点头说"同意"。结婚证就像小学生的奖状，后来贴在墙上，上面盖着公章。

从乡政府领证出来后，为感谢介绍人，请去饭馆吃了一餐饭。那是困难时期，我们又没有钱，请她们吃的是胡萝卜小米糊，一人一碗，就算下馆子谢客了。

回去后要准备举办结婚典礼，可家里没有婚房，怎么办？我们家里是人多房子少，怎么也没办法。婚房总是得有的，父亲便把家里的驴圈收拾了一下，改造成了新房。那是一间12平方米左右的平顶晒棚，顶上可以晒东西，下边一隔两半，里边是两个土炕和一个灶台，外边是厅堂，这就是我们住了十几年的家。

就要当新郎了，可没钱买新衣服，怎么办？只能靠借！我戴的帽子、穿的皮鞋以及婚房里的脸盆都是借的，崔苏巧结婚当天穿的外衣也是借的。

举行婚礼娶亲那天,我胸前挂着红绸大红花,骑着一头骡子,头戴一顶棉军帽,脚穿一双大头黑皮鞋,在一群迎亲队伍的簇拥下,敲锣打鼓,从北石村到上石村一路游走,放着三眼土炮。除了我骑的骡子,迎亲队伍中还有一头挂着红绸的骡子,是给迎娶的新娘准备的。到了她家后,我先用五毛钱(开门钱)叫开门,然后牵着红绸布条引她到给她备的骡子边,骑上后,在迎亲和送亲队伍的护送下,敲敲打打,迎娶到我家。

按老家风俗,新媳妇迎进门当天要拜天地,拜亲朋好友,给公婆送茶饭,改口喊爹娘,爹娘要给一点小钱叫见面礼。当晚还要当着众人的面擀面条,考验新媳妇会不会做饭,是新媳妇要过的第一道关。如果面条擀得好,众宾客就会交口称赞,说这媳妇不错,贤惠能干,称赞一番。我妻子是家里的老大,在娘家什么都会,她娴熟地做着擀、押、切、削、揪、压、搓、拉等一系列动作,宾客不停向我父母道喜:"娶回来一个好媳妇!"

那时大食堂还没有解散,但已经没有东西吃了,很多人因为营养不良身体浮肿,双腿就像馒头一样,一按一个坑。典礼这天给亲朋好友吃的是食堂里大锅熬的两桶小米稀饭。就是村干部娶儿媳,才有两桶胡萝卜的稀饭,来招待送亲的娘家人。管事的嘴上客气地说:"你们吃饱、吃好。"每个人盛了一碗,桶已经空了,有人用筷子敲着碗当当响,可就这点稀饭,也只能每人一碗,无奈只好赶快送走客人。

洞房花烛夜,只有微弱的油灯照着简陋的小房间,我们谁也没有碰谁,度过了三天。典礼才过三天,母亲便不停地催促说:"赶快把借来穿在身上的衣服还人家吧,以免给人弄脏了!"

第四天妻子就回了娘家,我就回学校上课去了。后来妻子讲到这件事,总是开玩笑地说:"除了你是自家的,其他都是借来的。"

我和崔苏巧成了夫妻，没有说得过去的彩礼，也没有像样子的婚房，没有像样的家具，没有山盟海誓，也没有甜言蜜语，有的只是两颗真诚相待的心，还有就是一起奋斗度人生的理想。

不久，妻子得知我在学校当老师也吃不饱，很是为我担心。她不声不响地，从家里偷偷舀点糠炒面，用小袋子包着，走几公里送到申村学校门口，亲手交给我。她站在我眼前，什么话也不说，只是用关切的眼神看着我。我接过炒面，心里思忖着："好媳妇呀，她心里装的就只有我啊！"

她常说"嫁鸡随鸡，嫁狗随狗，嫁个棒槌抱着走"，一心想的就是跟我携手过一生。还在为吃饱饭而苦苦挣扎的我们，命运一直紧紧缠绕在一起。

没有自由恋爱，但冥冥之中又是老天的安排，我们懵懵懂懂地一起吃苦、一起受磨难、一起奋斗，跌跌撞撞走过近60年。

三　娶来的媳妇住娘家

按当地风俗，新媳妇只要进门，户口就要跟着到婆家。当时家家户户靠户口分粮食，娶媳妇就是增加人口和劳动力。可我把崔苏巧娶回家后，她却没有住在我家，而是住回了娘家。

在20世纪60年代，村里年底给各户分粮，是按户口上的人头来分的。如果新媳妇一结婚就把户口迁到婆家，娘家年底分粮时，就会少分一份；如果新媳妇的户口没迁到婆家，新媳妇却住在婆家，吃在婆家，婆家分不到粮食又会不乐意。

在我们村，两家结亲前，婆家和娘家会协商好：新媳妇的户口什么时候迁到婆家，新媳妇住婆家还是娘家，如果住娘家要住多久等等。结婚前两家就商量过的：她的户口暂时不落婆家，落娘家，人也暂时住在娘家。

就这样，我们婚后两地分居，我住学校，她住娘家。

这样的日子过了半年，一个意外又把妻子的娘家击中了。

一天晚上，妻子和她母亲、大弟、二弟照往常一样推碾子，推着推着，她母亲忽然倒在了地上。

"娘！"妻子和她的两个弟弟一起扑到了母亲身边。

"娘！你怎么啦？"妻子扶起她母亲，发现她口吐白沫，人事不知。

"还愣着干什么？快扶娘去村卫生所！"妻子冲两个弟弟喊。

两个弟弟轮流把我岳母背到了村卫生所，可我岳母还是在第二天去世了。出事的时候，我在申村小学教书，等我接到通知赶回去，岳母已经走了。

岳母死得很突然，老衣（寿衣）、棺材、坟地什么都没有。岳父又不在家，作为家里的老大，妻子只能担起这个责任，一切的后事全都要她来操持。

来不及伤心，妻子跑前跑后去做准备。找人挖坟，找人做寿衣，找人给远在山西的父亲带信……她忙得团团转。

"姐！娘的棺材怎么办？"大弟问。

"棺材！咱们家哪有钱买棺材啊！"我妻子伤心地哭了起来。

想去借钱买棺材，可每家都那么穷，吃饭都成问题，哪有余钱？正在我妻子不知所措之时，一位邻居出主意说："用门板做棺材吧！"

于是，他们手忙脚乱地把家里的两扇门劈了，做成了一口薄薄的棺材。等到把我岳母安葬好，我妻子已经累得快起不来了，她又伤心又疲惫，整个人被击垮了。

岳父是在我岳母被安葬三天后才从山西太原走回来的。当他走到村口时，村里的人全都围了上去，先是安慰他命苦，接着赞叹说："你家大妮儿中！""幸亏有你家大妮儿！"

岳父回到家，看着几个孩子，一筹莫展。我妻子最小的弟弟不到四岁,三弟也才六岁,其他两个弟弟、一个妹妹,也都只有几岁到十几岁不等。

"大妮儿,你说这个家咋办?"我岳父长吁短叹。

"能咋办?熬吧!"我妻子刚一说完,眼泪就流了下来。

"我以后是出不了门了!你们几个,大的还中,这两个小的怎么办?"我岳父一个大男人,说到这里忍不住开始呜咽,"我看还是把最小的送出去吧!送出去至少能活命!"

我妻子刚开始不同意,她舍不得这个最小的弟弟,可想着留在家里,很可能都养不活,最后又不得不哭着答应了父亲的决定。

在将她最小的弟弟送人后,我岳父又对我妻子说:"这个家以后就靠你了!"

"那我婆家咋办?"我妻子忧心忡忡地望着她苍老的父亲。

"你千万不能走啊!你走了,这家就垮了!"岳父眼泪汪汪地哀求着。

根本没有办法,岳父只好将家的重担交给了我妻子,本应回我家住的她,不得不继续留在娘家。

只是过年过节我回家的时候,她也回我家,平时家里锁着门。

那些年,妻子婆家娘家两边跑,始终处于两难境地。她心里无时无刻不在惦记着我,她不是不想回婆家,我也希望她到我家来,但家里弟弟妹妹没人照看,谁都不忍心看着不管。

就这样,妻子默默承受着那看不到头的苦,用瘦弱的肩膀把整个家的重担扛了起来。

四 是姐又是"娘"

俗话说:"长姐如母。"自从岳母去世后,我妻子身为家里老大,实际上成了当家的,过起了既当姐又当娘的日子,没日没夜地操劳着。

白天,她去生产队干活,割草沤粪挣工分。晚上回到家后,她还要给全家人洗衣服,照顾弟弟妹妹穿衣吃饭。她什么都会,什么都要干,她是全家的依赖。

夜深人静,人们都睡了,妻子还要为她几个弟弟妹妹做鞋子。

有天晚上,妻子的大妹半夜醒来,看到我妻子还在煤油灯下忙针线活,便模模糊糊地问:"姐!你怎么这么晚了还不睡?"

"等我把这双做好就睡!"我妻子说。

"又是给大哥做的吧!"大妹抱怨道,"他真费鞋!"

"男孩子都这样!"我妻子笑笑,继续做活。

大妹趴在床上,眼睛一眨不眨地看着。

"看我干什么?"我妻子叮嘱道,"快去睡吧!明天还要上学呢!"

"姐!刚刚醒来,我还以为娘坐在这里,你真像咱娘!"大妹说完,一把抱住我妻子哭了起来,"你每天都要忙到三更半夜,还要给我们做鞋、补衣服、做饭!看到你,我就想到了咱娘!"说着更加大声地哭起来。

"咱娘不在了,我是大姐,我应该做。"妻子安慰大妹说。

除了给弟弟妹妹洗衣服、做鞋、补衣服,每天晚上下工后,她还要把第二天的饭给他们做好,还要哄六岁的三弟睡觉。

有一天,我妻子正要去哄三弟睡觉,大妹走了进来。

"以后还是我陪三弟睡觉吧!"大妹说。

"不!我要大姐陪我睡!"三弟紧紧搂着我妻子不撒手。

"把大姐累病了怎么办?"大妹一边说一边去扯三弟,三弟哇的一声哭了起来。自岳母去世,六岁的三弟便视我妻子为母亲,晚上必须有她陪才肯睡觉。

我妻子成了家里的支柱,里里外外都要靠她。怕她累坏了,岳父凑钱买了台缝纫机。抬回缝纫机的那天,妻子摸着缝纫机,高兴道:"有了这缝纫机,干活轻松多了!"自从有了缝纫机,每天深夜,从放置缝纫机的房间,便会传出踩缝纫机的嗒嗒嗒声。

一个雨天,我妻子在做活时缝纫机跳线了,岳父就要出去找人来修。

"爹,天在下雨,别去了!"我妻子说,"等天晴了再找人修吧!"

"早修好早用!"我岳父说完便出去了。

不久,村民背着我岳父回来了。由于下雨路滑,我岳父不小心摔了一跤,摔碎了膝盖骨,一条腿再也无法像正常人一样行走。

原本风雨飘摇的家,更是雪上加霜。

我妻子也就更辛苦了,她每天要去生产队干活,要照顾弟弟妹妹,要割猪草喂猪,还要服侍行动不便的父亲。

有天晚上,我妻子刚哄三弟睡着,正准备洗衣服,大妹走了过来,抢过脏衣服说:"以后衣服我来洗!"

"我洗!你看书去吧!"我妻子说。

"以后再也不用看书了!"大妹妹说。

"什么话?咋不用看书了?"我妻子一惊。

"我不读书了!以后帮你照顾家里!"大妹说。

"不行!你学习好!不读可惜了!"我妻子说。

"你每天这么忙,我哪有心思读书!"大妹说完,眼圈红了。

"你好好读你的书!家里的事不用你管!"我妻子坚持道。

"我已经和爹说了!他同意了!"大妹说完,拿着脏衣服走了。

大妹上初中时学习很好,原本有机会上高中甚至考大学,可看到我妻子家里家外地忙,实在不忍心,便退学帮着一起照顾家里。

1964年,我们结婚三年后,妻子才真正住到了我家,住到了那间由驴圈改造的新房里。虽然住回了婆家,但她还是操心着年幼的弟弟妹妹,一个人同时承受着多份煎熬,一边在婆家帮我母亲干家务,一边去生产队挣工分,一边还要照顾娘家。

好不容易等到弟弟妹妹长大了,我妻子又开始操心他们的婚事。

农村人娶个媳妇不容易，一家人，娘不在了，家里又困难，谁来操持啊？为了给两个弟弟找媳妇，妻子四处托人，走了很多路，说了很多好话，费了很多神，总算给大弟和二弟找到了媳妇。

大弟媳妇心气高，结婚不久就跑回娘家不来了。二弟媳妇老实，总算家里的男孩成了家，这才松了一口气。弟弟结婚的时候，家里还是很穷，他不安地问我妻子："日子以后咋过？"

妻子叮嘱弟弟和弟媳妇们说："我这个当姐的已尽了我最大的心力，以后的日子你们要好好努力。别怕，只要肯吃苦，只要肯奋斗，终会好起来。"

在给两个弟弟找了媳妇后，妻子又开始为大妹崔苏梅找婆家。

大妹到了结婚的年龄，妻子在为她的终身大事操心着，这时崔金明家主动提亲了。

崔金明是住在我家隔壁的邻居，是我堂大爷大娘的小儿子，我三爷爷家的孙子，也就是我的堂兄弟。他们一家人老实本分，家庭条件比我们家好，在村里也相对殷实。我们比较了解他，人虽没文化，很实在可靠，觉得大妹嫁给他不会受罪吃苦。

大妹文化程度高，初中毕业，在她家是读书最多的，大爷大娘家对她很是满意。妻子很高兴，很快就答应了，一是高兴大妹有了好归宿，二是高兴一墙之隔，自己以后也多了照应。

妻子在家里是老大，我在家也是老大，弟弟妹妹多，妻子到我家来也是最大的，两个家庭的农活重活都落在了妻子的肩上。一个女人干活需要有人帮衬，这下好了，妹妹嫁到了自家门口，以后可以相互照应。

这门婚事很快就成了。妹妹嫁过来后，姐妹俩离得近，互相照应，两家的感情越走越近。

妻子为弟弟妹妹们无私地付出，也换回了他们一生的感激。我当兵不在家的那些年，家里事情多，妻子忙不过来时，收庄稼、拉红薯等体力活和紧急事，也多亏了妹夫弟弟们帮着干，支持她度过在农村艰苦的岁月。

弟弟们各自成家后,也都有了自己的家庭。每当想起我妻子,都会泪眼婆娑地感慨道:"大姐太苦了,太不容易了!如果没有大姐,我们不可能顺利长大,更不可能很快成家!"

那些艰辛的日子,贤惠的妻子一手托两家,像绝大多数中国劳动妇女一样,任劳任怨地操持着家里的一切。她从来不喊苦,从来不叫累,用自己能付出的一切努力,默默改变着家人的命运。

五　在乡下养育子女成长

在当时农村,一结婚就要生孩子,而我们结婚后并没有孩子。我当兵以后,父母有些着急,天天想着抱孙子。我妻子也担心自己到底会不会生孩子,如果不会生,今后的命运又会怎么样?

在怀上老大之前,她有习惯性流产,很担心自己无法生育。为此,1964年,她专门到部队来探亲,当时为了大比武,我在搞全训,根本不知道她来,后来她在部队待了一个月,也没怀上。

回去后,妻子更是着急。

1966年,我和妻子结婚已经五年了,我们还没有孩子。正在"文革"期间,全国搞串联,妻子一个人到我所在的部队驻地苏北益林探亲。她先坐火车到南京,坐汽车到淮阴,再转车到益林。

在部队,我们作训股老参谋林景的妻子,在医院当医生,是住在隔壁邻居便去咨询她。结婚多年没有怀上孩子,医生从医院带回黄体酮,在驻地宿舍为她打针。妻子如愿怀上了我们的第一个孩子。

1967年,在我们家那间由驴圈改成的12平方米的房子里,妻子生下了我们的大女儿。因为我是军人,就取名崔晓军。后来她当兵时把"军"改为"君"。君子如玉,期待着她将来成为温婉贤惠的女子。

为妻子接生的是我三大娘,因是第一胎,生产那天,妻子疼得差点昏过去。遗憾的是,妻子生大女儿时,正值"文革"时期,我不能回家,所以不在她身边。

等我探亲假回去看她们娘俩时,崔晓君已经七个月了。

"东啊!快来抱抱你妮儿!"我刚一进村,得知我回来了,人们都凑在一起取闹,三大娘也在人群中,她一见我,就把怀里几个月大的孩子往我怀里塞。

三大娘用考验的眼神看着我说:"当爹了!这是你女儿抱吧!"

这是同村一个和我女儿同月出生的女孩儿。我看了一眼那小孩,并没有伸手,不知道为什么总觉得那孩子不是我女儿。

"不抱那个,那抱这个!"邻居又抱来一个几个月大的孩子。

我愣住了,一看那孩子水汪汪的眼睛,我的心一颤,手不由自主地伸了出来。

"这才是我妮儿!"我笃定地说。

在场的人,全都笑了起来。

血缘相连,心有灵犀,我伸手抱的正是我的女儿崔晓君。抱在怀里,我的心都要融化了,而她只是用陌生的眼光打量着我。她没见过穿军装的我,一开始有点怯生,还不让我抱,时间久了,她知道我是"爸爸"。

1971年春节,妻子来南京军区机关探亲,怀上了我们的第二个孩子。这一年,弟媳妇也恰好怀孕。我父母虽然高兴,三个儿媳同年都要生小孩,却也犯了难。

"三个儿媳都有孕,到时给哪家带都是个事!"母亲皱起了眉头。

父亲想了想说:"按理说老大不在家,该给老大家带。可不给老二、老三家带,他们能没意见?"

母亲脸色凝重地说:"我们也没那本事同时带三个娃啊!"

"那就谁家也不给带!让他们各家自己想办法吧。"父亲无奈地说。

妻子生大女儿时,是我们家的第一个孩子,全家人都很喜欢,争着给带。可现在三个儿媳妇都怀了孕,给父母带也就成了问题。还是太穷了,妯娌之间常因父母是否偏心而产生误会,竞争、嫉妒、吵嘴都是常有的事。母亲希望家和万事兴,不得已才选择谁家的孩子也不带,而为公平,父亲还把三家都分了出去。

家里本来就穷,村里正好又收成不好,分的粮食很少,分家的时候只分给我妻子一袋粮食、一个锅、两个碗。我家没有厨房,父亲就将家里的厕所填了,给我妻子改成了厨房。

妻子怀孕后,不能天天出去挣工分,到年底的时候,分的粮食不够吃。分到有限的粮食,妻子还怕遇到灾荒年,能省就省,生活很是艰苦。

我在部队听说这事后,为了不让她饿肚子,就尽量把省下的全国粮票寄给她。可就是这样,她也不舍得吃。

离预产期越来越近了,我总有一种说不出的担忧。我越想越担心,夜里怎么也睡不着,终于下了一个决定:"不行!我必须回家!"次日便向军训部首长申请回家探亲,领导很体贴,当场就同意了。

等我心急火燎地回到家,见到妻子那刻,差点掉下眼泪来。虽然已经快要生了,但肚子却一点儿都看不出要生的迹象,瘦得不成样子,一看就是缺乏营养。

"你回来了!"妻子看到我,原本憔悴的脸上泛起了红晕。

我在家的那几天,虽然快生了,妻子还是不愿意停下手里的活。

"别忙了,让我来!"我说。

"做习惯了!你坐着!难得回来一趟!"妻子不由分说,又把我推到凳子上。

那天,我和妻子正忙活着把切好的红薯片往刚收割完的田里晒,刚到田里,妻子就开始喊肚子疼。

"东昇!我……我怕是要生了!"妻子呻吟着说。

第一次遇到这种情况,我一时不知道该怎么办。

"扶……扶我回去！"妻子说，"可别……可别生到田里了！"

我扶着妻子往家赶，途中看到她额头全是汗珠，我心急如焚，将她艰难地扶到床上后，又急忙去叫三大娘。

三大娘接生的时候，我在院子里，听着从屋里传出呻吟声，急得团团转，但又不知道该为她做些什么。在门外急得团团转的我，顿觉时间特别漫长，漫长得好像过了几个世纪。

不知道过了多长时间，随着屋里传出的婴儿啼哭声，我听到三大娘喊："东啊！生了个带尾巴的！"

"带尾巴的"在老家那里是指男孩子。

这一天是10月24日我高兴极了，老大是女儿，老二是儿子，正好"儿女双全"。

可是看到刚刚出生的儿子的那一刻，我心酸不已。由于妻子严重营养不良，儿子生下来还不到五斤，一只手都能捧起来。我抱着他，见他屁股尖尖小小，皮肤皱皱巴巴，像只小老鼠，心里忍不住嘀咕："这能养活吗？"

担心儿子养不活，担心妻子的身体养不好，我心情很沉重。妻子坐月子期间，还是什么都舍不得吃，只喝小米稀饭。我心疼她，买了几斤鸡蛋，不顾劝阻，让她补补身体。

"我不吃，你吃吧！我喝小米稀饭就行了！"妻子固执地说。

"你必须得吃！"我说，"不仅是为了你，还为了咱们儿子。你吃的没营养，能有奶水？没奶水，儿子能养得好？"

一听这话，妻子接过煮鸡蛋的碗，大口大口地吃了起来。

儿子出生的这年，我两个弟弟家也各生了一个男孩，我父亲一年有了三个孙子，小名分别叫大毛、二毛、三毛，我儿子排老二，小名"二毛"。后来我给儿子取名"晓华"，既是灼灼其华，光耀门楣，更是热爱中华，报效国家，这个名字寄托着那个时代全家的期待。

日子依旧艰辛，有了大女儿崔晓君、儿子崔晓华后，我们就准备不再要了，可1973年妻子来部队探亲时，又怀上了。

得知自己怀孕后，妻子在老家给我写了封信，问我："这个孩子要不要？"

信寄到军区军训部部队训练科时，我正好在启东揩抗登陆演习，并没有及时看到。等我两个月后演习回来，看到信息时，急忙发电报"不要了"，已经来不及了。

我们的第三个孩子是在计划之外，却是天意的安排，注定成为我们生命的一部分。

1974年，小女儿出生，我为她取名"晓红"，希望她人生喜乐美好的红红火火。

三个孩子都是妻子来部队探亲时孕育，都诞生在太行山老家那间由驴圈改造成的小土屋子里。

崔晓红出生后，妻子的压力更大了。一个女人在乡下，要养育三个孩子，养猪种菜，下地干活挣工分。出一个工，年底算一毛多钱。工分不够，年底分粮食时还要自己掏钱，生活很是艰辛。

生孩子难，养育孩子更难。难上加难的是，一个女人在农村没有依靠，独自养育三个子女，有多难。

家里的艰辛我都知道，远隔千里在部队里帮不上忙，唯有靠我妻子一个人来承担了。

为养孩子、干活两不误，妻子下地时，会把孩子带上，她在田地里劳作，让孩子们在田坎上爬着玩。有时不能带孩子，就把孩子送到她妹妹家，让妹妹帮着照看，等晚上下工后，她再拖着疲惫的身体去把孩子们接回来。

农村事情多，农活、家务活，没有闲的时候。妻子顾不上时，就会让他们自己玩，怕顾不上给他们弄吃的，就在灶火两边放上红薯，孩子们累了饿了时，自己去取烤熟的红薯吃。孩子们的童年没有零食，红薯成了他们唯一的零食，晓华特别喜欢吃红薯的习惯就是在那时养成的。

农村没有玩具玩，男孩子调皮，就去我家院子的老井旁玩水。我妻子怕晓华掉进井里，每次都要反复嘱咐他，这还不放心，隔段时间还要跑去看看。

一方水土养一方人，童年的艰辛和故乡生活的苦，是我和妻子共同经历的，也造就了我们一辈人能吃苦的性格。我的三个孩子都出生在这个山村里，都或多或少经历和见证过苦难的岁月，这对他们后来的人生，都是一笔宝贵的精神财富。

"问渠那得清如许，为有源头活水来。"正是童年的艰辛和苦难，孕育了我们骨子里的坚忍不拔。在以后的人生旅程里，即便再苦再累，认定了方向，面对艰难曲折的处境，永不放弃、不动摇，以坦然的心态面对，为奔向目标始终保持奋斗的原动力。

六　为孩子四处奔波就医

一个女人，在农村不仅要干农活，还要带三个孩子，已经很不容易了，可老天又给了她一个更大的考验：崔晓君四岁那年，患上了哮喘病，天气一变，风一吹就喘。

孩子犯病的时候，整夜整夜地啼哭，我妻子也就整夜整夜地不睡觉，一直抱着她。

每次崔晓君犯病，妻子就心如刀绞，恨不得替她生病。

"妮儿乖！不哭！天亮了就带你去看病！"我妻子搂着她，小声说，说着说着，自己也跟着哭。

妻子哭是心疼孩子，她一边哭一边担忧："女儿万一有个好歹，怎么办啊！"

农村医疗条件差，为给崔晓君治病，妻子没少带她去乡卫生所，可药吃了不少，病情还是无法治愈，经常复发。

于是妻子想方设法，到处奔波着打听偏方。

"她大伯,你听说有哪个地方能治妮儿这病的吗?"妻子在村子里打听。

只要打听到哪个地方能治这种病,不管路途多远,不管有车没车,妻子都会背着崔晓君去看病。

听说有偏方,妻子就会去试。

为治病,用过偏方"埋兔脑",把兔子的脑垂体埋在胸口,说是可以通过腺体增加免疫力。

为治病,用过偏方"癞蛤蟆",把鸡蛋放进癞蛤蟆嘴里煮了吃,说是可以止咳止喘。

为治病,用过偏方"胎盘",说是吃"胎盘"可以提高抵抗力进而治疗顽疾。

为治病,什么药都愿意试。听到大夫说有一种草药有效,妻子从野地里到处寻找,回来蒸熟了给女儿吃,女儿嫌苦,哭着不吃,妻子就想法哄着让她吃,有时着急得满头大汗,甚至号啕痛哭。

可是哮喘并没有得到治愈,尤其是到了秋冬季节,妻子更是小心翼翼,整日提心吊胆,日夜守护。特别是晚上,一旦犯病,妻子不能睡觉,只能抱着崔晓君彻夜不眠。

妻子在家四处为崔晓君求医,我在部队也心急如焚,也在想各种办法,发病时打青霉素链霉素对哮喘有疗效,在农村买不到药,我就不断地从军区总医院不断地给家里寄青链霉素针剂。

妻子接到我寄的针剂后,因为使用前要做皮试,她就背着崔晓君去卫生所找医生给打。医生在给崔晓君打针时,妻子总是目不转睛地盯着,嘴里还默默记步骤。

有一天,妻子请求医生道:"大夫,你看我能试下不?"

"你来打针?"医生有些不相信。

"我想试试,这样以后替妮打针也方便!不用天天往你这儿跑。"妻子说。

医生想了想说:"也是!哮喘难治,这是一场持久战啊!"

医生把针给她了,在他的指导下,妻子学会了打针。之后给崔晓君打针变得方便了,妻子自己就可以完成皮试、注射整个流程。

哮喘病是疑难杂症,非常难治。崔晓君吃的药不计其数,偏方也用了很多,针也打了不少,可还是根治不好。

妻子从来不放弃,还在不断尝试。

"妮儿妈,这病治不好!别浪费钱了!"村里人开始劝。

"妮儿的病一定能治好!"妻子坚定地说。

可怜天下父母心,做父母的都会不惜一切代价,为了孩子恢复健康,只要有一线希望,我们当然不能放弃。

妻子坚信崔晓君的病能治好,我也坚信能。

和她在农村遇到的情况一样,我在部队到处打听疗法,也有人劝我说:"这病很难治,即便治好了也会复发。"我偶尔感到很沮丧,但更多时候是对女儿的心疼,所以始终没有放弃。

直到我将妻子儿女随军带到南京后,她的哮喘还没好。

但"功夫不负有心人"。在坚持了十年后,经过我们不断治疗和努力,在崔晓君就要读初中的时候,她的哮喘病终于治好了。

妻子无数次地感慨说:"这辈子最难治的病都被我们碰到了!"

哮喘病是很难治,但我们最后打赢了这场与疾病的战争。

我开玩笑地对妻子说:"就当是老天的考验吧。"

妻子高兴地笑笑:"那老天还算有情有义。"

治好大女儿的沉疴,妻子功不可没,也是我们家创造的一个小小的奇迹。

妻子在老家的日子,可以说是不断地在艰苦中挣扎前行,但幸运的是,似乎很难有真正的困难能打倒她。她用一个女人的吃苦耐劳和贤良淑德,养育着三个孩子,一次次地把不可能变成了可能,看似平凡,却是伟大。

七　盼望着一家团圆

从1961年结婚起，我和妻子一直分居两地，过着牛郎织女般的生活。

我没当兵前，她住娘家，我住学校；我当兵后，她在农村老家，我在部队。虽是夫妻，我们在一起的日子却很少，短暂的相聚也只有我探亲回家，或者她来部队看我，就这样，我们走过了十几年。

妻子婚后不得已住在娘家，每日忙个不停，可农村人闲来无事，喜欢"东家长西家短"地说闲话，说"嫁人了还住娘家"。我每次听到，心里很不是滋味，但无可奈何。我当兵离开林县后，老家的闲话就更多了，当闲话传到我父母那里时，他们忍不住了，找人写信给我，让我劝妻子回家。

我知道，自从我们结婚后，妻子的心里只有我，我相信我的妻子。可我也知道，风言风语多了，对妻子的名声不好，会影响我们的感情。于是，我写信给她，信上说："我们已结婚三年了，你一定要住到我家里去。"

那次写信，让妻子处在了两难境地。接到我的信后，她在深夜委屈地哭泣，娘家的实际情况让她没办法撒手不管，不回婆家又担心婚姻出现变故，到底该怎么办？

妻子是个凡事都能替别人着想的人，过了几天，觉得我说得有道理，便和我岳父商量："爹，东让我回他家去！"

岳父一听就蒙了："你要回家？"

妻子："我决定了，我得回去！"

岳父脸色难看极了，厉声道："不行！"

妻子故意说："那你愿意看着你闺女离婚？"

岳父吓住了，他知道这些年我妻子已为娘家人付出太多，当然不想我们的感情发生变化。

左思右想后,岳父点点头,说了一句实话:"你也该回家了。"接着岳父满含热泪地叮嘱我妻子说,"你弟弟妹妹,你还得管啊!"

妻子在乎我的感受,决定回到我家,同时兼顾起两个家,其中的艰辛,她从来不跟我说,但我都明白。

1964年,妻子回到我家住后,我们还没孩子,她便在挣工分和照顾娘家的弟弟妹妹之余,又当了民兵。由于她性格开朗,学东西又快,在民兵队伍里很突出,很快又被选为了民兵营长。但是当民兵营长免不了经常训练和开会,少不了要和男人接触,有时候开会晚,半夜三更才能回到家,村子里又兴起了风言风语,她担心我介意,便不再去了。

在部队,有人知道了我的婚姻状况后,尤其是我提干后,劝我结束两地分居的局面,劝我离婚,劝我重新找一个更好的。我不是没想过分手,但想起妻子的善良和贤惠,想起她对我的好,想起她吃过的苦,让我不忍心抛弃她,反而想对她更好。

1964年,妻子决定到部队来看我,这也是她第一次出远门。当时我们部队在盱眙全训。去盱眙之前,妻子连县城都没有去过。在决定来盱眙探亲后,她既激动,又有些担心。激动的是终于能见到我了,担心的是,她从未出过远门,万一找不到怎么办。

"姐!在外面别跟不认识的人说话!"妻子的大妹在送她时说。

妻子嘴里答应着,但她不认识路,所以还是一路打听,也不管认识不认识,遇到人也不怕,一路问,先坐火车,再挤汽车,最后找到了部队。

这次探亲,妻子本是带着怀上孩子的愿望而来的,但未能如愿。

1966年,她第二次来部队探亲,这时我在益林团部作训股任作训参谋。正值"文革",到处都是戴着红袖章的"革命小将"串联为了行动方便,她出门时,和大家一样,也戴了一个红袖章。

她第二次出远门，可我所在的部队又换了地方，所以对她来说依然是陌生的路程。从林县到益林，她需要先坐火车到南京，再坐汽车到淮阴，然后在淮阴住一晚后，最后坐汽车到益林。

由于路程较远，要在淮阴住上一晚，怕在路上遇到坏人，我妻子一路上都很少说话。可由于不知道路，也不知道怎么坐车，她又不得不主动开口去问别人。

经过淮阴时，她遇到一个男人，在她向那个男人问路时，他热情地说："正好和你同路，跟着我一起走吧？"妻子既高兴又害怕，犹豫不决。那个男人见状，还笑着说："有人带你走，就不用担心走错路了，你应该高兴啊。"

可妻子还是害怕，如果那个人是坏人怎么办？可是也顾不上那么多了，小心翼翼地还是跟着那个男人一起上路了。

一路上胆战心惊，快到目的地的时候，那个男人憨厚地说："不远了，我走了，再见。"

妻子这才舒了一口气，庆幸自己遇到了好人。等她好不容易找到我所在的部队营房，又被警卫拦住了。

妻子不知道为什么不让她进，又不敢问，只好在部队大门口转悠。不知道转了多长时间，里面有个青年军人走了过来。

"你找谁？"

"找崔东昇！"

"做什么的？"

"作训股参谋！"

"你是他什么人？"

"我是他爱人！从林县老家过来！"

青年军人把我妻子上下打量一番后，指指她袖子上戴的红袖章。

"你得把这个取了再进去！"

妻子虽然不知道为什么，还是取掉了。

果然，再进大门时，警卫不再拦着。后来才知道，部队不准红卫兵进营区。

这次来部队探亲，妻子孕育了我们的第一个孩子。之后，妻子再来部队探亲时就带上孩子，先是带一个，接着带两个，最后是带三个。

带着孩子出远门更不容易。我永远记得妻子带着三个孩子来部队看我的情景，小女儿崔晓红还小，只能抱着，她一只手抱小女儿，另一只手拉儿子，后面还要跟着大女儿。就这样"一个女人一抱一拉一跟"出现在了我的眼前，我的眼睛一热，泪水夺眶而出。

妻子不想让我担心，故作轻松地描述她一路的经过："我怕把跟着的晓君走丢了，为了叫她跟上，一路上还要不断叫她名字。带着孩子最怕挤火车，火车上人多，根本挤不上去。"

妻子说着说着，声音就有些激动。

每次带孩子来探亲乘火车，她总会先把行李从窗户扔进去，然后把孩子们一个个从窗户上塞进去，最后自己再从窗户上爬进去，很是狼狈。

这样的日子，我们过了十五年。

十五年里，在老家，有人曾让妻子劝我不如早些转业回老家，也许可以谋个一官半职，还可以照顾家人。但她知道，我最初当兵的时候是想要走出大山。十五年里，她也想我，想和我早些团聚，但却从来没有动员我回家。

她知道我的愿望和目标，是把他们带出来，来到城里，吃商品粮。

我的愿望就是她的愿望，我的目标就是她的目标，我就是她的盼头。她在农村老家不管多难，都在熬。而我不管在部队有多苦，也都在熬。

"会熬到那一天的！"每次妻子带着孩子们来探亲，临走的时候，我都会对她说。

"嗯！我知道！会熬到那一天的！你在部队上也要好好的。我等!"妻子眼含泪水说。望着她不舍的眼神,看着孩子们远去的背影,我鼻子一酸,更坚定了带他们出来的信念。

无数个孤独的夜里,望着家乡的方向,我对自己说:"我一定要把他们带出来!"就像我当初想要改变命运去当兵一样,想改变他们的命运,也只有带他们离开太行山,离开小山村,面向更广阔的世界,这是我的信念,也是妻子的信念。无情的时间在流逝,我们经受着异地的考验,每天都在期待着团圆。我期待着将妻子儿女带在身边,妻子坚持着。她坚信终有一天,她会拉着孩子们,随我离开这贫瘠之地,走出太行山,走向真正属于我们的家,走向广阔的未来世界。

面对困难和挑战，无畏无惧，一点点超越，一步步提升，战胜困难险阻，以苦为荣，顽强地向梦想奋进，收获进步，才不愧对自己的青春岁月。

从太行山到上海滩
（艰苦奋斗改变命运的人生回忆）

第二部分　军旅生涯三十年

1986 年在陆军
指挥学院时

改变命运，就要勇敢地挑战自己，战胜重重障碍，度过无数的苦难与无奈，用毕生的不懈追求，不断地努力奋斗，实现命运的改变，书写难忘的人生。

第三章　开启军旅生涯

一　荒凉的新兵驻地

1962年7月3日，我和新兵们从林县坐车，来到河南省安阳部队营房。由老兵带着进行新兵训练。在那里接受近一个月的队列、军人基本知识训练，等待分配。

一个月训练结束时，我们会分到哪里，谁都不知道。出发的时候，要到哪里还是不知道。从安阳上火车，一夜到达连云港东海，每个人背着背包下火车，再转到船上，后来才知道到了陈家港，已是第二天拂晓。

到了陈家港之后，我们要分配到连队。分到哪儿是哪儿。我们都是新兵蛋子，让干什么就干什么，根本不知道怎么回事，军官后来告诉我们说："你们这批兵，原计划送到西藏，去中印边界打仗的。"最后没有被送去西藏，而是被分配到了苏北野战部队，我分到100团。

100团是个红军团，诞生于第二次国内革命战争时期。1945年10月，晋冀鲁豫军区将太行军区和太行军区第六军分区直属队，合编为晋冀鲁豫野战军第六纵队，成立后很快成为刘伯承、邓小平手下的主力部队。到1945年为晋冀鲁豫野战军第六纵队16旅46团。1949年2月改编为中国人民解放军第12军34师100团。1950年12月12军跨过鸭绿江，参加抗美援朝第五次战役和举世瞩目的上甘岭战役，取得了战役的最后胜利。在1954年4月抗美援朝回国后,驻扎在金华。1961年12月调防苏北,军部驻淮阴。100团先在陈家港,后调防阜宁益林。

那个年代,部队兵源不足,是个空架子。一个连队也不过三十余人。我们分配过去,是为了防止蒋介石反攻大陆,补充连云港方向的兵源。

1962年7月31日,我被分到100团的1营1连1排2班。从连云港东海港口出发,到达几十公里以外的一个地方,陈家港靠海边的地方,好像是灌河入海口附近的地方。

驻扎陈家港是准备蒋介石反攻大陆,抗击登陆作战。那里是灌河口,战争一旦打起来,防止敌人沿河口打进去。

刚到驻地,我就被眼前的景象惊呆了:到处都是盐碱滩,远远望去,白茫茫一片,看不到人烟,被一片一片海滩、水塘所包围。到处是盐碱滩。

"这也太荒凉了吧!"有战士小声嘀咕。

"怎么到这个鸟不拉屎的地方来了!"一个战士抱怨说。

我心中也有些失望,本以为会到大城市去,没想到来到这荒无人烟的地方。

"这地方到处都是水!"有个战士刚说了这一句,就听班长严厉地说:"到处都是水?记住,这水可千万不能喝!"

"为什么?"北方来的战士叽叽喳喳。

"这是盐碱水,喝了会拉肚子的!"

战士们越发失望,这么艰苦的地方,怎么度过军营生活?

到军营,只见老兵天天去施工,干什么也不知道。作为新兵,我们跟着老兵干活。

这时我才意识到,部队和想象的不一样。如此荒凉,遍地是水却无水可喝。没有人烟,没有庄稼。只见到灌河上有一座桥,我感到非常失望。

更艰苦的是,没有营房,住的是破破烂烂的茅草屋。后来才知道一排排茅草屋，很简陋，原来这里住着劳改犯，部队驻扎把劳改犯赶走了。每到下雨的时候屋子里就漏雨，地上到处都是被水浸泡过的烂泥巴。

有天晚上，刚躺下休息，一个士兵大声喊着："紧急通知，紧急通知！台风来了，台风来了，赶快出去！"

"为什么要出去？"有战士不解，躺在床上不动弹。

"是呀！台风来了不是更应该待在房子里吗？"战士们七嘴八舌。

我也心生疑惑，没有见过台风是什么样子，更不知它的威力有多大。

"要是不出去，茅草屋塌了怎么办？"班长大声命令道，"快！快出去！"

我和新兵们只能一个挽着一个的胳膊，围成一团，经受着台风和雨水的洗礼。风雨中的我们，全身上下都湿透了，冷得直发抖。从未到过沿海地区的我，第一次见证了台风的威力。眼睁睁看着屋顶被掀翻，场面惨不忍睹。

好在并不是每天都有风雨，这种苦忍一忍，也就扛过去了。

对我来说还有一种难言的折磨，下水塘摸鱼。除了训练外，下水塘摸鱼就是新兵的一项工作。下到水塘后踩水把水搅浑，然后趁鱼儿都上蹿下跳时去抓。对会水的人来说，下水摸鱼不算什么，可对我们这些河南来的旱鸭子来说，就太难了。不习水性，不会游泳，再加上来这里之前，连鱼都没有吃过，就是下水去，也根本抓不到鱼。

每次抓鱼结束，看着其他战友满载而归，我们两手空空，心里都很难受，暗自决定要突破自己，后来慢慢学会下水，但总是心有余悸。

抓鱼对我来说是件苦差事，更苦的是吃不饱饭。

当兵之前在老家吃不饱饭，想着当兵以后就能吃饱了。可到了这里才知道，也一样吃不饱。

平时训练量很大，一天的伙食标准只有四毛钱。老兵还好一点儿，盛饭时盛得满，新兵每餐只有平平的一小钵，够吃不够吃都一样。没有菜，也没有油，好的时候只有萝卜干和酱油、咸菜，我们都是年轻人，干活又要体力，根本吃不饱。

我们住的地方距离陈家港镇还有十几里地。星期天，我们去陈家港镇，到处乱糟糟的，见到卖烧饼的，真想买一个吃。

驻地的苦，尤其是吃不饱饭，我写信告诉了妻子。妻子收到信，很惊讶，也很是心疼我，她便偷偷从家里舀了些粮食，去跟长期工人换粮票，夹进信里寄给我。

每次收信见到粮票，就像见到了救命宝贝。趁周日休息的时候，会走几十里去陈家港，买几个烧饼，装在挎包里，不敢公开吃，晚上饿的时候，在被窝里偷偷咬上一口。

就这样，能收到妻子的信，成了我在荒凉驻地生活里最大的期盼。

来当兵我有些后悔了，这兵当得和我想象中完全不一样。有点失望，后来知道，感到失望的不止我一个人。

有天晚上，一同来当兵的同乡张金有，把我拉到一个草垛子后面，悄悄对我说："咱们跑吧！这里太苦了，又吃不饱。"

我望望四周："跑？怎么跑，周围全是海，只有那一座桥，还有站岗的，我们又不会游泳，逃得出去吗？连东南西北都分不清，当地人语言听不懂，即便跑出去，也会被抓回来。抓住了会怎么样你知道吗？以逃兵论处！"

"那怎么办？我受不了了！"张金有带着哭腔说。

"咬咬牙忍着！忍三年兵役服完，咱们就回家！"我安慰张金有。

"那好吧，只好苦三年了。"张金有无奈地作罢。

这种日子过了不到半年，我就被调去和两个老兵一起种菜。

种菜的地方远离海边，到了老百姓村庄的田地里，也能见到人了。日子好过很多。在为连队种菜，自己烧饭吃。种的菜有黄瓜、茄子，菜多基本上能吃饱了，我便不再有回家的念头了。

新兵的日子，真是苦。但和老家受的苦比，也算不上什么。所以我还是咬牙坚持。难是真难，但和在老家吃不饱的日子相比，有了更多的希望，所以我有了继续把兵当下去的勇气。

苦熬一熬，难忍一忍，只要不到山穷水尽，只要不是无路可走，就只管走下去。我从当兵前的美好憧憬，到当兵后努力面对残酷的现实，并在磨砺中慢慢成长，越来越有军人的模样。

二　学雷锋改变了我

1963 年，部队接到命令，进行营房建设。我们从沿海向内地调动。从陈家港出发，沿着灌河坐船到响水，再从响水行军，经滨海到阜宁益林。

从响水到益林一路上全靠步行。还要背着背包，很是辛苦。我和大部分士兵一样，是第一次走这么远的路。走了一大半后，很多人累垮了，实在走不动了，往路边一躺，喊都喊不起来。班长急了，一声令下，躺在路边的不得不爬起来继续行军。到了益林，脚上全都是血疱。晚上一边用热水泡，一边用针挑。

益林很穷，但战士们都很高兴。到达后，大家兴奋地感慨着："总算看到人了！""比盐碱滩好多了！"

我们住老百姓家。老百姓没有多余的房子，只能睡灶房。灶房不仅做饭用，还养猪，把稻草往灶房一铺，卧地同眠。有时睡不了一会儿，会被猪的哼哼声吵醒。

睡觉不安稳，洗漱也不方便。那时苏北农村没有自来水。洗漱只能去小河沟。正是冬天，为了洗漱，只能敲开冰，用冰水来洗脸刷牙，一场洗漱下来，脸都冻僵了，嘴巴都麻木得不会讲话了。

1963 年 3 月，部队号召"向雷锋同志学习"。学习雷锋全心全意为人民服务的精神。部队提出"学雷锋帮老百姓干活""为人民服务"。战士要改造自己的思想，争做"好战士""巧媳妇"。自己洗衣服、补衣服、上袜子底、缝被子、钉纽扣，自力更生。帮老百姓挑水、种庄稼，做自己力所能及的事。

被雷锋精神所感动，状态完全不一样了。不管是训练还是做事，都认真了很多，也开始真心实意地帮助他人。

有了为人民服务的思想觉悟，开始追求进步，追求成长。不再有"混"三年回家的想法。立志在部队当个好兵，干出个样子来。

因表现出色，我被评为"好战士""巧媳妇"。

学雷锋是我思想发生了很大转变，再也不想回家的事，想好好当兵。虽依然吃不饱，依然很苦，但也不觉得苦了。

苏北农村没有石头，部队在益林建营房根基需要石头。派我们一个连到盱眙开山放炮起石头。

到盱眙的山上，天天开山、放炮、炸石头。再把开来的石头推到山下，抬到船上，通过洪泽湖运回益林建营房。

打钎放炮，做起来不容易。我不会，要一边学一边做，整个过程充满危险。

打钎时，抡锤和掌钎需要默契配合。掌钎一个人，抡锤一个人。两个人轮着来，如果配合不好，掌钎的会被打到手，要么抡锤的打不准钎头。

打钎过程中，两个人一组。常听到战友喊着号子，提醒："哎呀！小心！"尤其掌钎的人要全神贯注，不小心，手被打肿是常发生的事。打炮眼不一定都是垂直的，有时需要斜着打。打钎的难度就更大了。

打好炮眼后，由专人负责装药放炮。先把炸药放入炮眼，埋好导火线，一排排串联好，命令所有人撤退到安全区域后，统一点火放炮。

点炮时，负责安全的士兵高喊："放炮啦！请尽快荫蔽到安全区域。"我们快速躲开，避免炸开滚落的石头把人击中。如果躲避不及时，或没听到通知，就有可能被石头击中，轻则受伤，重则要命。

炸完以后，还要排除哑炮，排除危险后才开始运石头。

石头炸成大小适中后，我们要把石头从山上滚下来，推到淮河岸边，两个人再用绳子捆着石头，抬到船上。

抬石头过跳板上船，也是危险的。由于跳板摇晃，两个人要是配合不好，很容易掉下去。掉下水对会水的人不算什么。我是北方人，不识水性，会有生命危险。尤其遇到大石头，需要三四个人一起才能抬得动。往船上抬的时候，危险又吃力。

城里来的兵不能吃苦，容易偷懒。我们太行山来的兵能吃苦，让干什么就干什么。一天下来，打钎手肿了，抬石头肩膀肿了，也没人叫苦叫累。

这是一段苦力的考验，也是一种人生的积淀。我身材虽然瘦弱，但干活肯下力气，又头脑灵光，活干得也很好。半年后，我被任命为1连1班的班长。

该班是英雄冉隆华所在的班，又被称为"冉隆华班"。我没有想到，自己当兵不到一年就当了班长。

从太行山小山沟出来，没有任何关系，凭着精神的力量才能不怕苦、不怕累。当过几年老师，能写、会讲，被发现具有担任骨干的能力。

是雷锋精神鼓舞着我改变了观念。我慢慢懂得，不管条件多艰苦，面对任务脚踏实地，面对挑战不怕危险，一点一点超越，一步一步提升。战胜各种困难，以苦为荣，收获进步，才不愧对自己的青春岁月。

三　全训比武的磨练

1960年，100团2连副连长郭兴福结合打仗时积累的经验，通过军事训练，研究摸索出一套"围绕打仗，把兵练活"的战术训练方法，获得时任12军军长李德生肯定。这套训练方法，定义为"郭兴福训练法",部队让他带兵去全军做教学示范表演。

1963年12月,郭兴福带领部下在镇江进行了汇报表演,得到了中央军委领导的肯定,认为郭兴福教学法不仅是我军传统练兵方法的继承,还是在新条件下的发扬。

1964年1月3日,中央军委号召"全军立即行动起来,掀起一个学习郭兴福教学法的群众性运动,要像学雷锋、学好八连那样学习郭兴福教法学"。军委转发了这个报告。海陆空三军随即掀起了学习"郭兴福教学法"的大练兵热潮。

同年4月,成立全军比武筹备委员会,下达《中国人民解放军1964年比武大会若干问题规定》,明确了比武的目的、规模、内容、项目、评选原则和奖励办法。各部队自下而上地层层比武,选拔参加全军比武的集体和代表。

"郭兴福教学法"一举成名。郭兴福开始带领三班,到全军各地汇报表演。在镇江训练场一次训练时,名字带"虎"的战士脚底被竹根戳穿了,鲜血染红了整只鞋,仍坚持训练。这事被中央领导表扬说郭兴福带领的三班,生龙活虎,人人像小老虎,并鼓励人民解放军人人都要像小老虎。于是,"参加大比武、争当小老虎"传遍了全军。

100团部队基础好,作风勇猛顽强,骁勇善战,攻击力强,战斗经验丰富,战斗力超强,是12军第一主力团,是二野战斗力最强的主力团之一,也是郭兴福教学法发祥地。郭兴福是100团2连副连长,12军推选参加大比武的连队,不能落后,要在各方面都走在军事训练的前列。

要求整建制连队进行训练,准备大比武。师团都在建营房,唯独抽100团2连,一个连队参加全训。当时从全团挑选优秀战士,补充2连,我是被选中的一员,调到2连1班任副班长。班长钱根苗跟着郭兴福到全国示范表演去了,1班日常管理由我负责。

2连和我有不解之缘。1945年农历正月初一,一群衣衫褴褛的人,持七八条杂牌枪和一些梭镖、大刀,集中起来吃一顿玉米糊糊,在太行山林县成立了2连。除夕夜吃玉米糊糊,从此就成了"英雄二连"的光荣传统,延续至今。

抗美援朝战争中,被志愿军三兵团授予"英雄二连"锦旗。我从太行山2连诞生地林县走出来,正好编到这个连队,好像是命运的安排。

为了连队的荣誉,我铆足了劲,决定一定好好训练。

对于这场大比武,师团各级都非常重视,提出了"学英雄,见行动""谁英雄,谁好汉,训练成绩比比看",专门集中到盱眙党校,进行严格的军事训练。

1964年年底,我们抵达盱眙开启训练。

盱眙原属安徽,1955年被划归江苏。地方很穷,山上连树木都很少,到处是杂草。我们很辛苦,训练科目有技术、战术、越野、军体。战术包括单兵、班进攻、防御等;技术包括射击、投弹、刺杀、爆破。

作者(右四)和战友庞学桂看望50年前带领参加大比武时的老连长王道明(右三)一家

射击要各种枪都会打：如步枪、冲锋枪、半自动步枪、手枪、机枪等；射击有跪姿、卧姿、立姿三种姿势；目标分为固定目标、运动目标。有风、无风子弹头飞行轨迹不一样，所以射击还要考虑天气、风力、风向，六发子弹最高60环。成绩分优秀、良好、及格、不及格，低于30环不及格。

为争当"小老虎"，2连战士个个拼命训练。一声口令卧倒，即便脚下是水塘都要卧倒；说让跳沟，再深的沟都要跳下去；下雨天时，让你训练，就是下刀子也要去；风雨中，即便全身湿透，只要不喊停，就要一直练下去。

投弹训练中，因身体素质原因，有的投不远。但一定要达到35米以上，怎么办？训练臂力，找来一根绳子，我们一头拴在树干上，一头拴在手榴弹上，一次一次地拉伸，练得胳膊都肿了，吃饭时候胳臂抬不起来，拿筷子都成了问题。

射击训练，为了打出好成绩，战士们不分白天晚上地训练，出了不少神枪手、投弹能手和小老虎。

训练中，战士争当"五好战士"，班长以上要练"四会教练员"。"五好战士"是指战士在射击、投弹、刺杀、土工作业、战术上样样精通；"四会教练员"是指班排长要"会讲、会做、会纠正动作、会做思想工作"。

一段时间训练后，开始准备整连去湖州参加全军大比武。

从盱眙走到明光，从明光坐火车到嘉兴，再从嘉兴步行到湖州。一天能走六七十里路，背着被包、枪、粮食，负重前行。光被包就有十几斤重。等到达目的地，全都累瘫了，脚上全是疱。

1965年1月7日至13日，在浙江湖州，举行全军军事训练现场擂台赛。15个建制连队参赛。有上海警备区英雄好八连、20军172团杨根思连、27军235团济南英雄连、60军536团夜老虎连，还有我们12军100团英雄2连等。

我们实打实训练，技术都很过硬。在大比武中发挥出色，引来了一阵阵掌声。最终100团2连荣获：木枪班对刺第一；全连投弹总分第一；步兵轻武器射击第二；夜间射击练习、特等射手射击总分第二。各项得分相加总分第一。

我表演的项目是"步兵班进攻"，我个人也被评为"四会教练员"。

成绩是练出来的，是苦出来的。正当全军大练兵热火朝天之际，却因上面发出"进一步突出政治"的指示，大比武因此被迫中断。

大比武中断后，我随部队回到了苏北淮阴。1966年3月，全军的全训大比武，正式宣告结束。

全训大比武，锻炼了一大批军事技术过硬人才，这也是我军旅生涯中最为难忘的岁月。

长时间的艰苦训练，锤炼了我的军事技术，练就了我的组织本领，全面提升了我的军事技能，是我部队生涯的转折点，奠定了我几十年在部队从事军事职业生涯的基石。

四　旱鸭子泅渡淮河

毛主席在武汉畅游长江，发出"到大风大浪中去锻炼"的号召。南京军区分管训练的副司令员王必成，1965年8月底来到盱眙，见到2连训练好，便对军长李德生说："2连在训练场上是小老虎，训练20天，能不能武装泅渡淮河？"

"报告首长，能！"李德生坚定地说。

李德生向首长保证，也就给我们2连下了死命令。

"必须完成整建制全连武装泅渡淮河的任务！"

我暗暗叫苦："天啊，淮河有多宽，我们河南人，都不会游泳，是旱鸭子，怎么渡啊？"

旱鸭子武装泅渡淮河！这看似不可能完成的任务能完成吗？但军

人，要以服从命令为天职,"旱鸭子,20天要学会游泳"。

为完成泗渡淮河任务,我们苦苦训练,个个心理有很大压力,怕给连队拖后腿。正值天气变冷,连队压力很大。李德生给我们动员打气说:"有压力才有动力。意志坚强的人不怕压力,面对压力可以转化为能量和动力,催人快速成熟和进步。"地下千万年高温高压,才能变出石油。

李军长的话,对我影响深远,鼓舞了我们,让我们消除了恐惧的心理。天生怕水的我,开始训练非常怕,心理压力很大。我反复琢磨李军长的话,无数次默默地给自己加油打气。"只要不怕压力,就没有什么不可能!"一切行动听指挥,服从命令是天职,没有退缩的理由。

要学游泳,关键学水下憋气,于是我一遍又一遍地把头闷在水里练习。和我一样的几个旱鸭子,结成伙伴一起训练。采用一帮一模式,先在岸上教基本动作,学会后再下水。从不敢下水,到开始游泳,从游几米,到慢慢游10米、20米,一点一点地进步着。一段时间后,大家的游泳技术提高了,皮肤晒得又糙又黑,我们又骄傲又苦涩。

1965年10月1日,天气转凉,战士们手脚都冻得冰凉,上级决定逆流而上。武装泗渡淮河,拉开帷幕。

武装泗渡,就是全副武装,游过淮河。过河前先把武器保护好,步枪背在肩上,机枪绑在被子外的塑料布上,推着武器游行。除了武器,泗渡时炊事班还要带上锅碗瓢盆。也要包裹好的,像武器一样,炊事班战士推着过河。

渡淮河难度很大,目的地在下游,从上游开始游。一个班一个班往对岸游。水流很快,刚开始时还能保持队形整齐,游到中间时队形就被水流冲散了。

最终,超水平发挥。我和我们班全部顺利完成泗渡淮河。在正式泗渡之前,虽然我尽了最大的努力,刻苦训练,可还是只能游三十来米。在泗渡过程中,我竟然安然无恙地游过了一千多米。在这场生死考验中，看来不可能的成为可能，我成功了。

旱鸭子就这样渡过了淮河。我一直记着李德生军长的话："不要怕压力，有压力才有动力！就没有什么不可能！"从不会游泳到武装泅渡淮河，看上去不可能，可变成了现实。是意志的力量，鼓舞我创造了自己人生的奇迹。

五 初学参谋

1965年11月左右，我被提拔为军官，到1连当排长。

在部队我没有任何关系，依靠自己刻苦努力，脱颖而出。得到上级肯定。兴奋之余，更是感动。

"决不辜负首长的信任！"我发自肺腑地对首长说。

入伍不到一年当班长。1964年9月入了党。因大比武表现出色，比武结束，服兵役三年期满提升排长，从战士直接提升为军官。

机会来之不易。当排长后非常珍惜，处处以身作则，工作更认真，训练也更加刻苦。

出乎意料，大约当了三个月排长，上级突然调动我到100团作训股当参谋。

得知被调到机关的消息，我惊呆了，都不敢相信自己。战友们围着我：

"祝贺排长！进步够快啊！"

"你怎么被首长选拔到机关的啊？"

"怎么才能像你这样进步快啊？"

我也不知道。机遇突然而至，我第一次意识到，当兵吃苦，千方百计努力做好自己分内的事，就对了。

到团机关当作战训练参谋，我的生活有了很大变化。到机关上班，有了自己单独居住的小房间。初级军官原来是21级，津贴72

元；到我们提拔时变成23级，津贴52元。

第一次领52元津贴，我眼含热泪，第一时间想到的不是我，觉得终于可以节省一点儿钱，寄给在太行山的父母和妻子了。

升任军官，改善了我的生活，第一次能帮助家人。我怀着无比感激的心情，我对工作的态度越来越认真，对部队的情感也越来越深。

团司令部重要的部门是作训股。胜任作战训练参谋，首先要学习参谋业务，达到"参谋六会"。参谋业务的基本功是：会写、会画、会传、会读、会记、会算。跟老参谋学习，参加参谋培训班。要会写各种战斗文书和电报；会标图和调制要图；会及时准确地传达任务和接收报告；会判读和使用地图；会熟记敌我双方基本情况；会迅速准确地计算部队开进、战斗所需的各种数据。

学当参谋，我努力学习研究地图和现地识别对照地图。地图上的村庄、树木、河流、桥梁等，到现地马上能找到、对上；制订部队作战计划、行军开进路线、夜间按方位角行进等；拿一张地图到现场，判定方向，地图与现场位置一致；组织作战、侦察、部署兵力等。

看着地形，带部队不能出错。开始不会，就跟老参谋学，学画

作者（左一）在参谋训练队学习参谋业务

图，学绘制行军路线图，学写宿营报告，下达训练命令，制定行军路线。根据出发点计算行进时间，几点出发、几点到达。夜间怎么根据指南针，按照方位角走到目标点。到了宿营地检查人员状况，写成宿营报告等。

大比武学到的军事知识，当参谋得到了具体应用。我的作战训练业务能力，得到了锻炼和提升。参谋接触面广了，向上级领导汇报，下连队检查指导训练，写报告、做考核，锻炼了各种协调能力。

全训为我当参谋打下了基础，当参谋提升了我全面军事素质，为我后来到军区司令部机关军训部就职，创造了条件，打下了基础。

六　差点命丧白马湖

我担任作训股参谋后，1966年，我随部队去江苏淮安白马湖农场收稻子。

住在农场的茅草屋里，屋顶是用钢丝绑着毛竹竿，墙上糊着泥。茅草屋里没有床，都是用稻草打地铺睡，我睡在一根房梁下的地面上。

一天晚上，正在睡梦中时突然刮起了台风，将茅草屋的屋顶掀翻了，"咔嚓"一声，房梁连同屋顶全部掉了下来。同屋战士被压在下面。

从睡梦中惊醒的我，看到被子上面压着一根梁，眼前场景让我愣了，接着出了一身冷汗。我从被压的梁下边，寻找缝洞慢慢地往外爬。

只听到战友急切地问："崔参谋，压着没啊？"爬起来，呼喊清点人数。

"没压着！""太惊险了！"

"梁正砸着你的铺位，梁的那一头刚好砸在一个扩音机上，砸坏了扩音机，支撑到地面一点点空间，才救了你的命！"是啊！死里逃生啊！

战友们一起把掉落在地上的房梁抬起来，才发现落下的房梁距地面 30 厘米，幸运的是扩音器材承接住梁的重力，刚好没砸着，才能爬出来，让我幸免于难。

战友安慰我："大难不死，必有后福啊！"

1966 年下半年，全国开展社教"四清运动"。在农村中为"清思想、清政治、清组织和清经济"，由清工分等演变成为社会主义思想教育运动。

我再次被派去江苏淮安白马湖农场，参加"四清社教运动"工作队。工作组跟农民同吃、同住、同学习、同劳动。我住白马湖的一农户家里。学习毛主席语录，宣传毛泽东思想和中央精神，帮农民改变面貌。

白马湖是种水稻的农场。农民那时几乎一贫如洗。刚到那里简直不敢相信有的家没有被子，床上只有烂棉絮。但天天学毛选，背语录，唱红歌，听毛主席的话，个个挺乐观的。

"怎么比我太行山林县老家还穷？"

后来听老百姓顺口溜说："白马湖，真正强，家家都有钢丝床，不用铁不用钢，只用草绳和木桩。"这是指用草绳缠绕在木桩上编织的床。我住的那户农家，只有老太太和她儿子。住她家的茅草屋，四处漏风，下雪时雪花会飘进屋里来。睡的床就是这种草绳编织的床，上边堆厚厚的稻草，睡在上面还挺暖和的。

冬天没有煤，家家户户烧稻草。烧饭后的稻草灰收集到草窝子里，放在棉絮下面取暖，新生的小孩子就睡在棉絮里面。

农场农户很穷，没什么要"清"，我们主要帮老百姓干活。

农场还住着江苏常州、镇江一带下放的知青。知青自己种水稻、做饭。没房子住，他们都是住大通房，到结婚年龄的男女也没办法恋爱、都是双层床，每人一个蚊帐，有的男女就这样混住在一起。

有一名知青，是二十岁左右的姑娘。从镇江下放来的，在农村参加劳动。得知我们是部队来的工作组，很是羡慕，主动找我们聊天，说他们这里太苦了，在农村感到绝望，盼望有机会离开，说着说着眼泪就滚落下来。

那么多知识青年上山下乡,在穷困地区奉献着青春。他们做梦都渴望有一天能离开,改变自己的命运。从太行山走出来的我,无比理解他们的心情,却也无奈于那个时代,对命运无能为力。

我们是最后一批工作队,半年后突然紧急撤离。我将我使用的被褥、生活用品全都留给了那位可怜的老人。在知青们羡慕的眼神中,我们撤回到部队。

白马湖农场的经历,深深印在了我的脑海里。在那儿我差点丢了性命,看到了农村过去的贫穷,见证了命运的无奈。我终生难忘。要改变命运,就要不断努力奋斗,怀着梦想用一生努力奋斗去追求。

七 煤都"三支两军"

从白马湖撤回部队不久,"文革"开始了。

1967年1月,安徽造反派夺取省委大权后,即分裂成了两派。都说自己是左派,对方是反革命,要打倒对方。安徽的武斗非常激烈,相继在淮南、蚌埠、芜湖、安庆展开。一时间生产停顿,交通中断。这个时期,中央要求部队开展"支左、支工、支农,军管、军训"的"三支两军"工作。

1967年7月底,李德生军长接到指令,带12军进驻安徽,对安徽实施全面军管,成立革委会,稳定局势。

12军接到命令后,李德生像指挥上甘岭战役那样,排兵布阵:军部驻合肥,36师进驻六安,35师驻宿县,我们34师集中在煤都淮南。

淮南矿区11个煤矿,分布在150平方公里的区域,担负主要给上海及华东供应能源煤炭的任务。50万矿工因夺权,分成了保皇、造反两派。部队到淮南前,两派武斗大大小小打了数十次。一派最终被赶出了淮南。

部队乘整列火车往淮南开进途经水家湖时，被全副武装的造反派层层包围，围着列车高呼：

"我们是左派，要回家，解放军要支持我们！"

部队首长和他们沟通："我们响应号召，'支左'不'支派'，谁是左派我们就支持谁！"

造反派个个说："我们是左派，我们是左派！"请求解放军支持。最终部队首长与代表反复沟通，才同意列车放行到达淮南。到淮南后，100团机关就部署在向阳区所在地田家庵。我就在刚成立的支左办公室，天天协调派驻企业、事业单位的各连队，处理如何制止武斗、宣传政策、抓革命促生产、成立革命委员会等事宜。

淮南城市交通、治安和大型企事业单位等被部队逐步接管后，中断的交通和煤炭生产逐步恢复。造反派中的两派，经常爆发激烈的冲突。甚至挖沟筑垒，扬言把对方打出去。

安徽两派冲突越来越激烈。面对"武斗"，解放军"打不还手，骂不还口"。武斗发生时，两派打枪，部队分头劝说无效，要派整营整连，插到两派开枪对峙的中间，举着旗子，手拿宣传语录，形成一道人墙，高喊"要文斗，不要武斗"，制止武斗冲突，要求两方派代表谈判。最终由部队牵头，指定代表成立革委会，把两派团结起来。

在淮南我们制止了很多武斗。"抓革命，促生产"，在造纸厂支左的连队，我曾总结了他们制止武斗、促生产的经验，在淮南报纸上发表，对部队如何在企业团结两派，稳定局势起了指导作用。

在安徽"三支两军"期间，当时驻守徐州的是济南军区的68军，徐州行政管辖是江苏。徐州部队支持的和江苏造反派所持的观点不一致，徐州两派武斗打得厉害，一派被打出来了。

其中有一派上千人跑到南京，发誓要打回徐州。在南京到徐州的铁路线附近，一派扬言要打"第二次淮海战役"，提出"打回徐州"

去，声称要切断"京沪线"。在徐州到蚌埠段，拦截列车，火车中断，交通阻隔时有发生。

中央要求保护京沪线畅通。如有人拦截列车、炸毁桥梁，部队就要武装制止，确保交通畅通。军委命令：济南、南京、武汉三个军区，各派一个团的兵力，分别从郑州、连云港、南京三个方向，执行保卫铁路畅通的任务。

34师100团受命执行此项任务。全团全副武装，乘一百多辆汽车，真枪实弹，全部摩托化开进，从淮南连夜赶赴宿州以北、徐州以南，铁路重要交通节点周围。我们得到的信息是：一伙武装暴徒集结在徐州南边的符离集附近。当天拂晓前，一个全副武装的步兵团，对符离集以北形成密集包围。结果暴徒提前得到消息，早已散伙逃跑了，一个人影也没有。部队全部扑空。

第二天又传来情报说，一伙武装分子集中在宿县东边的灵璧县。便又连夜组织部队在天亮之前，从符离集赶往灵璧，从四个方向把灵璧包围得水泄不通。子弹上了膛、迫击炮炮弹随时可以发射，都准备好了。可天亮后老百姓都全部上街了，没有办法识别哪个是坏人。原来这里左右局势的主要势力，是支持造反派的。在他们的授意下，我们部队反而被老百姓全部包围了……

县城满街都是人，分不出谁是好人、谁是坏人，到底该怎么办？

形势异常严峻，部队一旦开火，打伤的是老百姓，坏人可能就混在老百姓中。根本分不清谁是武装暴徒，分不出谁是好人、谁是坏人。僵持了一天，没办法只好停下来，就地宣传发动老百姓，要他们举报暴徒坏人。

解放军反复向老百姓宣传：部队是保护老百姓的，我们是奉中央命令，"抓那些毁坏桥梁的武装暴徒"。搞了几天，一个坏人也没举报出来。部队最后只好撤出灵璧，返回宿县，避免了一次目标不明的战斗。

不过到宿县后不久,还真抓到一个暴徒头目胡煜。

胡煜被抓纯属偶然。他是在东北被公安发现的。沈阳公安机关在跟踪一个小偷,发现小偷在对胡煜下手偷钱财时,同时扣留审查两个人。审查中胡煜被查出身上携带的枪、粮票,还查出各种违法证件许多个。公安意识到胡煜来头不简单,立即通报我们驻宿县的部队,我们便派人到东北带回来审问。一审问才发现他是身负多条人命的暴徒。

胡煜被抓后,关进了宿县城南一栋楼的一楼一间房子里,由九连战士秘密看守。胡煜知道自己身背人命案,凶多吉少。一天天黑后,胡煜称要到院子里解手,数次麻痹看守战士,并借上厕所之机翻墙逃跑了。

为抓住胡煜,部队把进出宿县城的所有道路口都封锁住。

我奉命对路口布控封锁情况逐个检查。在城内一个十字路口经过时,35师一辆从西向东驶来的汽车将我与通信股长林爱群乘坐的三辆摩托车撞翻,差30厘米我的头就要被轧到汽车轮下。

又是一次奇迹,生死一线间,再次大难不死。

胡煜在往南坪集方向逃跑的路上,遇到与他相识的一个老汉。胡身无分文,也没有粮票,他谎称被另一派打出来了,走得急没带钱票,向老人借钱、借粮票后离开。老人天黑到宿县女儿家后,听女儿说部队要抓胡煜,胡是坏人,就主动跑到团部驻地来报案,是我接待了他。经仔细分析判断他的逃跑路线,他一个同事的家在南坪集,当晚他很可能会借宿他家里。随即派九连连长带四名战士携带手枪,加上几名体委的向导,连夜包围了南坪集他可能的住处。在战士呼唤开门时,胡煜发现情况不妙,又伺机猛冲出大门逃跑,战士们情急开枪,他腹部、腿部被三颗子弹击中,倒在地上。

胡煜经就地简单包扎后,立即被秘密送往徐州部队医院,进行紧急救治。待他无生命危险后,我负责去徐州医院里秘密审问,记录了他的罪行。

胡煜原是宿县体委一派的头头。武斗被打出来后，就组织去灵璧抢武装部的枪支。抢枪的时候，灵璧武装部人员私下得到信息，有意躲开放枪的地方，抢枪的人如入无人之地。得手后发现全部没有枪栓，到处都翻找不到，有人暗示到屋内吊顶上去找。从预留的检查孔轻松找到集中存放的枪栓、子弹、手枪等。出门时，武装部有人出来要求："手枪不能拿走，我们需要自卫。"就这样手枪没有抢走。造反派抢枪出门后，人武部守卫人员才对空鸣枪，顿时乱作一团。第二天，被强行抢走枪支的标语贴满大街，消息传遍了大街小巷。

胡煜等一伙人迅速把枪组装起来，全副武装的一队人马从灵璧出发对另一派下手，打了芦岭煤矿，又打到宿县。另一派被迫逃往徐州，胡煜派就尾随跟着打到徐州，在徐州南边追上后用机枪扫射，车上好几个人被打死、打伤。

审问后我发现，胡煜当过兵，曾是飞机驾驶员，一身的本领。此人能力确实很强，可惜走错了方向。在"文革"后期，被政府公开审判处决。

100团在宿县待了两个月。从蚌埠、宿县、符离集到徐州，招手停车，到处调研。曾经炸桥的、拦火车的，发现后抓了一些人，交给地方政府处理。

"文革"期间，局面艰难复杂。支左的岁月，经常惊心动魄。为了社会安定，部队执行制止武斗的任务，艰巨曲折，生死难料，等于执行战斗任务，其复杂艰难程度一点儿也不比真枪实弹上战场逊色。记忆极为深刻，每每忆起都历历在目。身为军人的我，为了国家，为了人民，唯有无条件服从命令，无忧无惧，为完成任务而一往无前。

八　矿井挖煤

1968年至1969年期间，安徽淮南煤矿因两派武斗，导致煤炭生产瘫痪，不能完成煤炭供应计划。作为华东特别是上海的能源供给地，淮南煤炭生产对上海乃至全国物资供应、经济稳定，产生重大的影响。

上海急需煤炭，要确保每天产煤两万吨。为了抓革命促生产，每个矿区都有部队官兵进驻。部队除稳定煤矿领导班子使之健全外，还要稳定出勤率，干部和战士也要协同工人轮班下井，和工人一起挖煤。

我虽在机关，因任务紧急，也经常要跟着连队下井，和工人们一起下矿挖煤。

我常去的是大通煤矿，位于淮南东部淮河南岸，是座老煤矿。在大通煤矿，矿井下有危险区域，因为安全原因，我们不能进去。其余都和煤矿工人一样，戴着矿井帽，脖子上系着白毛巾，戴着矿灯，由煤矿老工人带领，在同一个作业面爬井道，一起挖煤。

矿井下危险处处存在，有的井道作业面要爬着开挖，巷道顶是用木桩子顶着，特别随着作业面刚挖过煤的地方，有的还没来得及支撑，随时都有塌方的可能。

刚下矿井的时候，因对地形不熟悉，我心里非常害怕。热心的煤矿工人，就在前面带着我们，一边说着话，一边穿越井道，指出哪里有坑、向哪里拐弯、哪里有垂直井……

我们小心翼翼地张望，走在前面的矿工谈笑风生地安慰我："别怕，我们十年如一日地这么干，早就习惯了。"

我小声问："煤矿是不是经常出事啊？"

矿工说："生死天注定，干好自己的活，老天的事，管不了那么多啊！"

说完他们哈哈大笑。

听他们这么说，我们也就把危险和害怕抛在了脑后。

煤矿工人出苦力外，更是承受着危险。

黑暗潮湿的矿井下，矿工不停歇地挖煤、运煤。每次从井道上来，矿工除了眼睛，脸上全是黑的。看到我忍俊不禁的时候，他们也只是憨厚一笑，露出显眼的白色牙齿。

我每次下完矿，想要洗净脸上的煤灰，洗了一遍一遍都是黑水，洗了半小时往往还洗不干净。

在煤矿的时候，经常听到煤矿事故，令人心惊胆战。

在矿工身上，我看到了他们的艰辛、朴实和乐观。我发自内心地感受到他们工作岗位的不平凡，付出汗水的劳动者都值得被尊重。

在大通煤矿，我们下矿井的时间并不长，次数也不多，但那是我人生中唯一的挖煤体验，成了我人生岁月中一段特别深刻的记忆，终生难忘。

在淮南"支左"期间，作者（前右一）与战友到大通煤矿下井支援生产

九 千里拉练的收获

1969年中苏关系恶化，中苏边界爆发珍宝岛战争。毛主席号召全军进入备战状态，部队要拉出营区，锻炼作战能力。为提高部队素质，我们100团决定进行一次千里拉练，拉到34师曾经参战的淮海战役原战场宿县以南，学战史、练指挥，学战例、练作风。作为作训股参谋，我深知当时的形势，懂得千里拉练现实的战备意义，心里沉甸甸的。

千里拉练我是司令部机关具体组织参与者和实际落实实施者。这是我当上参谋后，第一次组织全团实施远程的行军、宿营、训练……对我是一次巨大的实际考验。

1970年春，我们穿着军装，全副武装，头上戴着伪装用的柳条编的帽子，从淮南出发，每日行军20～30公里，徒步拉练将近十天，到达淮海战役宿县以南，围歼黄维兵团最激烈的大王庄之战的双堆集附近。在双堆集驻扎后，首先是组织学习淮海战役的作战决策、指挥和战斗经验，学习部队的光荣传统和优良作风。

淮海战役是人民解放军华东野战军、中原野战军，在以徐州为中心对国民党军进行的战略性进攻战役。1948年12月9日开始，反复争夺，最后全歼黄维兵团。这是歼敌数量最多、影响最大、我军牺牲最重、战斗最为复杂激烈的战役。

在战地现场，请当年参加淮海战役的指挥员、老战士，结合地形，生动回忆讲解我军当年在兵力、装备不占优势，战场情况极为复杂多变的情况下，是如何消灭敌人的，为战役胜利、解放全中国，打了一个漂亮的歼灭战。

战斗英雄中，有一位出生于我的故乡，河南林县横水乡的王永生。他生于1928年5月，他参加了淮海战役中围歼黄维兵团最激烈的大王庄之战。他生动回忆讲述了在淮海战役最惨烈的大王庄之战中

作者在千里拉练途中

自己的战斗经过情况。

战斗从 12 月 9 日晚打到 11 日凌晨，一天半的激烈战斗，在这个只有 40 余户人家的小村庄，双方投入了 7 个团的兵力。他身为连队卫生员，全连一百多名战士、干部全部倒下，他把 40 多名伤员救下了战场。仅剩八九名战士，他挺身而出，组织指挥向敌人展开反击。最终，他和战友们将攻入阵地的敌人全部消灭，最终守住了阵地。战后，王永生被记特等功，被授予特等战斗英雄称号。

淮海战役前，100 团没有一个特等战斗英雄。淮海战役结束后，包括王永生在内，一下子就涌现出 11 个特等战斗英雄。战斗之惨烈，可见一斑。

战斗英雄生动地讲述："我们为什么会取得胜利？因为我们有正确的指挥决策，有人民群众的支援，有将士英勇顽强作战的精神，有各部队的密切配合，缺一不可。其中最为重要的就是正确的决策！"

听着老战士激情昂扬的现场回忆，部队全员备受感动和鼓舞，练兵热情更是高涨。

在曾经的战场学习大王庄战役的作战经验，对部队进行训练鼓舞很大。

作为千里拉练作战训练具体业务组织实施者，每天需要制订计划方案，各营连行军路线，确定宿营区域，拟定下达行军命令等。到达每个目的地后，我需要检查宿营情况，收集各个营连情况，向上级机关报告。

当部队人员都休息了，我还要分析当天的情况，找出需要完善的地方，熬夜制订第二天的计划和指令，确保不出丝毫差错……

我的心始终是紧张的，怎么能睡得着啊！我反复强调："我们要确保万无一失！来，再检查确认一遍！"

每一个确定的计划，都需要形成图文和指令后，经批准送到营连执行。作为参谋，我起得最早、睡得最晚。

行军路线是事先计划、排好顺序的。每次制订行军计划和指令，都要计算部队行军出发以及中途调节点的时间。对于行军出发点，每个连队通过时间，都必须提前计算好，并形成严密的行军指令，丝毫不能出错。

为确保准确无误，行军前派侦察兵先去侦察一遍，侦察、勘测路线和桥梁，然后计算行程和时间，确保大部队能准时、安全通过，到达目的地。

行军过程中，快了就要调慢，慢了要加快，以此保证整个部队在行军中有条不紊，既不会拥挤，也不会产生路线冲突。

除了确保行军顺利进行，还要保证武器弹药、物资运送顺利跟进。所有计划都要提前，包括时间和空间计划，力求精确无误。要做到这点，需要超强的计划能力、统筹能力和决策能力。

"实践是检验能力的标准"，担任参谋期间学习的《军事地形学》、"六会"参谋业务，在这里得到了实际应用，我的业务能力在实践中不断得到锻炼和提升。

1970年作者（后）从淮南调南京军区军训前，与战友杨阳生、赵永生合影

1970年5月，我们圆满完成了千里拉练。

后来我才知道，这次拉练，军区要求我们团为南京军区司令部推荐一名参谋。团首长推举三个人，其中有我一个。军训部工作组两个科长，全程跟踪了拉练考察，最后选定了我。

随着千里拉练的结束，我在12军100团部队的生活也结束了。

拉练使我的业务能力也得到发挥，它考验了我的思想作风，磨练了我的毅力，我的表现被跟随拉练的军训部领导看在眼里，记在心里，从此改变了我的命运，改变了我的人生轨迹。千里拉练我获得了上级认可，成了我军旅生涯的又一个转折点，为我到南京军区司令部军训部工作、生活翻开了新的一页。

有压力才有动力。意志坚强的人不怕压力,压力可以转化为能量和动力,催人进步,让人快速成熟。

第四章 军区机关的新生活

一 马标大院的磨练

"文革"期间,军区机关允许开展"四大",江苏和南京军区机关动荡,乱象萌生。后期造反派被清理,这样导致军区机关各部门少了很多干部,需要到部队选拔人才,充实机关人员。

100团千里拉练开始后,南京军区司令部军训部两位科长章昭勋和曲德雨组成工作组,从头至尾跟随100团司令部,参加向淮海战役原战场的拉练,并在指导部队拉练过程中,发现、选拔需要的人才。

通过实地实训考查,他们达成了共识:发现我既能吃苦,又很听话,具备过硬的参谋业务技能。千里拉练结束后,章昭勋和曲德雨把对我的考查结果,上报司令部领导批准后,调动我到机关工作。

1970年10月,宣布调我到南京军区司令部军事训练部任部队训练科参谋。

像之前每次被调动提拔一样,事先一无所知,直到接到去南京军区报到的通知后,我仍旧一脸懵懂。

问:"调我去军训部任什么职务?"

答:"你去了就知道了!"

问:"到南京找谁报到?"

答:"乘火车到南京站,会有人来接你!"

带着一堆的未知,等来了调我到军训部当参谋的调令。带上行囊，去南京军区司令部军训部报到。

一个背包、一只小木箱，就是我拎着的全部家当。去南京的路上，心情跌宕起伏，激动又不安。到底为什么会被调走？领导选我去干什么？自己没有到过大城市，一个人也不认识，万一不能胜任怎么办？装满一脑子的担忧和不安……

终于到达军区大院马标营区。军区大院原是苏联帮建的南京军事学院。军事学院撤销后，营区全部交给了南京军区。后来成为军区首长、司令部、政治部和直属部队办公及生活所在地。

我被安排在马标六号楼。与张光庭一家合住三室一厅的套房。张和妻女住在里面一大一小两间。我住外边一间。厨房他家使用，我吃大食堂。

来到陌生的环境，显得孤单。面对新环境，又是大机关，感到什么都新鲜。从马标六号楼到军训部办公室，有约一公里路。每天步行上下班，感受南京这个城市与部队不一样的气息。

当时军区管军事训练的副司令员是詹大南。军训部部长蒋科调到省政府军管会任职。管事的部长是傅喜峰，副部长于书元。军训部有部队训练、干部训练、组织计划、防化和器材五个科。我所在的部队训练科副科长，正是千里拉练中发现并推荐我的曲德雨。我心里踏实了许多。记得傅喜峰部长与我谈话时，大大赞赏了郭兴福教学法的影响，肯定了我参加大比武的过硬技术，说我当过郭兴福连队的"四会教练员"，又经过全训，在大比武中取得过优异成绩，一定能做好训练参谋工作。首长对我寄予厚望，使我不安的心增添了少许的信心。我也很快适应了新的工作环境。

军训部参谋主要是参与检查指导部队的训练，总结考核部队军事训练工作经验，提升军事技能，在部队推广典型的有益经验。我在部队训练科，经常要陪同军区付司令詹大南、付参谋长康明才等人，下部队调研检查训练，对部队训练落实达标与否进行考核，参与军区组织的大型军事演习等。

我是从部队底层经一级一级的考核选拔出来的,经过艰苦严格的训练考验,有技术、会军事、懂训练。检查指导部队落实训练计划,是我再熟悉不过的事。可每次下部队回来,都要书写文字的调研报告、简报、总结,用文件汇报调研结果显得薄弱和不足。

作为训练科参谋的职责和技能要求,每次检查后不仅要写出调研报告、汇报,还要在《军训简报》上印发简讯或通讯类的公文等,有的要印发全区部队。文章写不好可怎么办?

没有办法,必须从头学起。每次下部队回来,夜深人静,我一遍又一遍地学习简报上的文章,抓头挠耳地参照格式,试着写文章。写出初稿后,一遍一遍修改,反复修改无数次后,天已经快亮了,这才有勇气拿着文章给老参谋或科长看。

我硬着头皮请求:"帮我看看、改改,我写得行不行?"

热心的老参谋真诚地指出不足,如语法、口气、专业术语等,也提出修改方向。在他们的指导下,我再一遍又一遍修改,直到符合标准要求,通过为止。

通过一点一点的积累,我的写作能力和文字水平,都得到了很大提高。在简报上看到自己撰写的文章,有一种小小的满足感。我越来越自信,慢慢地,我也成了一个会写文章的"笔杆子"。

在部队训练科任参谋期间,我奉命参与筹建南京军区位于三界的大型训练基地。三界训练基地位于安徽明光市,是解放军第一个合同战术训练基地,是亚洲面积最大的合同战术训练基地。筹建初期,三界大片的丘陵荒山区域内,周边原有部分老百姓居住,我主要负责协助当地政府,做好老百姓的搬迁安置工作,确保演习基地区域内没有居民居住。

向百姓讲明搬迁道理,宣传军事演练的重要性,对有些思想保守的老人进行心理疏导,并反映他们提出的实际问题,尽力协调解决，保证了搬迁的顺利进行。在起伏不平的丘陵山地，难忘陪同首长夜间用强光探照灯照射，一夜收获几十只野兔的兴奋场景……

战术演练场修建好后，部队演习是我们最为忙碌的日子。不仅要参加到演习导演组，还要参与制订演习计划、演习方案。正式演习前，要跟着军区首长，下部队到师、团、营进行业务检查，一级级地指导训练。

演习分实兵演练和沙盘推演。实兵演练都需要到野外去，沙盘推演则在室内进行。不管怎么样演练，都是为提高备战水平，时刻为实战做准备。

1975年6月，驻浙江的20军和驻河南的1军进行防务对调。为确保两个野战军对调顺利，我被抽调到由军区司、政、后组织的联合工作组，协调两个野战军的对调过程。工作组分别到杭州、湖州、金华，协调军部和三个师的调动。我是在金华参与协调60师和3师的交接沟通、协调。那时傅全有是以三师副师长的职务，到金华打前站的，了解60师原有部署情况，并接收营区营房、设备。两个部队的顺利对调，终于解决了一大问题：由于"文革"结怨，造成野战军与军区长期不协调的矛盾。在那里驻扎两个月，直到对调结束圆满完成任务，让我有了一次从未有过的全新体验。

基层部队和军区机关，是两个层面完全不同的人生体验。在部队受到的锻炼侧重于技术能力层面，比较具体，以实际操作为主，提升能力，磨练意志，是小范围的。军区机关受到的锻炼，是比较宏观、开阔的，提高了格局，增长了见识，开阔了心胸。从未在大城市、大机关生活工作过的我，见到了前所未见的社会组织背后的复杂性和多面性，使我对社会和人生的理解，变得理性和成熟。我不断告诫自己："在大机关工作，要收起锋芒，低调做人，踏实做事，恪守本分，提高情商，处理协调好关系比做事都重要。"

二 院校的筹建

军委要求大军区恢复"文革"期间撤消的步校。到1976年下半年，全军11个大军区，纷纷响应号召，有10个军区均已组完成建新的军政干部学校。唯独南京军区无动于衷，迟迟不予恢复。

后来由军区司令部、政治部、后勤部分别抽调干部，和从部队抽调的人员，组成军政干部学校筹建工作组。我被抽调参与筹建工作。

学校筹建第一个难题，是选择确定校址。

学校建哪里呢？位于岔路口的原南京步兵学校，是理想的校址，但遗憾的是，被空军气象学校占了；位于卫岗的原南京高级步校地址，被南京理工学院占了；位于马标的原南京军事学院营区，被南京军区机关占了。

没办法，筹建组提出在南京教练场建校，被许世友否定了。他坚持学校不能建在军区机关身边；又提出汤山炮校和炮兵团的营区，那里离南京十几公里，地方太小，无法发展，也被否定了。

淮阴12军原军部营区，可以建校，但筹建人员大部分都反对，不愿意去，"离南京市太远，交通又不方便"。

经几个月的考察、讨论选址，最后选择了南京江北浦口的花旗营。

浦口花旗营是60军军部、军炮兵团和121医院三个单位所在地，中间还有很大的一块空旷的山坡地。军区终于决定在花旗营建校。选址确定后，军部、炮兵团和医院都一一连夜搬迁。随后日夜不停地开展了学校具体建设、招生、开学工作。

南京军区军政干部学校任务是培训军区的连排军政干部。可到1978年1月12日，南京军政干校出乎意料地被军委整体收走，恢复成立南京高级步兵学校，直属于中央军委。训练全军的营、团职军政干部。张荣森为校长,丁秋生为政委。不得已,1978年以后,南京军区又将学校重新建在了滁县。

到1981年1月1日,又改称南京高级陆军学校。收训任务和编制体制也做了较大调整。1986年6月9日,又改称为陆军指挥学院,直属于总参谋部,成为全军陆军中级指挥院校。

我参与筹建的学校,经历了从军区军政干校到高级步兵学校、高级陆军学校,最后又改为陆军指挥学院。四个阶段学校级别由师级到军级,又到兵团级数次变化。南京军区军政干部学校筹建后期,我被宣布留校任职。

留校,开始不在我的选择之内。对我来说,到1977年,在部队工作已近十五年,人生最美好、精力最充沛的岁月,都献给了部队事业,也适应了军人的生活。在哪儿工作并不重要,只要还在部队,有机会把一家人带出来就好。

我留校后在教务处任参谋。主要职责是为军政学员队编写教学大纲、训练计划和方案,组织教学安排。要胜任这些工作,既需要懂军事理论,又要精通战术、技术,而我在这方面颇有经验。

除了编写教学大纲,还要编写整个教学计划,每个季度、月份、周都要排计划,还要召开计划协调会,把所有教研室的计划都排列出来,确保各学科按教学大纲有条不紊地进行。

教学计划的安排,需要具有很好的协调能力和计划能力。因我参加过大比武,组织过千里拉练,以及曾经在军训部工作过,累积起丰富的经验,做起来也得心应手。教学计划做得非常出色,深受学校领导、教研室、学员队的一致好评。

1980年,38岁的我被破格提拔为正团职的教务处副处长。18年的军龄,成了当时院校最年轻的正团职军事行政干部,恢复军衔制时授上校军衔。1965年取消军衔前,当班长挂上士军衔。一生经历两次军衔制,中间经历军队13年的无军衔时代。

在南京六合防空导弹训练场上,后排右为作者

　　被提拔为教务处副处长时,训练部长是1军调来的齐正军。在选用人才方面,齐看重能力和水平。因我做事认真负责、干脆利落、效率高被赏识和提拔。部长被调离后,新任部长选人看重处事圆滑和人际关系,对于能干、耿直、不擅长周旋和处理复杂关系的人来说,很难得到欣赏和任用。

　　一个人在部队的仕途之路,随着领导人的喜好、观念不同,人生轨迹也可能改变方向。

　　1985年,部队给了我进一步学习深造的机会,我被抽调到军事指挥专业,考取军事大专文凭,毕业后改行做了军事指挥专业教官。仕途之路改道。担任教官期间,我讲授战役学,包括进攻和防御战役的教学,属于高级学员的课程。教学内容是军队里相当于军师指挥员需要的本领。营团指挥员学习是为了了解高一级的指挥知识,便于在战役中配合,同时一旦需要时,能胜任高一级的职务级别。

战役是由若干具体攻防战斗组成的，需要多军兵种的配合作战。需要步兵、炮兵、装甲兵及防空兵各种配合。需要有丰富的军事知识，以及比较高的军事理论修养才能胜任，要学《孙子兵法》，要学战役理论，要熟练战役布局。通过对淮海战役、辽沈战役等经典战役案例的分析，培养高级指挥员的作战指挥能力。

我由原来最年轻的正团级军事行政干部，没有沿着行政仕途之路发展，而是转行走军事专业技术干部路线，继续发挥了我的优势。转行并没有影响我军事能力的提升。我依旧吃苦耐劳，踏实肯干，在自己的专业岗位上尽职尽责。我很快在专业技术等级上享受副师级工资待遇。虽已具备各项评选技术高级职称的晋级条件，但名额受限，在等待机会即可晋升到高级职称之时，人生之路发生了改变。

人生能走到哪一步，只要确立了目标，不断的奋斗进取，剩下的就看有没有机遇的出现。军旅生涯几十年，我经历过被提拔的惊喜，也经历了改行专业技术干部，受高级职称名额限制，又遇军官服役条例刚好颁发施行，不得不终止我的军旅生涯。经过被重用与否的高兴与失落，起起伏伏，经过不断调整，我做到了在晋升机遇到来时不亢不卑，机遇失落时也不急不躁。我以成熟而坚韧的心态，度过30年军旅生涯，夫妻一家人15年遥隔千里、生死离别，尝遍人生的酸甜苦辣。

三 家人的团聚

我在南京的十几年，妻子和三个孩子在老家，我们就这样长期分隔两地。

计划经济条件下，大城市限制人口特别严格。家属随军非常困难。家属能否随军，取决于地方政府是否开具准迁证。

当时分商品粮户口和农业户口。农业户口靠种地吃饭。商品粮户口靠计划票据供应。取得准迁证，才能取得在城市生存的条件。

南京严格控制人口流动。我早想把妻子儿女迁出来,但没有户口,就没有计划,吃饭没有粮票,烧饭没有煤票,购油没有油票,买菜没有菜票,穿衣没有布票,来了时间稍长,根本就没办法生存。只有取得户口,才能取得各种票证,全家到城市团聚只能等待。

"家人团聚在一起,是最大的幸福。"这成了我和妻子最大的愿望,为这个愿望,我和妻子等了 15 年。

到 1977 年 9 月,我满足了南京市军人家属随军苛刻的条件:年满 35 周岁,15 年军龄,营级职务,三个条件缺一不可。

终于等到了这一天,我抑制住内心的激动,先由部队出具证明,再到公安局开具准迁证后,满怀喜悦地回了老家。

回想这 15 年里,我与妻子的艰难与煎熬,我感慨万千。

我同村的战友张金有,在参加援越抗美回来后,转业老家做了一个乡的武装部长,让我岳父及亲朋很是羡慕,多次说服要我离开部队,回老家谋个一官半职,这样既能和妻子儿女团聚,又能帮家里的忙。可我始终没有答应,因为要做到带一家人出来团聚的目标,从来没有丝毫动摇过。

原来老家西院三间茅草房,被一场大雨冲塌了。当时面临两个选择:要回家就要修房子,不回去就放弃那个地方。我最后选择了放弃。因为我的目标是一家人走出太行山,既然不准备回家,还修它干什么?

不是不想妻子儿女,15 年天天做梦都想和他们团聚。只是他们所说的回家团聚,和我想要的出来团聚不一样。我要的团聚,是把妻子儿女带出来,给他们一个可以施展才能、闯荡未来的天地。

妻子知道我的想法,即便她在家里再艰难,也从没有动员我转业,也从来没有动摇我的决心,一年年熬着,总会做到那么一天。

15 年,妻子在农村,我在部队,都在坚持。我们都要克服各种困难和诱惑。在部队,我也有不顺利和动摇的时候。一个人在外,家人不在一起，职务上不去，薪水也不增多，有人劝说不如早点转业离开。但我始终熬着没有提出。我没有选择，我必须把我的家人带出来，只有熬下去。

尽管不容易，我的决心从来没有改变。

15年过去了，我熬到了头，终于熬到了一家团聚的这一天。

那天我回到家，妻子并不知道可以随军了，惊讶地问："你回来干什么？"

我给了她一个惊喜："迁户口！"

她张大嘴巴说："啊？！可以跟你走啊？"

妻子的眼泪一下子涌出了眼眶。

我看着在老家日夜煎熬而略显苍老的妻子，看着我的孩子，大女儿已经十岁了，儿子六岁，小女儿三岁了，在这贫瘠的地方，他们苦苦等着这一天的到来。

孩子们听到我是来接他们的，都高兴极了，蹦蹦跳跳。

妻子不敢相信，反复问我："我们真能跟你一起走了？真的吗？"

我把准迁证放在她面前说："这还能有假吗？"

妻子抚摸着准迁证，眼泪又顺着眼角流了下来："我们真的熬出头了？"

"熬出头了！"我笑着说，眼睛却是湿润的。

那一夜我和妻子彻夜未眠，回顾着15年的点点滴滴，一边说一边哭，一边哭又一边笑。

激动过后，妻子又开始担忧了，她不安地问："我们这一大家子去了部队，你那点津贴，养得活我们一家五口吗？"

那时我一个月62元的津贴，养五口人不容易。可对我来说，那是接下来要想的事，我只想把他们带出来。

之前妻子来南京探亲，住上一二十天。现在要离开农村了，未来也不知道如何，心里未免忐忑不安。但好也罢，不好也罢，一家人总算在一起了，总比分隔两地要好。

不等我说什么，妻子又说："不管了！是福是祸都不管了！只闷头跟着你就行了，你走到哪里，我们就跟你到哪里！"

抱着"一去不回头"的想法，妻子变卖了家里的全部粮食，换成全国粮票。在那个时代，到城里生活，一切凭票供应。粮票、布票、煤票、肉票、火柴票、豆腐票、香烟票……没有票寸步难行。各类票都附着在户口上，没有户口也就没有各种各样的票。

我们对未来充满了期待，终于到了出发的这一天。我们从老家离开时，什么也没有，像去逃难似的。妻子和两个女儿穿得破破烂烂，儿子光着屁股，我们提着大包小包，带着镢头、锅盖、鏊子等，向南京走去。

那个画面，既悲凉又悲壮，永远印在了我的脑海里。

到了南京，遇到的第一个问题就是：户口落在哪里？

我在军区马标大院原有一间房子，可以将妻子儿女的户口落在这里。但城里消费高，妻子又没有工作，单靠我一个人的津贴，在市中心养活一家人实在很困难。

我所在的高级步校在浦口花旗营，是郊区。距市区有几十公里，生活相对容易一些。那时我不知道我将来转业会去哪里，是留在南京还是回河南？未知的东西太多了，一切变数都太大了……

我为难了一段时间，反复权衡后，最终决定把家安在花旗营。郊区生活成本低，一家人的生存基本能够维持。当然是迫于眼前情况的权宜之计。后来孩子上学、妻子就业、我转业南京，都因户口不在市区内，产生了巨大的困难。

但不管怎么样，盼了15年，能落户南京，总算是把妻子儿女从太行山带出来了，完成了对妻子的承诺，结束了一家人的分离状态，实现了全家人的命运转折。

曾有人问我："当初你若没把他们带出来，他们的人生会怎样？"

我摇摇头说:"我不知道。我只知道我不可能把他们留在农村。因为我所做的一切,都是为了他们的未来,能够有那么一天,他们过得比我好。"

当时城市与农村差别很大。对我来说,只有把家人带出来,在城市上学、读书、就业,才有可能改变一家人的命运。

作为丈夫,我能做的,就是完成对一个贤惠善良的女人的承诺。

作为父亲,我能做的,只有不断努力为他们创造更好的条件,给他们创造更多的机会和可能。

无论未来如何,离开农村是一次命运的改变。幸运的是,我们终于一家人可以相互陪伴、相互依靠,不惧艰辛,迎着时代不断的发展变化,站在时代的潮头,改变自己,走向未来。

四 山坡开荒种菜

将妻子儿女的户口落在花旗营后,我们一家五口,住在了隔着楼道的两间房子里。这是南京高级步校分给我的房子,这就是我们的家。

安顿好生活后,我开始安排儿女上学的事。十岁的崔晓君读三年级,六岁的崔晓华要读一年级,他们都进了板桥小学。三岁的崔晓红到部队开办的幼儿园。

异地苦熬15年的我们,还没来得及享受一家团聚的幸福,又开始为如何生存下去打算了。

当时收入低,妻子没工作,我一个人每月只有62元津贴,维持一家人生活捉襟见肘,非常困难。这些钱不仅要用于生活,还要支付三个孩子的学费,根本不够家用。

有天晚上,妻子对我说:"要是有地方种菜就好了,这样我们就能节省下买菜钱了!"

妻子的话提醒了我,我想到了在花旗营的山坡上可以开荒。第二天，我们拎着从老家带来的镢头上山了，从此我和妻子开始在山坡上开荒种菜。

我们都是农村出来的，开荒种地很拿手。每到周末，一家大小齐上阵，很快就拾掇出了一个菜园子。种上了土豆、毛豆、地瓜、雪里蕻，还种了葱、香菜、茄子、包菜、扁豆、小白菜、芫荽等，非常丰富。

我们用煤灰和部队猪圈里的猪粪做肥料，蔬菜的长势很好。

有了自己的菜园子，我们吃的菜基本上都是自己种，只有粮食和油需要去买。在种菜的基础上，又在菜园的地边养起鸡和鸭。

种菜和养鸡鸭给我们节省了不少开支。我们生活很节俭，烧饭时为了节约煤，去捡干柴枝当柴火；过年过节买水果时，别人挑大的，我们挑小的，因为小的数量多，孩子们能分得过来，吃的时间也长。

想尽一切办法开源节流，可每个月不到月底，钱还是花完了，生活捉襟见肘。

为了减轻经济压力，妻子决定找一份工作，做了家属工，在我们学校的幼儿园里做生活老师。

这样自己种菜，生活上精打细算，加上我和妻子两个人的工资，一家五口的生活也就勉强能维持了。

夏天家里热，我们手里拿着扇子，到处找风口。夜晚就提着凉席，到马路上找阴凉处。一会儿在这棵树下躺躺，一会儿又在那棵树下躺躺。经常被蚊子咬得浑身上下到处都是红疙瘩，整夜没法睡。

自己种地、种菜，一个月多少能节约几块钱下来。我们用存了一年的钱，买了一台放在桌面上的蝙蝠牌摇头电风扇。

电风扇是在南京新百买的。去的时候我空手坐公交车。回来时，我只能扛着电风扇挤公交车。天气又热，再加上扛着电风扇，等我回到家，全身上下衣服全都湿透了。不过，当我把电风扇插上电，习习凉风吹来的时候,看着一家人像过节一样高兴,我也就不觉得累了。

接着,我们又用存了一年的钱,买了台红灯牌收音机。

虽然日子一直过得紧紧巴巴,但我和妻子从未因为钱而发生过争执,这也是我倍感幸运的地方。

在经济不宽裕时,我们全家人靠自己的双手开荒种地,乐观地面对生活,积极地努力奋斗着。

巍峨挺拔的太行山,荡气回肠的红旗渠,自力更生、艰苦奋斗的精神,从遥远的故乡林县,被我们一家人带到了南京,贯穿在我们生活、工作的每一个细节里。

五 妻子的那份工作

随军后,为改善家庭收入低的问题,妻子必须找工作。

计划经济时代,不是想找工作就能找的。所有就业必须有劳动就业指标。当时劳动就业分国营、集体两种。集体又分大集体、小集体。所有劳动指标都必须有计划,只有通过地方劳动部门招工录取,才可能就业。

到南京后,妻子在幼儿园做生活老师,但算临时家属工,国家是不承认的,也没有劳动指标。

妻子想找一份正式工作。

南京当时的招工条件是35周岁以下,企业同意接收,政府有劳动指标,有劳动指标才有工资计划。

在准备一家人随军团聚前,我早就打听到了这一点。为方便妻子来南京后保留找工作的机会,在老家迁户口前,就特意将她的出生年月推迟了两年,这样身份证年龄比实际年龄小了两岁,增加了她被招工的机会。

1978年底,妻子通过招工进了浦口东门砖瓦厂,做了一名集体企业的工人。这就算有了一份正式的工作。

和她一起进东门砖瓦厂的,还有四五个军人家属。在砖瓦厂我妻子的工作是为烧砖挖土挑泥,很辛苦。下班回家后,她时常喊腰酸腿疼。

"工作很辛苦吗?"我问。

妻子先是不说,经不住我不停地问,便回答说:"整天挑泥,太累了!在农村也没干过这么重的活,比在老家还累!"

妻子说着说着,流下泪来。

我心疼不已。

"明天找人试试,看能不能给你换个工种!"

"能行吗?"妻子高兴起来。

"试试吧!"我沉重地回答。

这样干了几个月后,终于我通过熟人将她调到了仓库,做仓库保管员。

仓库保管员比原来轻松一点点。但东门砖瓦厂离花旗营很远,有大约六七公里路,每天要坐公共汽车往返。从我们家到公共汽车站还有一公里多的路程。因而她每天上班下班,都要走两公里多路。

有一天,我去接妻子时,她说:"咱们存钱买辆自行车吧!"

我不是没想过买自行车,可一辆永久牌加重自行车要120多元钱。当时对我们来说120元钱就是个天文数字。一年都存不下那么多钱。想到妻子每天上下班要走那么多路,我便当场打包票说:"好!过几天借钱也要买!"

"过几天?咱们家里只有二三十元,还差很多!"

"借吧!想办法借!等存够钱再买,都要到猴年马月去了!"

"没想到你还挺会疼人!"妻子轻声说,将头靠在我肩上,亲热地挽起了我的胳膊。

那天的妻子，娇羞得像个小姑娘。

接着，我四处借钱，凑够以后，买了一辆永久牌加重自行车。

有了那辆自行车，每天她上班，我都会骑车把她送到公交车站。她下班我又骑着自行车去公交车站接她。

这种日子，辛苦是辛苦，却也很甜蜜。

然而，随着崔晓君要上初中，要把户口迁到南京市内才能进城读书，又让我开始跑女儿户口迁到城里妻子工作向城里调动的问题。

我们院校有个规定，家属在城里工作，才有资格在城里排队，才可能分到一间房子的资格，有了房子，户口也才可能迁进市区里。于是，为了能让孩子的户口落到城里，我四处走动，帮妻子调动工作。

经过两三年的不懈努力，想尽各种办法，终于在1981年，妻子被调到了南京玄武区灯具厂。玄武区灯具厂在四牌楼，是街道上办的小集体工厂，但能接收进去也费了九牛二虎之力。南京玄武区灯具厂的支部书记是我一个老乡同事的老婆，通过这层关系，又经过两三年的走动，才达成所愿。

妻子刚到灯具厂，在车间工作，开冲床。有一次，开冲床出了事故，妻子的左手大拇指被截断了一节。因是工伤，她后来被调到了门卫室工作。

虽然在灯具厂也很辛苦，但总算在南京市内有了立足之地。每天下班，妻子还要坐公共汽车，花费一个多小时回花旗营。天气好时还可以，遇到下大雨大雪，没有公共汽车，过不了长江大桥时，我妻子就不得不迎着大雪，走几十里路回家，很是艰辛。

好在时间不长，单位就在市内给她先分了一个床位，这样她就不用再每天回家了。

从1977年妻子随我来到南京，为减轻我的经济压力，先在幼儿园做生活老师；又经招工有了份东门砖瓦厂的正式工作；再为了孩子们上学，户口迁进南京市内，进了南京玄武区灯具厂……不管是她照顾孩子、挑泥烧砖，还是出事故手指被截断，她为了这个家，为了改变命运，一直在艰苦奋斗着。

妻子的艰辛，想来我也有责任。

俗话说："想短了，眼前不好过；想远了，眼前过不了。"刚来南京时，本来可以把妻子儿女的户口放在马标，但城里的生活成本高，靠我一个人的收入根本无法生活，就把户口安在郊区花旗营。

可到了孩子们要去城里上学时，问题就出来了。为了让他们进城上学，我和妻子也是费尽了周折。

1982年，部队给我在市里分了一间小平房。妻子又在灯具厂上班，我们整个家庭也就从花旗营转移到了市里。1983年，部队又给我和另一个战友调换成合用一间的单元房。我用两间，战友用一间，厨房和客厅公用。

1990年，我已经任职团职干部十年了，陆军指挥学院才在福建路85号给我分了一个营职干部的小套房。这房子不大，只有六七十平方米，可这是属于我们的独立空间，我们这才在南京市真正地有了自己简陋的家，这也为我的转业进南京创造了条件。

妻子从工作以来，历经波折，但我们抱着极大决心，为孩子们能够接受良好教育而创造条件。不管多难，我和妻子都从未停止过努力奋斗，我们所做的一切，为了一个目标：希望这个家越来越好，希望三个儿女都有好的未来。

六　老山战地40天

老山位于中国云南省文山州麻栗坡县天保镇，是中越边界骑线点上一座交界的山。1978年开始的中越边界自卫反击战役，中国和越南打了好多年。对中国来说，是不惜一切代价都必须打赢的。

1984年，昆明军区奉命对老山、者阴山一线越军，分别经过26天的炮火准备，于4月28日凌晨，突然发起攻击，一举收复老山、者阴山等高地。

老山跨两国的边界，两国边界沿山顶弯弯曲曲山的分水岭，将中国和越南隔了开来。没打仗时，老山上光秃秃的。之所以要跟越南争夺这光秃秃的老山，实际是为了"围魏救赵"。

攻占老山后，军委要求派战地工作组，前往老山、者阴山总结调研作战经验。对打得好的战斗，具有价值的成功战例，整理成书面材料，供院校培训指挥员使用。

军委安排南京高级陆军学校、石家庄高级陆军学校、解放军军事学院，各派两名教官，前往老山、者阴山调研总结作战经验，并向军委写出书面作战报告。

我当时在南京高级陆军学校战役教研室任教官。日常的教学任务是"防御战役学"。学校受命后指派我和教"进攻战役"的教官张攀雄，执行此次任务。还有石家庄高级陆军学校、军事学院各两人，共六人组成战地工作组，前往老山战场。

从三所院校抽出的教员分别从驻地出发。南京我们两人是5月2日前往昆明。三个院校六人从不同方向于5月3日到达昆明军区集中。军事学院指定一人为组长。进一步明确任务后，决定从昆明经文山到麻栗坡，再到老山前线阵地。

我们乘坐一辆送弹药的军用卡车，经4日一天弯弯曲曲的山路颠簸，当晚在文山军分区招待所住了一晚，然后再由14军派车送往麻栗坡。

麻栗坡是靠中越边境的一个县城。那里是热带雨林，森林茂密，杂草丛生，藤葛交织，人烟稀少，蚊虫非常多。5月5日从麻栗坡县城出发，到40师前线指挥所。途中要经过弯弯曲曲的数公里"之"字形下山坡路，这段下坡弯曲的山路，完全暴露在越军炮火控制之下。一路上有很多炮弹坑，都是越南打过来炮弹爆炸后留下的弹坑。汽车通过要趁越军炮火袭击的间隙，不得不小心翼翼地绕着弹坑走。要绕过弹坑快速通过这个危险区，这是到老山阵地前遇到的第一个考验。

14军40师前线指挥所设在一个叫曼棍的山洞里。这是一个天然的喀斯特大溶洞，能容上千人，离老山不远，通公路。越军的火炮不太容易打到山洞里。洞里顶部和地面，有不少大大小小的石块、水坑，高低不平。洞内一小片稍平坦的地方就是设立的战地指挥所。我们六人就夜宿在洞内靠近指挥所的地上。

老山原本陡峭，再加上打仗时战壕、暗堡、坑道纵横，地雷密布，爬起来处处都有危险。有句话这么形容老山："猴子难上老山顶，山羊难攀老山岩。"可见，老山不仅难爬，还很危险。

当时我们以总参工作组的名义前往，任务是总结攻打老山的作战经验，撰写攻防成功作战战例，向军委撰写一份作战报告。看地形，谈作战经过和战术，要写成功的作战经验，还要把战斗失利的原因，以及指挥决策的优点和不足，全都写下来，形成作战案例材料，给院校组织营团干部教学、学习做实例。

到达前线后，与前线指挥员沟通了解攻占老山主峰的作战过程，与师团领导交流作战指挥经验教训，探讨体会与看法。每天要到第一线最前沿的战壕、坑道、猫耳洞，与阵地上营连长、排长、班长沟通交流，记录进攻老山主峰的经过，核实具体的越军部署及战斗过程遇到的问题。

攻占老山是1984年的4月28日。我们到达时，40师已经打下了老山主峰。不过越军不甘心失去老山，还在一次又一次反扑、争夺。

攻占老山主峰的主力团团部，在老山北坡中间的一个小坑道里。也就是大一点点的山洞。到后第一天，从山下的谷地出发，沿陡峭的北坡，爬老山主峰。老山是热带雨林，到处是一人多高的灌木杂草，由战士领着沿"之"字形小道,向山顶爬去。战士再三提醒,不要离开小道,以免踩着地雷,一路心惊胆战,却也必须前行。

我们先到团部坑道里。通过团部的介绍,知道我军是先攻下老山两侧的高地,再打顶峰,最后拿下主峰的。就在我们沿着第一线战壕、观察敌情、现场研究地形,看越军怎么反扑时,这个团后勤被越军炮火打中。火光冲天,那次造成了我军的伤亡。

天黑我们回师指挥所整理资料。在回来的路上,走在"之"字形下山的小道上,战士指着曾踩响地雷造成伤亡的地点,让我们格外警惕。途经救护所时,看到刚抬下来在急救的伤员,以及重伤员被直升机运往昆明救治的情景。

5月17日,开始攻打老山东侧的八里河东山。当时我们正好在师指挥所边上,从炮火准备到发起进攻,一个多小时的激战,攻占了八里河东山高地,我们见证了作战的整个过程。

我们到达西畴县者阴山时,者阴山已经被我军攻克。很可惜,激战现场我们没能亲眼见证。攻打者阴山,我军先搞了几次佯攻,在将

1984年5月,作者赴老山战地考察,在老山主峰北坡丛林中

敌人的部署摸清后，避开敌军兵力强的地方，从弱处进攻，战斗很成功。不过虽然攻下来了，我军还是有伤亡。原因是：越军是我军的徒弟，对中国的战术很熟悉，擅用游击战术。因此，他们炮火袭击我军后，等我们还击时，他们往往已经换地方了。和我军作战的越南兵，大部分是越南北部当地兵，对山地环境很熟悉。我们的士兵大多是北方内地的，很难适应环境。所以虽然战斗取得胜利，但付出了较大的代价。

这次上前线调研，我们总共在老山、者阴山待了约40天时间。

这40天里，白天上前线收集资料、采访，晚上回山洞写东西。虽然没有直接参与战斗，但却天天在炮火下，处处冒着生命危险。老山之行每天上一线阵地，都不知道会不会发生什么意外，能不能活着回来，每天面临生死未卜的考验。作为军人的我执行上级指令，必须

作者与一起上老山的同事张攀雄

勇往直前。每天吃压缩饼干，没地方洗澡，热带雨林，荒山野岭，蚊虫叮咬，没有丝毫的退缩。

我终于明白，军队提干为何都优先从打过仗的人中选拔。正因为他们经历了艰苦环境乃至生死考验，有着超乎常人的意志。

在老山不仅危险，生活也很艰苦。完成任务后，我又黑又瘦，满脸胡茬儿，回到南京妻子差点儿认不出我来。

赴老山前线是一次震撼灵魂的经历。当了那么多年兵，这次在炮火连天的战场，整整待了40天。我目睹了战争的惨烈，见证了战士的流血牺牲，让我毕生难忘。我作为一名军人，在老山战役开始激战阶段，赴阵地最前沿是我的骄傲，是我军旅生涯无比珍贵的记忆，也是我人生阅历中最宝贵的财富。

七　放弃退休选转业

从1980年到1990年，我在正团职务上已有十年；由院校军事行政级别，转变为专业技术级别。已享受副师级工资待遇。到1991年，有着30年军龄的我，面临一个重要选择：是在部队退休还是转业？

《军官服役条例》1989年1月1日颁布实施。条例提倡干部年轻化，对军职干部任职有了年龄限定的规定。院校的军事主官，在任军职正团职年龄不超过45周岁。政治教官可按文职算，年龄不受限制。军职年龄超过规定年限的必须退役、转业或者退休。

可《条例》规定，正团级军职超过45周岁，就需要在部队退休或转业。我任正团级职务十年了，1988年恢复军衔时授上校军衔，也已经47岁。我面临着是退休进干休所还是转业地方？必须做出选择。

此时我正处于"上不上、下不下"的两难境地。在部队退休年龄偏小，以后怎么度过？转业年龄又偏大，哪个单位愿意接收？

如果按专业技术职称算，需要进入专业技术高级职称，可继续在部队工作到55周岁。在院校评定教授、副教授高级职称，从资历和能力上来说，我都具备评定副教授高级职称条件。但院校高级职称数量是按比例计算的，数额受限。当时院校里的老同志很多，抗美援朝回来的老资历也有很多，他们原来已是副师以上，要保证他们能进干休所，《条例》实施后，他们都优先被列入高级职称名额。当时我虽工资享受副师级待遇，仍属高级讲师的中级职称。就是我够评定高级职称条件，但因没有名额，暂时无法进入高级职称行列。摆在我面前的选择就是：军龄加工龄我已满30年，可以选择穿军装在部队退休进干休所。

退休进干休所，舒适、安逸、稳定、保险。当时与我差不多的同龄的人，都选择了进干休所，那样医疗、住房国家给保障了，生活条件也很好。如果只是考虑我自己，无疑是选择进干休所，但子女们就业怎么办？

我三个孩子还没有就业，正面临找工作的难题。几十年都在部队，社会上不认识什么人。一旦我退休，人脉一断，找工作都很难。如果转业到地方，扩展社会关系，可能会认识更多人，子女未来就业可能有更多机会。如转业我又面临难题：转业到什么地方去？回原籍河南还是在南京就地转业？

为了三个孩子未来可能的发展机会，我放弃了进干休所的舒适，而选择了面对无数的不确定、不惧风险争取更多可能的转业。

为此，我专门回了趟河南。左思右想后，还是选择就地转业留在南京。河南虽然缺干部，能找一个好单位、安排好职务，可只对我一个人有利。如果全家都要回去，住房问题怎么解决？妻子的工作，儿女们的学习又要怎么办？可以说是前途未卜，一切又都要重新开始。

如果我南京就地转业，只是我一个人面对风险。妻子的工作可以不变，孩子们的学习和生活也不变。何况，我在南京地方工作后，给子女们还可能创造就业机会。

明知转业后仕途上不会再有什么发展，可我还是坚持选择在南京转业。对我来说即便是个火坑，为了儿女们，我也毫不犹豫地跳下去。

在做了这个艰难的决定后，我和家人做了一次沟通。

我对子女们郑重地说："老爸转业，以后没有权力，也没有地位，就是老百姓了。今后都要靠自己奋斗，不能再靠老爸了！"

说的时候，我神情严肃。对我来说，这个决定不是只和我有关，是和家庭每个成员的未来有关。

从决定转业开始，我考虑的就不再是我的未来，而是子女们的未来。我甘愿牺牲自己，为了他们未来的人生，争取到更多的机会和可能。

儿女们没有说话，只是点了点头。

大女儿则说："老爸放心转业！我们长大了！老三学习好，也不用你们过多操心！"

我看看妻子，再看看三个儿女，想想他们和我一起从老家出来时的情景，一个个的艰辛、一次次的奋斗，再次浮现在了我的脑海。

我终于说："你们都长大了！"

停顿片刻，我继续说："把你们带出来，带到南京，就是期盼你们都能有个好的未来。"

我的声音有些哽咽。

"老头子！他们会有好前程的！"

妻子说完，擦了擦眼角的泪。

我最后对三个孩子说："老爸能做的都做了，我也老了，以后你们不能依赖父母了。人生的路不能靠别人，要自己创造，靠自己！"

我的话，也许他们听到了心里，也许他们天生就知道这些道理。

后来，他们确实也没有依赖我，都是靠自己艰苦奋斗，靠自己用红旗渠的精神，打拼出一片天地，不懈努力创造出自己的事业。

决定转业后，我有半年时间待在家里等待分配。

到底会分配到哪里？我为此很焦虑。年龄大了，地方不好接收。可我又希望能有个好单位，这样对我的孩子们才会有帮助。

于是我找到了大桥机器厂当供销科长的老乡郭运昌。通过他，认识了江苏省电子工业厅的金处长。金处长又把我介绍给了中国电子物资苏浙公司总经理夏家庆。

中国电子物资苏浙公司，有100多人，计划经济时代，主要负责军工企业物资调拨。包括金属（有色金属、黑色金属、稀有金属），非金属（石油、木材、燃料、塑料），机电产品（电机、冲床……）的计划供应，是地级全民事业单位，负责江苏、浙江、上海区域军工企业物资供应，由北京电子工业部物资公司主管，南京有十多家较大的军工企业。

计划经济时代，谁掌握物资，谁就拥有财富。中国电子物资苏浙公司掌控着三个省市的计划物资。而乡镇企业当时没有物资计划，有办法搞到计划内的紧缺物资，所以这个单位很吃香。

苏浙公司总经理人很好，爽快答应接收我。然而公司党委书记却不同意。最终总经理找党委书记沟通说，我是市委组织部推荐过来的，不收不好，党委书记这才不好再说什么。接收我，还因为我没有要房子，我已经在南京有房子了。

1991年10月8日，我正式进入中国电子物资苏浙公司，任金属处副处长。

我报到前，金属处处长正好生病去世，我先任副处长，却主管金属处全部的事。半年后升任金属处处长。

我进公司时，正处在经济转型期——计划经济转向市场经济。

转型期间开始实施"双轨制"，也就是物资一部分计划调拨，一部分市场调节。随着双轨制的实施，企业物资市场调节越来越多，军工调拨物资越来越少，企业曾经的优势在慢慢消失，公司就逐步没有以前吃香了。

我任金属处处长两年后，原来的总经理退休，副总升任总经理。

副总资格没有我们转业军人老，工资没有我们转业军人高。他上任后只起用自己看中的年轻人，转业军人受到排挤。我先是被调到信息中心任主任，后又被调到清债办公室任主任，工作任务数次转换。

清债办公室有七八个人，多数是资历比我还老的人员。清债牵扯到打官司。在此期间，我自学了法律知识，开始自己起草诉状，做"律师"。慢慢地，虽然没有《律师证》，我却有着丰富的诉讼实践经验，案件起草诉状、出庭、答辩、举证均由自己处理。

随着企业逐步市场化，原本靠计划经济生存的电子企业，效益下降，有的企业开始倒闭。公司开始实施企业化管理，自负盈亏。由于从总经理到业务人员，都是计划经济模式下走出来的，思维模式传统，批条子，开单子，靠倒卖计划物资生存。按市场做买卖的结果，就是卖一笔亏一笔，进而出现了大量的欠款和债权，需要靠银行贷款维持。最后，企业出现亏损，靠沿街的土地盖成房子，租出去，来维持工作人员的工资。

我转业时是计划经济转型期，对原来计划经济的那一套，我不熟悉。我的思路和观念是从零学起的。比靠计划经济走过来的人，没有框框，更易接受市场化理念。我看到了几十家企业的亏损、垮台和倒闭，认识到其中的经过和原因是计划经济时代形成的思维理念，不适应市场快速发展的时代变化，思维理念无法从计划时代转到市场上来，观念不适应市场需求变化的要求，经营模式老化，使他们落后了。

我没有计划经济时代根深蒂固的思维定式，深知市场经济必须从市场上求生存谋发展。我站在时代变化的潮头，看到快速变化的市场趋势，在企业经营理念上，思维超前才能适应未来。观念决定行动，

1991年作者（前排右四）转业到中国电子物资苏浙公司任金属处处长。在无锡参加电子行业金属材料计划会议

观念不超前必然会落后，思路不改变必然被淘汰。

我们谁也说服不了谁。

理念上的分歧，让我长时间能力得不到发挥，难以被重用。这个总经理任职三四年后，企业已经处于接近倒闭状态，他也就被免职了。接替他的总经理是姜传家，在经营理念上和我比较契合，很看重我，觉得我思维活跃，能干实事，愿意把重要的任务交给我。那年我还被企业评为先进代表，获得企业年终的最高奖。

我在这家企业，转业后工作11年直到退休。

这个阶段，我不断思考一个问题：如何看待私营经济？我意识到，这是一个时代（计划经济）的结束，又是一个时代（市场经济）的开始。中国经济由物资短缺逐步走向资源市场调节的时代，谁先走向市场，谁就会成功。真正走向市场的，一定是一代新人，是没有搞过计划经济,思维观念超前逐步发展起来的人。

转业南京是我人生中最大的一个转折,也是我人生中最重要的一次艰难选择。从决定转业那天起,对个人我的未来就没有奢望,把全部经验、精力、期望,都寄托在子女们的身上了。

人生路,总会遇到许多岔路口和拐弯,人生就是不断选择的过程。每一次选择,要在很久以后才可能看到它的价值和意义。我转业后的与时俱进,观念改变,对市场经济的超前认识,是我们一家人后来从体制内全部转到体制外,下海经商创业的一个重要思想支持。

回望人生,重要的就那么几步棋,一步踏错步步错。我选择当兵、带妻儿走出太行山、转业南京。人一生就关键几步棋,庆幸我没有走错。面对每一步困境,不贪图眼前的舒适,而是看长远的可能。选择初升的未来,迎难而上去奋斗,跟着时代的步伐,走向了更为广阔的前景。

作者(右)与原陆军指挥学院转业重庆的战友书法家李敢(左二)、企业家彭广琦(左三)合影

观念决定一切。跟随时代变革的步伐,敢于打破传统观念,不断学习进步,让思想观念不僵化、不固化,与时俱进,走在潮流的前面,丰富了人生,收获了生命的价值。

第五章 我的全部期望

一 大女儿崔晓君

崔晓君

大女儿晓君在林县老家出生、在农村时间长,小时候罹患哮喘,受罪多。我和妻子一直都揪心她到南京后的生活。

1977年,晓君随军来到南京时已十岁。转到板桥小学读三年级。农村老家教育质量差,小学前几年基础打得不好。到南京后进郊区小学,学习成绩一直跟不上,特别是数学。

为了教她学数学,连吃饭时间都不放过。花生、毛豆都是教具。路过南京长江大桥时,特意让她数大桥两边的玉兰灯,有几根杆,每杆几个灯,列什么算式,学习算术的灵活应用。

我抓住一切机会教她,加深她加减乘除的概念,但她的数学成绩仍提高不快。

小学毕业要升初中了,她成绩依然不尽如人意,我有点急了。

自从一家人到南京后,我和妻子最大的期望,就是子女能接受较好的教育。花旗营板桥小学、六一中学,郊区的教育质量不高。市区学校好些,有户口在市区内才能在市区学校读书。户口在郊区的只能在郊区读书。

有天晚上，我翻来覆去睡不着，对妻子说："老婆子，这样不行！女儿的成绩，不容易考上大学的！"

"底子薄、成绩差，没办法！"妻子无奈地叹息。

"不行！这样不行！"我翻身坐起，"底子薄是没遇到好学校。初中不能再在这里了，要进市里！郊区的教学质量，比不上市里的。"

"唉！"妻子也坐起身来，再次叹口气说，"话虽这么说，她户口不在市里，不是不能去市里上学吗？"

"要想办法！"我皱着眉头，"想办法先把她户口迁市里去！"

"那儿子、小女儿呢？"

我打断妻子的话："一个一个来！"

我向来做事雷厉风行，说干就干。

让孩子进城上学，成了我急于要解决的事。

为了大女儿到市里上初中，我想尽办法，先是把她的户口挂在黄泥岗一个叫张春花的朋友家里，这样她就有机会在市中心新街口人民中学上初中；后来又把她户口挂在热河南路一个朋友的家里；最后，又将她的户口挂在了我们学院半山园干休所的车库里。

为在南京市里上学，我先后把崔晓君的户口换了三个地方。直到她当兵，户口都一直在车库里。

虽然我费尽心机，提供了较好的学习条件，可晓君的成绩始终达不到自己的理想。1986年高中毕业，她未能考上大学，找不到工作，就是失业。

失望之余，为她以后的人生开始担心。

左思右想之下，决定送她去当兵。当兵回来可以分配一个劳动指标，就可以找到工作，起码饭碗不愁。那年征兵，我没看到女兵名额。我特意向北京总政管理部负责兵员的战友，打听他们有没有征兵计划。

我在100团2连当班长时，他当副班长。后来我调作训股，他调军务股，都一起在团司令部做过参谋。

凭着战友情，我问他："总政今年征不征女兵？"

他告诉我总政要女兵，今年江苏有五六个名额。

听到这话，我有了希望。对战友恳请说："我大女儿高中毕业了，大学未录取，想送她去当兵。"

战友欣然同意道："好啊老战友！这事是好事啊，符合政策就不难办。你去找江苏省军区领导提出要求，先挂号备案！"

省军区副司令员杨水保，是林县人，老乡。我找到他时，他爽快地答应了："正好有女兵指标。"说罢还批了条子交征兵办公室，让我在家里等消息。

我以为这事铁板钉钉了，告诉妻子和女儿，都高高兴兴地等结果。

可男兵征兵结束，已经领衣服都走了，女兵还没有消息。

一天晚上我妻子上楼时，遇到住同一幢楼的一位门诊部医生。两人聊了几句，医生突然问："你女儿要去当兵？接到通知了没有？"

我妻子说："没有啊！"

"没有？不会吧！别家女儿都接到通知了，明天体检！"那医生说。

妻子一听，急忙回家告诉了我。一听我也着急了，已经夜里了，只能等天亮。那一夜我几乎彻夜难眠，天不亮就跑了几十公里，赶到省军区征兵办，找负责此事的人。

给我的答复是："没有名额了。"

"怎么会这样？明明说好了的。"当即给北京的战友打电话。老友一听，当着我的面给省军区负责此事的人打电话，还是说没有计划名额了。

我战友又问："什么名额没有了？"

"计划内没有名额了！"负责人说。

"没有计划内的，计划外也可以啊！"战友说。

"计划外你愿意接，那可以啊！"负责人最后说。

计划内和计划外有什么区别？事后才知道，计划内回来有经济补贴，计划外没有。其他都一样。

对我来说，只要女儿能去当兵，计划内外，就不管了吧！

就这样，崔晓君当天就去做了体检。当天体检合格就领衣服，第二天就去了北京。

到北京，她被分配到总政办公厅学习微机打字。

其间，她曾打电话哭着说："当兵太苦了。"

我是军人，知道当兵的苦。没有苦，哪能有甜？我只好将我当兵的苦跟她讲，安慰她一定要坚持下去。

崔晓君当兵三年时，在北京要谈男朋友。有个男孩还在清华大学读书，江西人。这个男孩子毕业后会去哪里，都是未知数。我不想让她留北京，一定要她回南京。

于是，我想让她提前复员。正好南京有个朋友，组建了一个华能进出口公司，说回来可以去他那里工作。那时候，总政兵员少，部队上希望她能在北京多当几年兵，可我等不及了，提前让她回来找工作就业。

1990年，服满三年兵役，崔晓君就回到了南京。不过，原来谈好招工的公司，因招工劳动指标没有提前申请落实，没指标也就没能接收。

之后，崔晓君的档案先后被分配到南京汽车制造厂、铁路南京西站，两个地方都不喜欢，我也不想让她去。于是又将她的档案从玄武区调到秦淮区征兵办公室择机等待分配。

我希望她能进银行系统，可档案被送到银行几次，都被退了回来。我只好再去奔波，找人四处打听，继续送档案。

最终，经过一番周折，崔晓君如愿进了中国银行南京分行。

大女儿从小就波折多。四岁便患哮喘，又因在乡下上学，所以学习基础差；去当兵又因为没计划指标只能走计划外，找工作也不顺遂……

好在最终她进了银行系统，算是"铁饭碗"，我长舒一口气，终于不用为她的未来担心了。

崔晓君性格开朗,懂事体贴,孝顺听话。因小时候吃过苦,所以能体会父母的艰辛,会说让人暖心的话。我和妻子没有一定要她成为多么辉煌的人,只期望她留在我们身边,有个稳定的"铁饭碗",对我们有个照应。

大女儿工作后,我们便一心期待着她成家立业,过一家人幸福、平顺、安逸的生活。

二 儿子崔晓华

崔晓华

古往今来,儿子代表家族的香火延续,也彰显家族的教养德行。

三个子女都是我们的心头肉,是最疼爱的人。但儿子崔晓华,作为家中唯一的男丁,家庭对他的期待最高,对他的管教也最严。

在他很小的时候,就跟他讲过我的故事:"老爸小时家里穷,考上安阳一高,爷爷没钱供我上学,交不起学费,只好辍学,失去了上大学的机会。"

未能上大学,成了我终身的遗憾。为不再遗憾,我将上大学的全部期望,寄托在子女的身上,我曾无数次与妻子讲:三个孩子一定要培养一两个大学生出来,"梦"在他们身上实现。

在教育上,我对儿子的付出最多,想把他培养成我最期待的人,成为老崔家族里最骄傲有出息的人。

儿子从小就机灵调皮,到南京时还小,受老家农村的影响也小,最初并没担心他的学习成绩,对他抱有很大希望,所以管得也很严。

记得有一年开学,给他早准备好的5块钱交学费,结果老师说他没交学费,我很生气问他:"钱去哪儿了?"

他说:"不知道,就是找不到了。"

我再怎么问,他还是回答不知道。我以为他撒谎,就狠狠揍了他。

事情过了很久以后,我妻子在洗衣服时,在他一个口袋角落里翻出了皱巴巴的一张钞票,才知道冤枉了他。他就是太马虎,塞进衣服里,自己早忘了,所以找不到了。

儿子聪明机灵,脑子好用,什么东西一看就懂,一学就会,但就是学习不够踏实,不够认真,所以成绩很一般。每次考试后看到成绩,就知道他重复着"一听就懂,一学就会,一考就错"的规律。

我期望着对他进行全面的锻炼和培养。

十岁那年暑假的时候,晓华还整天只知道疯玩,为防止他惹事闯祸,就要他去卖冰棒。这么做,是想让他知道赚钱不易。那时找不到工作,就要知识青年下乡劳动,怕他以后万一找不到工作没饭吃,多学一个本事,多一个机会。于是我就让他去做小生意锻炼一下。

部队恰好有个冰棒厂,离家很近,进货方便,所以让他去卖冰棒。即使当天卖不完,还可以存放到冰棒厂,第二天接着卖。

为他能卖冰棒,我从部队里找了个子弹箱,箱子里铺满了棉花和塑料薄膜,将子弹箱捆绑在那辆永久牌加重自行车的后座上,就可以四处叫卖了。

儿子个子小,没办法从车座上踩脚踏,只能从横杠下一条腿钻过去踩脚踏。就这样,一个矮小的身躯,骑着一辆自行车,叫卖着小小的冰棒。

天黑了,卖一天冰棒回来,我问他:"卖得怎么样?"

他不回答,从口袋里掏出一把皱皱巴巴的钱,丢在床上。

我给他一张张地理,一张张地数。没赚钱,还亏了。

让他卖冰棒,并不是为了赚钱。可一天出去,冰棒没了,钱也没多出来,我问他:"冰棒是怎么卖的?"

"就那么卖啊!"他梗着脖子说。

"那怎么钱没赚还亏呢,是不是都被你吃了?"

"遇到同学!"他解释说,"同学买冰棒,总不能收钱吧!"

说的时候,倔强的儿子还带着委屈。

同学吃冰棒不收钱,就是他没赚钱的原因。我觉得他没做错。接下来一个暑假,都是这么卖的。辛苦一个夏天,没赚到什么钱。

第二年暑假,儿子又对我说:"爸,我想卖葡萄!"

我问:"为什么要卖葡萄?"

"葡萄好卖!"他说。

"为什么好卖?"我又问。

"这附近没人卖葡萄,天又热,大家也不愿意跑很远去买,葡萄肯定好卖!"他自信地说。

我一听,高兴起来,心想:"这小子长出点生意头脑。"

于是也就答应了,给了他本钱。

卖葡萄时,他还延续着卖冰棒时的做法。别人买一些,他经常送一些。到最后还是没有赚到什么钱,却赢得了不少人的信任和好感。

小时候有卖冰棒和卖葡萄的尝试,初中时暑假他又卖起保质期快过期的可口可乐。快到期了,进价很低。他为人好,朋友们帮忙促销,很快就卖光了。这一次,他不仅赚了钱,而且赚的钱还够他交学费。

几次卖东西的经历,我看到他有做生意的头脑,但还是希望他能好好学习,考上大学。

崔晓华初中和高中是在南京市内50中上的。读初中临近毕业前后开始叛逆,怎么说都听不进去,成绩很明显地慢慢下降。

大女儿没能考上大学。我把圆"培养大学生"的梦,寄托在了儿子身上。可结果,他又没有考上大学。

他自小聪明,脑子灵光,学东西也快,但不够认真踏实、马虎,生性又好动,谁也管不住。为了考大学,要他坐在板凳上读书,比登天还难。

1989年9月8日,崔晓华高中毕业后,没考上大学,对我打击非常大。我沮丧了很久,决定接受现实。

为了能让他以后有个工作,我没有别的选择,只好让他再去当兵。

1990年3月,崔晓华在鼓楼区被征兵入伍,去了安徽滁县我的老部队野战军,是战友江俊那个团里。

送崔晓华去当兵后,我就希望他能在部队学门手艺——驾驶。

然而,34师是野战部队。想学驾驶,需要调到师的汽训队,我又想办法把他调到汽训队,依然不能马上学驾驶。因为教练车辆少,他刚调去,还轮不到他。

崔晓华学驾驶前,有一年半的时间,都在养猪、放羊、种菜,当厨师,吃了不少苦头。

在这期间,崔晓华又学做起了买卖。他见滁县的啤酒多,价格便

崔晓华在滁州34师当兵的照片

宜，决定运到南京来卖。每次拉一车啤酒，我们家没地方存放，就放到他的战友王凌峰家里。王凌峰是王近山最小的儿子。王近山是电视剧《亮剑》里李云龙的原型。他恢复职务后，当时任南京军区司令部副参谋长，也是我的首长。他的家地方大。一个假期，尤其大夏天，晓华到南京的酒店饭店到处推销送货，卖得不错。

我发现，他虽然参军了，但做买卖的热情始终未减。

到驾训队一年半后，崔晓华总算能摸到车了，就是那种垃圾车。由于人多车少，有时一天都没机会摸到车。不过，凭着聪明，还是很快学会了开车。

有了一门手艺，我依然不甘心他没有读大学。按我的规划，想让他在部队考军校，将来提干部。

他反驳道："你快干了三十年，又能怎样？"

任我怎么说，执拗的他就是不答应。他说当兵太苦，不愿意走我的老路。

后来我要求他当兵期间争取入党，他也不情愿。

儿子脾气倔，自己不愿意做的事，怎么说都不通。

争执了很久，晓华最终也没有照我的安排走。他不想在部队待下去，非要回家，我只得妥协。

他要走自己的路，我对他寄托的期望也就落空了。

1994年4月11日，服兵役四年的崔晓华回到了南京。

退伍后，分配他到高级步校在南京市内创办的创新计算机公司。公司销售微机，崔晓华开个面包车，拉货、送货。虽然是辛苦的工作，但也算是个"铁饭碗"吧。

儿子就业，人生的一件大事有着落了，但我还是不放心。

坦白说，他的就业距我对他的期待，还有很大的差距。我也知道，他的路才刚开始，未来的路是一步一步靠人走出来的。

一个人的秉性从小看到大。崔晓华聪明而爱折腾，有生意头脑，卖冰棒时不收同学的钱,卖葡萄时半卖半送,天性纯朴,做人厚道。参军时还能发现啤酒商机,敢想敢干,他的性格特质和做事风格,在为人处世中体现得淋漓尽致。

人生是不可预测的。我选择当兵的时候,并不知道几十年后我的人生会怎样,对于唯一的儿子,我寄于了无限的期望。我以行动影响和教育了他。起初期望他有稳定的"铁饭碗"。而他从小就展露出的商业天赋,偏偏带着他走上了人生可能就是他该走的路。命运注定,关闭了一扇门,必然留有另一扇窗。他似乎就是要成为一名创业者、企业家。

三 小女儿崔晓红

小女儿崔晓红是三个子女中,最听话最省心的一个。

记得妻子刚怀孕的时候,因家里穷,加上已经儿女双全,本没有生育计划,但阴差阳错,小女儿还是来了。

崔晓红

都是天意。她刚出生,妻子就感叹,真是天赐的孩子,天生乖巧,不哭不闹。

她小的时候,我妻子顾不上照顾她,她就跟姐姐哥哥玩。虽然自己最小,却也不争不抢,很是懂事。

妻子无数次感慨:"老三太省心啦!"

崔晓红来到南京刚满三岁,来后就在部队里上幼儿园,她是唯一接受过幼儿园早期教育的。

上学开始,她的成绩一直很优秀,也是兄妹三人里学习成绩最好的。

她对学习非常自觉。平时放学回家,根本不用我和妻子催促,她会第一时间做好作业,然后再去和小伙伴玩。她学习上能吃苦,如果作业做不完，再晚也不睡觉。

在三牌楼狗耳巷小学读书，因成绩好，1988年临近升初中时，南京市要在初中系统内筹建一个中学生重点铜管乐班。地址选择四中，不受招生范围的限制，在全市小学范围内挑选学生，她被选中入学。

四中距家路远，交通不方便，初一就需要住校。我就给她买了辆小自行车。每周五放学后骑着自行车回家，周日又骑着返校。住校锻炼了她的计划自理能力。她很独立，做事很有计划条理。每周回家后，不用我和妻子叮咛，她会把一周需要的东西有条不紊地整理好，然后在周日晚，按时带去学校。

初中三年，她没有让我们操过心。住校期间，也基本上没有让我中途给她送过什么东西。

学习好，自理能力强，初中毕业按理应该让她上高中，考大学，可她哥哥、姐姐没有考上大学，给我留下了深深的阴影。

两个没有考上大学，我"要培养一个大学生"的愿望，发生了转变。尤其儿子高考落榜，我无奈地说："我没有机会上大学，我该创造的条件给你们都创造了，你们考不上，我能怎么办？"

后来先后送女儿、儿子去当兵，当兵回来找工作也不顺，让我放弃优先要她考大学的期望。

为了以后就业有份工作，让她先就业再读书，"骑上马找马"，没有优先选择读高中。

小女儿是个很听话的孩子，我的建议她选择了认可。

就这样，伴随小女儿放弃优先选择考大学，我一定要"培养出大学生"的愿望破灭了。当时我时时感到失望。

万万没想到，孩子没有按照我设计和期待的路走，而是按自己的愿望，选择自己的人生路。

1991年，崔晓红考上部属中专"南京无线电工业学校"。无线电工业学校是理科中等专科，毕业后比较容易找到工作。

崔晓红在南京无线电工业学校读书期间，是学工业设计的，她喜欢创意性的东西，很喜欢设计，经常参加学校组织的各类设计活动、创意比赛，每次表现都很出色。

我和妻子都不懂什么艺术、创意、设计等相关的东西，只是心底觉得这个女儿真的不一般。

快毕业时，广东佛山照明要在他们学校招实习生。佛山照明的老板，是毕业于南京无线电工业学校的校友。为了给企业培养技术骨干，他要在母校挑选各方面都比较优秀的人才，发动学生报名，最终挑选的人里就有崔晓红。

有一天她对我说："爸，我要去佛山实习。"

我一开始并不乐意，想让她留在我们身边。又想只是实习也很好，就点头同意，说："去佛山可以，不过有三个条件。"

"哪三个条件？"女儿问。

"第一，每个月必须给家里写一到两封信；第二，不准在佛山找对象，要回南京再谈；第三，在佛山最多待三年，三年后必须回南京。"我边想边说。那时可还没有见过手机啊。

小女儿犹豫了一下，然后笑着说："好吧！我答应。"

1996年，崔晓红和她的一批同学，大约20人去了佛山照明实习。

刚去佛山照明时，她在车间做灯泡，后来就去了技术科，很受公司重视。

不过，一向不让我操心的小女儿，刚开始还月月给我们写信，慢慢地，信就越来越少了。

不久，她在厂里开始谈男朋友了。

"约法三章"逐一废除。

她谈恋爱的事没对我说，而是偷偷告诉了她妈。

我妻子忍不住告诉了我，我听后甚是不快，心想："不给家里写信就算了，在佛山谈朋友，回南京留在我们身边的期望就会破灭了！"

我一边想，一边对妻子说："去佛山，现在就去！要她回南京来！"我实在担心，身边要失去这个女儿啊。

妻子劝我说："老头子！你别生气！女大不由娘，女儿的脾气性格，你还不知道？她有自己的想法！"

"有自己的想法也行！但要先商量好啊！"

"这样吧，"我对妻子说，"你先去看看，看是什么情况，商量商量再说，避免闹得不愉快！""好，我先去探探。"

几天后，妻子只身去了佛山。

妻子回来对我说："男孩人很实在，本分，对女儿不错。"

我听后心里想："女儿大了，该让她自己独立作主吧。"

"既然他们互相喜欢，就由他们吧！"妻子说。妻子和我几次商量："女儿和男朋友感情很好，在工厂稳定，很受老板器重，今后生活不会有什么问题。"

我思考后，决定尊重她的选择，再也没说什么，心里的一块石头，也就慢慢落地了，从此默认了这件事。

就这样，女儿留在了佛山，一待就是十年。

崔晓红结婚时，没有要求我们参加，领了结婚证就旅行结婚了。家里也没有为他们办结婚典礼。

没有给女儿办结婚典礼这件事，之后成了我和妻子的一块心病。她常对我说："咱们欠小女儿一场婚礼！一定找机会给她补上。"

后来，妻子带着这个没有补上的遗憾，离开了我和她心爱的女儿。

崔晓红不是个普通的女孩子。她乖巧但不柔弱，听话而不随波逐流。独立思考，有想法，有主见，做事果断，有条理，极具创造力，有独特的个性和人格魅力。她从服务十年的佛山照明辞职之后，进入一个新的行业，能重新学习选择创业，创立"玛丽黛佳"品牌并取得成功，是太行山人"艰苦奋斗，不懈努力，性格决定命运"的一种必然。

骨子里渗透着太行山人敢闯敢干的胆魄和精神，不畏艰辛，刻苦奋斗慢慢在成长中积累和沉淀。在生命中影响对事物的心态，心态决定态度，态度改变命运。

从太行山到上海滩
（艰苦奋斗改变命运的人生回忆）

第三部分　全家人的事业

作者79岁生日团聚。自左向右：孙伟、崔晓君、崔东昇、崔晓红、崔晓华、林德能

无数艰险与困难，影响人的命运。要改变未来的命运，就要不断地努力奋斗，用一生的不懈追求，实现命运的改变。

第六章　从零开始做生意

一　小小的电话亭

1994年6月21日，工作了15年两个月的妻子，从灯具厂退休，每月退休工资是139元，住房补贴、副食品补贴、肉类补贴、粮食补贴、燃料补贴、物价补贴、生活补贴等，全部加起来每月收入189.25元。

妻子是个闲不住的人，年龄刚满52岁，就一直想再找件事做做。可做什么呢？我和妻子一直在想，但找不到啊！

那时候，我看到人家在街头摆的电话亭，顺带售一些电话磁卡、报纸杂志、生活用品，人来人往，好像生意不错。加上自从我转业到中国电子物资苏浙公司，经过双轨制的考验，对私营经济有了一定的认识，意识到时代在发展，社会在变化，再不跟上时代，可能就要被淘汰了，我动了一个念头："要不也试试个体户？"

于是就去访问经营电话亭的主人，请教人家收入和批准手续开办情况，得知收入可以维持一家人的生活开支，搞得好的不比上班收入差。与妻子商量后，她很开心，很愿意做。

接下来，我们开始在街头寻找合适的地方，最终选定了一个批发市场外的叉路口一侧，经街道、交通、城管、电信等管理部门认可，费了好大劲，才被允许在选定的地方摆放一个电话亭。

场地租金很低，但制作一个铝合金的电话亭要八九千元，我们还是拿出了全部积蓄，订制了一个。

1994年底，小小电话亭终于在街头开业了。除了提供公共电话，卖卖磁卡、生活日用品、冰棒冷饮、报纸杂志、指甲剪等小商品，里面只能坐一个人，整个亭子被各种商品挂得琳琅满目。

我和妻子过去没做过生意，经营格外用心。从家到电话亭有两三公里路，天刚亮，她就步行去，天黑走回来。三餐饭很少正常吃，没有节假日，没有休息天，很辛苦，也很快乐。

那时电话磁卡、报纸杂志、日用小百货，都由我利用早晚上班间隙时间办理。每天清晨，我骑着电瓶车去拿《扬子晚报》和各种期刊，送到电话亭后我再去上班，下班后又去电话亭替换她吃饭，然后我们两个人一直忙到天黑，一起收摊回家。

妻子不会骑车，天天走路很辛苦。原来让她学骑车，好久没学会。有一天在街头，看见有人骑着小轮子的自行车，她问人家好骑吗？人家回答说很好骑。她回家后告诉了我，我当天就为她买了一辆小轮自行车，开始教她学骑车。

因为有需求，妻子学得也快，没人的时候车不会倒，一有人来车就要倒，我鼓励她克服心理恐惧，有人过来也不要害怕。在大路、操场的空地上进行各种练习，不久，妻子就学会了。

妻子会骑车后，每天高高兴兴骑车来回，省力很多。从天亮开门，到天黑关门，每天十几个小时，大部分时间，她一个人待在电话亭里。

转眼一个月过去了。有一天我下班去帮忙，她神秘地对我说："老头子，猜猜看，这个月咱们赚了多少？"

"四五百吧！"我说，还觉得自己猜高了。

"不对！再猜！"我妻子说，"往高里猜！"

我有点不敢相信地问："还要往高里猜？六七百？不会吧！"

"不对！"妻子本来想卖个关子，见我急于知道答案，便脱口而出道："一千！"

"什么？赚了一千？"我惊讶地瞪大了眼睛，"是净利润吗？你扣除成本了吗?"

"当然了,不然怎么说赚了一千?这点账我还是能算清的。"妻子有些得意地笑了。

"就这么点东西,还能赚这么多?"我简直不敢相信。

"我也没想到!"妻子惊喜而又骄傲地看着我。

那天我和妻子非常高兴,高兴的不仅是赚了一点钱,还因为我们尝试走个体户这条路,并没有失败。

从第一个月开始,每个月都能赚一千多元,电话亭的收入加上我的工资,及妻子的退休工资,我们的生活宽裕了很多,在经济上感到了前所未有的轻松。

有一天收摊后,我和妻子走在南京的街头,禁不住感叹起来。

我对妻子说:"说实话,刚开始的时候我是抱着尝试的态度,还担心赔钱呢,没想到能做这么好!"

"几十年了,咱们只知道上班,以前觉得当个体户不光彩,认为是没本事、没出息的人才会去当个体户。现在可算知道了,不是这么回事。"

"是啊,"我感叹道,"不是人人都有铁饭碗。做个体户也不丢脸,能将生意做好,能将店开好,也是一种能力。"

1994年对我们家来说是个非常重要的年份,这一年妻子开了电话亭,大女儿结婚怀孕了,儿子和小女儿也都走上了工作岗位,我的经济负担没了,一下子好了起来。

开了电话亭,一年三百六十五天,每天天亮去,晚上回。平时妻子一个人看亭子,上厕所时要关门,吃饭是带去吃。我下班后,会过来和她一起吃。紧张辛苦,又快乐充实,能赚一些钱,比上班还强。夏天可以卖冷饮,赚钱稍多一些。

经营电话亭的日子很忙,但我们过得很开心。每天收摊回家的路上,我们总是说说笑笑,苦中作乐。

小小电话亭里,有无限的乐趣,也发生过一些令人难忘的小插曲。

刚开始时，妻子很容易被骗，一不小心就收到假币，认不出来，晚上一看是假的，又气又恼。有时几个人合伙来骗，说买好多东西，先给钱，最后又不要了，把钱退给他们，我们不知道收到的是假币，退的是真币。受骗几次后，就渐渐吸取教训，最终长了见识，学会了防骗。

那时候，我们的生意好。每天打电话和买报刊的人多，也因此遭到有人嫉妒和破坏。一天晚上，收摊之后，电话亭遭偷盗，还被烧掉了。第二天一早，我们到的时候，电话亭和各种报纸杂志已烧成灰烬。后来报案也没用，只好重新做了一个亭子。

这都是以前没经历过的。小小电话亭，是个接触社会的窗口。之前在部队接触面有限，很单纯。做小生意，要面对不同的人，不断增加社会知识，识别世间百态。

当时我还在体制内上班，在协助妻子开电话亭过程中，意识到个体户是社会发展的趋势。既然如此，思想观念要跟着时代潮流走，对个体户的偏见和顾虑，也就慢慢烟消云散了。

伴随电话亭的经营，家庭经济逐渐好转。我们尝到了个体户和市场的甜头，也看到了改革开放中国经济转型所带来的好处。

计划经济时代，人的积极性调动不起来。转向市场要饭吃，人人干劲十足，红红火火。改革开放的时代背景下，大到一个国家、一个团体、一个企业，小到一个家庭，认定方向，改变观念，大胆尝试，敢于奋斗，就会成功，就能走出一条属于自己的路，这是时代赋予的机遇和趋势。

小小电话亭，成了我们家做生意的开始，为以后开了一个好头。之后一家人一个一个从零开始，在中国改革开放发展的洪流中，跟随时代浪潮，不断解放思想，慢慢转型，逐步走向了民营经济这条道路。

二 为谋生去卖化妆品

在经营电话亭期间，儿子崔晓华正在为自己出路何去何从而烦恼。

1994年4月11日崔晓华退伍，被分配到南京创新计算机公司，他的日常工作是开车拉货、送货。

在这里工作一年左右，他感到没有前途，很辛苦，便不想干了。

我们认为有个稳定工作，有个铁饭碗保险就可以了。可是他喜欢自由，不想被约束。给老板开车，时间不自由，行动要请示，钱也不够花。干了一年后，他又不想干了。

他辞职的时候，我们不同意，但是他非要离开。

1995年5月，他被调去江苏省华威国防工业公司，给老总开车。劳动合同签订到1996年12月24日到期。1996年底，崔晓华决定离开江苏省华威国防工业公司。

我对他两次辞职的做法很是生气。

"好不容易有个工作，怎么又不干了？"

"公司效益越来越差，业务越来越少，面临倒闭，在这里干没前途！"崔晓华笃定地说。

我不想让他随意辞职。可给老板开车，生活没有规律，我也为他担心，于是问："那你想干什么？"

"停薪留职！"他说。

正值改革开放市场经济大发展的初期，按国家政策，在职的职工可以停薪留职去创业或打工。

我想：既然能停薪留职，倒不妨出去闯闯。反正工作还在那里，闯不出什么名堂的话，还可以回来。

到1997年6月18日他正式递交辞职申请，并与国防工业公司签订停薪留职协议书。每月按449.5元基本工资标准，计缴养老保险、待业保险金等，计每月116.9元，另交管理费30元。

"那就停薪留职吧！养老保险我先给你交着！"

就这样同意了。作为父亲，我能做的也只有这些了。

接着，崔晓华办理了停薪留职。每月146.9元的保险及管理费就由我替他每月交纳。

崔晓华离开国有企业体制内，开始了他的自主谋生之路。

正式办离职手续前，崔晓华先于 1996 年底先去了苏州甪直一个叫"金源"的工厂打工。

甪直工厂是台湾人开的。兄弟俩叫温介聪和温介源。两位老板都很信任崔晓华。然而，老板温介聪的儿子从加拿大留学回来，接替他爸爸管理工厂后，他们两个人的理念不同，有了矛盾。

老板儿子与日常工厂管理者的理念不合，对发展无法达成共识，1997 年，崔晓华在无奈中又决定辞职。

在工厂负责技术的温介源很欣赏崔晓华，想要帮他。在他即将离开时，温介源拉住了他，神秘兮兮地说："我给你介绍个做化妆品的人认识。"

温介源介绍崔晓华认识的，是在广东东莞生产化妆品彩妆的陈献综。谁也没想到这一举动，改变了崔晓华的一生，也改变了我们整个家庭的命运。

陈献综是生产口红笔的台湾人。他产的口红笔外形像粗铅笔，外面是用纸卷的，用时不用削，只需将外面那层纸揭开就可以涂了，很方便，在市场上卖得不错，非常受顾客欢迎。

崔晓华从来没有接触过化妆品，但见了这款口红笔，听到介绍后，有些心动，想做买卖代理但又没本钱。

陈献综了解他的心思，说："如果你真愿意做，是温介源介绍和担保，相信你，可以不要现款，你进货卖完再结算！"

"谢谢！"崔晓华感激地说，"我再考虑考虑。"

回到甪直后，崔晓华和几个朋友聊了起来，一个叫李念慈的了解情况后对崔晓华说："你想好确定要做，我借给你五万元，你可以先用！"

李念慈在一家台商办的塑胶厂当顾问，因和金源有业务来往，互相认识。他打心眼里欣赏崔晓华,觉得他忠厚老实,踏实肯干,两个人就成了朋友。

崔晓华为李念慈的仗义而感动,担心地问:"你不怕我亏了还不了?"

"赚了再还我,亏了就不用还了!"李念慈爽快地回答。

"谢谢你信任!"崔晓华颤抖着声音,"我还要回家商量一下!"

崔晓华回南京后,说了他辞职并想做口红生意的情况。我们对他是继续找工作打工还是自谋职业,进行了严肃的讨论。

我们的意见出现了分歧。刚开始倾向于继续找工作,因做生意有风险,毕竟当初让他当兵就是为了一个铁饭碗,有一份安稳的工作是长久之计,这也是当时主流的社会观念。

鉴于开电话亭取得的小小成功,我们也不是很坚持一定要去打工,认为"时代变了,开个电话亭不是比上班都赚得多吗"?

没有错,崔晓华从部队回来两年,去过两家全民单位和一家台湾企业,都没干多长时间,也许可以考虑自谋职业。

那时,一时拿不定主意,妻子和我用征询的眼神互相看。

"老头子!还是你定吧!"妻子又把决定权给了我。我们家不管什么事,有没有分歧,最后都会交我来拍板。

"自谋职业可以!"看着崔晓华自信的眼神,我下定决心说,"只是,你做什么呢?"

在崔晓华停薪留职的时候,我就曾和妻子商量过,不行买辆车让他开出租。我们也默默地进行着准备,努力地攒钱。但开出租车这事,崔晓华始终没有同意。

"开出租还是做化妆品?"

"化妆品!"崔晓华说。

"开车你是内行,化妆品你是外行!能行吗?"我担忧地看着他。

"行不行,做做就知道了!"崔晓华倔头倔脑道。

崔晓华的态度让我忍不住大声说:"做事要有长远规划,要权衡利弊！"

"老头子！"妻子小声提醒着我，"开出租车，你不是也说太辛苦，也不是很安全吗？"

那话我确实说过，我知道妻子此时说这话，是不想让我们父子争执起来。

"做化妆品他女朋友可以帮着卖！"当时他恋爱了，在苏州时交了个女朋友，老家在农村，还没有工作。如果做化妆品，给他们租柜台做小生意，两个人工作问题倒是能全部解决了。

"那就做吧！赚不赚钱另说，只要能维持你们的生活就可以了！"我最后表态道。

同意做化妆品生意后，我和妻子整天去打听门面。有一天，我们在玄武门附近看到广告，南京"中央门华东化妆品交易中心"有柜台招租，我们急忙到市场去问。

华东化妆品交易中心是南京经营化妆品较早的赵金河租房开办的。他租了大厦一、二层，除了他用一部分外，都用来招商出租。我们去咨询时，一楼才开始招租。

我们看后，觉得不错。崔晓华和他女朋友又去看，都觉得位置不错，是个机会，最后决定租个柜台。

接着，我们拿出大部分积蓄，开始做准备。1997年8月，我们租了华东化妆品交易中心一楼的一节三尺柜台，开始做化妆品零售，崔晓华和小叶负责经营。

崔晓华从东莞陈献综那里进了口红等彩妆产品，摆上柜台，这就开张了。

没有仓库，就把进的货堆在家里一个小房间里。

零售专柜开张后，没有想象中兴隆。因为周边有南京商场的冲击，华东化妆品交易中心人流量并不大，生意很是冷清。但我们的柜台主营各种型号的口红，很快显示出了自己的优势。那时市场主要是零售，我们是东莞厂家直接进货，价格低，还可以将一部分货批发给旁边的金桥市场，比周边柜台生意好。

虽有自己的优势，但每天零售量很少。卖了两个月，和同层柜台相比做得不错，可一天也卖不了几支，营业额大概每天也就在几百元到上千元不等。工厂发来的批发货源，堆满了屋子，每天卖十支八支，一屋子的货，一年两年根本卖不完，卖不完过期了怎么办？

有一天，我忍不住对崔晓华说："这样不死不活地拖着不行，儿子你要想想办法！"

"我早想过了，"崔晓华若有所思道，"靠零售店带货不行，赚的钱在付了租柜台费后根本剩不下什么。再说了，我们柜台里的化妆品产品种类也太少了！"

"是要做些改变，看看怎么办？"

"我想去义乌看看！"

崔晓华的语气是早就想好了的笃定。

开弓没有回头箭。租柜台卖口红本来就是为了生存，每天都要计算赚钱与否，不能眼睁睁看着东西卖不出去，我和妻子都支持崔晓华去义乌，看看是否有转机。

1997年10月，崔晓华动身出发。

谁也没有想到，随着儿子去义乌的决定，这三尺化妆品零售专柜，正式拉开了我们家进入化妆品行业的帷幕。

三　只身闯义乌

没有谁的人生是容易的，也没有哪件事从头到尾是顺遂的。我们在儿子身上寄托着全家的殷切希望，但一路走来，他却经历着更多的困难与考验。

南京柜台生意不理想，最艰难的是崔晓华。

他在经历职业波折后,好不容易下定决心自谋职业,当然不能轻言放弃。当时义乌小商品市场正红红火火,名气很大,听说东西很好卖。崔晓华在无可奈何中必须要有所行动,也只能去试试。

崔晓华一个人背着挎包,只身闯荡义乌。

初到义乌,没钱租档口,他便只租了一个小房间,既当宿舍,也做储存货物的仓库。因没有档口展示货品,只能拿着货,挨家挨户地去找批发商,介绍他的产品,请求批发商给他代批发。

寻找合适的批发商不容易,好不容易有批发商愿意代批发,利润也很低。

"先说清楚!批掉才能给钱!"批发商随意地把货往那里一放说。

"行!行!老板辛苦了!"赔着笑,发着烟,对批发商千恩万谢。

等过些时间再去问,批发掉的还好,没有批发掉的又要全部拿回来。每天早晚奔波,很是辛苦。

刚到义乌那个夏天,天气很热,房间没有空调,连风扇都没有。崔晓华几次想要去买台风扇,但又舍不得花钱。晚上热得实在睡不着,他就一个人跑到义乌河边,睡在河岸的草地上。

因白天太累,习习微风下,躺在草地上的崔晓华很快就睡着了。

这一睡,就睡到了天亮。

一觉醒来,发现放在旁边的鞋不见了。

"咦?我的鞋呢?"

到处一看,没有踪影,这才知道自己的鞋子被人偷走了。

不得已,崔晓华只好光着脚回家。

在南京我得知这件事,既心疼又担心。妻子抹着眼泪说:"老头子!让晓华回来吧,我不放心他一个人在外面!"

我也心疼,也想让他回来,可我知道任何事都不能半途而废,一遇到困难就退缩,不是我们老崔家的做派。

一个人在义乌漂泊,也不是办法啊,怎么办呢?我想了很久,最终提议：

"让小叶去义乌吧！两个人在一起有个照应！"

"那柜台怎么办？"

"我们来打理！"

自崔晓华去义乌后，小叶站柜台，一个人确实忙不过来。为此，我和妻子商量。

我说："好办，咱们请个站柜台的吧！"

"中！我觉得这样中！"妻子说，"不然，儿子和女朋友老在两个地方，都是年轻人，也不合适！"

我们和崔晓华说了后，他欣然同意。然后我们张贴招聘启事。一名叫李燕的女孩子来应聘站柜台，小叶就去义乌了。

李燕刚刚毕业，之前在美发店做洗头工。虽没有卖过东西，但她性格温和，做事很机灵。就这样，我们在南京不遗余力地打理着柜台，崔晓华和小叶在义乌辛苦地通过代批发销售产品。

在义乌，从外地来打工的特别多，环境也特别乱。白天骑着三轮车送货，晚上把车用铁链条锁在路边，早上就没了。崔晓华光三轮车就丢了好几辆，丢了一辆再买新的。

面对这些问题，只能忍着。在义乌无依无靠的他，只能慢慢闯荡自己的路。

为扩大销售，崔晓华找了好几家代批发商，俨然是一个临时供货商。义乌面向全国批发，虽然数量批出去的多了，但仍赚不到什么钱。因为批发到零售的差价一大半要给代批发商。

让批发商代批发，既辛苦，赚钱又少。有时候，代批发的店把货批掉了，钱都要不回来。这样艰难地做了一段时间，崔晓华还是没有赚到钱，仅能维持生活。

第二年过年回南京，一大早他说要去未来岳父母家拜年，却一直磨磨蹭蹭。

我妻子看他一直不出门，疑惑地问："儿子，你不是要去温州吗？怎么还在家里？"

崔晓华不好意思地笑笑，然后伸出手，用两个手指摩擦着，向我妻子做了个"要钞票"的动作。

他要去看未来岳父母，却拿不出钱买礼物。

在义乌做了一年多，却连几千元钱都拿不出来，可见多艰难。

妻子会意后，含着眼泪偷偷拿了几千元钱给他。

身为父母，对于自己的孩子只有无限地支持。儿子需要的时候我们就顶上来，儿子钱不够的时候，也要想办法帮。不需要过多的言语，一家人扶持着前行。

我们全力以赴，兢兢业业，在化妆品行业边学边做，没有其他杂念，也没有顾虑以后会怎么样。没想过会遇到多少困难，只一心想着奋斗谋生，想着把化妆品事业做起来，期待着靠奉献打拼，实现真正改变一家人的命运。

四　转战金桥

崔晓华和小叶去了义乌后，华东化妆品交易中心的柜台就成了我妻子现场管理，李燕卖货。我在本职工作之余，全力解决进货、联络和销售遇到的问题。

一段时间后，我们发现交易中心的人流量实在有限。这样下去还是赚不了什么钱。为增加收益，我们开始想办法，试着把一部分商品拿到靠近的金桥市场去批发。

金桥是老批发市场，人流量大，经营也成熟。我们的商品质量好，很受欢迎。随着销售量增大，慢慢地，金桥市场的一些批发商，主动来我们专柜拿货，我们的生意开始有了起色。

华东化妆品交易中心的零售太冷清，不少柜台租不出去。经营一年赵金河不得不关门,市场倒闭了。我们面临要不要继续做下去,是关门还是重新寻找地方经营的问题。

妻子不舍地说:"好不容易积累了一些客户,就这样关门,实在可惜。"

我们初次接触化妆品行业,从零售做起,非常不容易。虽然只坚持了一年,但和其他几家化妆品柜台相比,我们做得还不错。这给了我们继续做下去的信心。

关门不甘心,决定继续做下去,就要重新找地方。最终,我们决定到金桥市场,由做零售转为做批发。

1998年,在金桥市场租了一个六平方米左右的档口,还在外边租了一间仓库。金桥市场原来是储用仓库,改革开放后改成了小商品批发市场,也是南京第一个小商品批发市场。在金桥市场租档口做生意的,大多都是浙江人,南京人很少。

从柜台到店面,用了一年的时间,也算上了一个小台阶。我们完全放弃零售,转型做批发。

虽然我们过去没做过批发,反而生意很好。批发产品的品种要多,发货必须快。除了东莞的货源,因崔晓华在义乌,两地联动,随时沟通信息快。货源多,补货快,发货迅速。义乌新货多,什么好卖就卖什么。客人需要什么很快就进过来。进货不多,不压货,义乌有什么南京就有什么。南京需要什么,义乌就能发过来,成了我们最大的优势。

转做批发后,一个营业员忙不过来,我们就又招了一个营业员,是我原单位同事的家属小韩。她以前在粮店做营业员。计划经济时代粮店很吃香,转为市场经济后,她工作的粮店倒闭了。

小韩和李燕两位营业员,只管卖东西。真正现场管理是我妻子,我一直在幕后。

金桥市场距我上班的公司很近,有两百多米。我每天中午和上下班前后,都会跑去店里帮忙。

随着发展,我们经营的商品也有了一些变化。不再只是从东莞和义乌进货,还发展了一些新的供应商。产品也从普通流通产品,增加了品牌产品、化妆工具、进口品、指甲油、香水等。

批发品牌彩妆产品是从"美神"开始的。"美神"是台湾杨晓兰在广州经营的彩妆品牌。它的散粉质量非常好,粉质细腻,很受消费者喜欢。很多商家都来我们这里批发进货,生意相当火爆。

相比护肤品,彩妆产品体积小,通常一箱彩妆有上千只,相当于几箱护肤品的数量,便于存储。整体来说,彩妆销售量和销售额都比护肤品少,但利润比一般护肤产品要高。

随着业务量的增大,1999年下半年,我们在金桥市场买下一个档口的使用权。金桥市场批发生意,做得最好的都是浙江人。同等条件和其他档口比,我们做得算比较好的。

经营化妆品的大多是年轻人。只有我们家档口,是我年过半百的妻子。她长年在档口,显得很特别。

妻子性格开朗,热情善良,人缘好,与陌生人很容易熟络。时间久了,客户的信任逐渐建立起来。客户来了,会把包放在我们店里,让我们帮忙打包,还常问有没有新货好卖,同样的东西会优先选我们家进货。久而久之,找我们家档口,都会说找"老太家"。

金桥市场上百家化妆品批发柜台,有名气的就十几家。我们人气很旺,"老太家"人人皆知,成了我们档口的招牌。

我们把客户关系放在第一位,客户慢慢稳定下来。同时我们的商品越来越多,越来越新,更新越来越快,利润也越来越好。生意越做越好,因我们有独特的优势,那就是和义乌紧密合作,默契配合。

儿子在义乌,不仅向外批发陈献综第一手的商品,还给我们进货。一旦在义乌发现什么好卖,第一时间会给我们发来。让我们在金桥市场批发;同样我们发现什么货在南京好卖,也会第一时间通知儿子,给我们进货。两地一线,沟通频繁。对整个市场的需求有精确了解,进货速度快,这成了我们在金桥市场批发的核心优势。

慢慢地,形成了以义乌为重点,南京为联锁,同一产品统一批发、需求互补的运作模式。表面是两地两个店,本质上,南京店也就成了义乌店的连锁分店。两地互相支持,相互协调,共同发展。

我们继续深入了解和揣摩化妆品市场,不断根据客户需求,调整商品和经营模式,从初期进入化妆品行业的懵懂,逐渐走向成熟。

随着生意的发展,全家的重心开始转移:我们不再只是为了找一口饭吃而做化妆品,开始力求把经营做好,把化妆品当成一个事业来做。

作为一份事业,起点和初心来源于崔晓华。他和小叶去义乌后,南京的化妆品经营成了我和妻子的任务。当然,儿子的事业就是家里的事业。我和妻子在南京全力配合,竭尽所能帮他、支持他。

通过两地配合,儿子的化妆品事业越做越大,客户越来越多。

就这样,为了生存,因偶然机缘进入了化妆品行业。正好顺应了改革开放,民营经济开始发展的大环境,幸运地把握住了即将到来的发展趋势。

一家人互相信任、齐心协力,在挫折中勇敢坚持,在困难中不忘奋斗,在挑战中创造突破,在艰苦中积累业绩,摸着时代的脉搏前行,一步一个脚印,为事业的发展成功打下了坚实的基础。

五　真盼着早退休

金桥市场的店面红红火火。我妻子负责现场,日夜辛劳,但乐在其中。遇到要决定的事,她会要我拿意见,跟我商量。在幕后出主意,我用了全部业余时间,不遗余力参与全部经营管理。

当时我还在上班。下班后,天天会去店里帮忙,每天忙到深夜。虽然辛苦,我一点儿都不觉得累,反而希望早退休,可以投入全部精力。对我和妻子来说，进入化妆品行业，一开始并不是为了我们自己，而是为了儿子，为了这个家。

金桥市场批发生意越做越成功，客户越来越多。但我们并没有安于现状，而是在做批发的基础上，对做零售进行探索。

我们进入化妆品销售是从零售开始的。尽管在华东化妆品交易中心时，因人流量不够和商品种类有限，赚钱很少，但我们对于零售这块始终没有放弃。

在批发做成功后，我们决定重新拾起零售。于是在山西路的太平洋商场租了一个店面，开始做零售。

因有前车之鉴，太平洋商场的零售，在盈利上比不上金桥市场的批发，却也能赚到钱。一年多后，儿子的内弟找事做，最后说想做化妆品，儿子就提出要我们把这家店让给他。

之后，我们又在新街口的莱迪地下商场租了个店面做零售。莱迪地下商场人流量大，加上我们对化妆品零售市场的熟悉，有金桥市场批发供货方便，所以做得很成功。

自此，在南京我们以金桥市场批发为主，以莱迪地下商场的零售为辅，形成了依托批发做零售的经营模式。

在这种经营模式运作成功后，我们又决定扩大经营地点，将零售店面辐射到南京之外的地方。经过一段时间考察，我们选择了安徽芜湖的女人街，在那里开了个化妆品专柜做零售，聘请当地营业员站柜台。但管理起来很不方便，再加柜台成本高，赚钱少，仅开了一年就关门了。

之后的几年里，我们又接连开了几个店做零售。每家店铺只是赚钱多少的问题，从来没有亏过。

在开零售店的过程中，我们培养了以南京为中心的客户群，这些客户大多来自常州、镇江、淮阴、扬州、滁县等地。

在我们化妆品批发、零售"双开花"的时候，我依然按时上下班，业余时间到店里经营管理。

有时候，看到妻子回家后累得腰酸背痛，我既着急又心疼，劝道："要不你就别干了，我们请人干。"

妻子说："自己的生意要自己操心。"

忙的时候，她忍不住唠叨："老头子啊，你快退休吧！""你身体好、脑子活，我们俩一块儿，肯定生意越做越好。"

经营红红火火，妻子以苦为乐，我也越来越急切地盼着早退休，好将全部精力投入经营化妆品行业中来。

盼着早退休有两个因素：一是事业单位改革要改变为企业，退休是"老人老办法，新人新办法"，事业单位退休待遇好，我希望早退休。二是我退休不是没事干，是家里生意需要人，是体制内"退"，体制外"进"是为了更好地进入自家的化妆品事业，可以全力经营好化妆品。

2001年，我所在的公司"事业单位实施企业化管理"，我距60周岁还有一年，不用去上班了，自此我全力进入自家的化妆品经营事业。

到2002年12月满60周岁时，政府主管部门才批准我正式办理退休手续。2001年，我所在的公司"准备由事业单位改变为企业"，我距满60周岁还差一年。不用去上班了，自此我全力进入自家的化妆品经营事业。

回忆起来，转业后工作11年，锤炼了我。任金属处处长，对物资需求、市场有所了解；任清债办主任，见识了很多企业在转型期，有的发展、有的倒闭。我清晰地看到，在时代变迁的转折点上，企业的命运，往往取决于负责人的观念转变，越是曾经辉煌，观念越不易改变，企业越是困难。在社会转型发展时，负责人观念越是改变快，越是有未来。

我的观念也不断发生改变。原来认为体制内工作是铁饭碗，有保障；改革开放后变了，"要从市场要饭吃，生存空间是从市场竞争中得来的，未来的命运不靠天、不靠地，是靠自己不懈努力打拼、艰苦奋斗干出来的"。

退休那天，我高兴地对妻子说："老婆子！以后我就全天候投入做生意了！"

妻子早就期待这一天，她笑道："老头子，你哪里像退休，像找了新工作，越忙越来劲。"

"哈哈，没错！我没有退休，从这天起只是体制内退。我实际是全身心地进入化妆品行业。"

开始重生，改行重新创业，进入一个崭新奋斗的新天地。人生翻开了新的一页，我永远不会忘记，花甲之年，我的心却和青年一样，激情满怀、干劲十足，焕发了新的生命活力。

我和妻子都在年过半百后，有了一段最快乐的时光。每天去店里与客人打交道，忙的时候搬运货物，闲的时候说说笑笑，成了一种消遣、一种乐趣。天天忙到深夜，成年累月的"苦和累"，我们却觉得是一种享受。互相陪伴，朝夕相处，共同创业，非常快乐，慢慢地爱上了这个行业。

在我们努力下，南京市场越做越大。为适应发展需要，扩展零售业务，我们注册成立了"南京允弘化妆品有限公司"。

我们家经营化妆品事业的起点在南京。从1997年到2002年五年时间，从一节柜台起步，到拥有店面；从零售到批发，成立自己的公司，做批发兼零售，一步步稳定发展。

五年里，没有安于现状，始终都在前进。五年里，我们不惧艰苦，不断迎接挑战。五年里，我们依托批发扩大销售，对零售市场进行探索，累积的经验为更加长远的发展奠定了基础。

回想退休前工作四十三年，不止一次想象过退休后的生活。但从没有想过，会在花甲之年后，和子女一起投入到化妆品行业，一起创业，使企业一步步发展壮大。

更没想到几年之后，我的两个女儿，也都分别放弃了银行和上市公司的"铁饭碗"，和我一样进入了体制外的这个领域。神奇的化妆品行业，慢慢地成了我们一家人共同的事业。

改变计划经济时代根深蒂固的思维定式,理念必须适应未来,跟上时代的发展变化,紧随时代的前进步伐,从市场上求生存,谋发展,与时俱进不被时代淘汰。

第七章　全身心助发展

一　艰难摸索生意经

如果有人问市场里的任何一家商户:"你为什么做生意?"

我想百分之百的人都会回答:"当然是为了赚钱。"

我们做生意是一边学一边做,从不会到会。一开始也并不清楚怎么做,和大部分人一样,把赚钱放在了第一位,眼睛全都盯在了赚钱上。尽量低价进,加价批,高价卖,只懂得这些。

可慢慢发现,看似每笔生意是赚钱的,但客户经常流失,往往在减少。时间一长,利润不仅没有增加,反而在减少。

对这个问题,我百思不得其解。

有一天,我和儿子沟通,说起我的困惑,他脱口而出道:"有的商品有的客人,就是不赚钱也要做!"

我不理解,反问道:"做生意不就是为了赚钱?不赚钱做什么?"

"只有这样,我们才能维护住客户。"

"这样的客户,那不是维护的客户越多,亏的也就越多吗?"

"做生意不完全是这样的。一个客户,这次我们从他这里没赚到钱,但只要维护住他,他下次还会来。有机会合作,就有可能赚到钱!客户,才是第一位的。"

"客户才是第一位的。"他的这句话,给我的触动很大。

后来才明白，批发市场竞争激烈，商品不能垄断，大家都能卖。别人卖你也可以卖，你卖别人也能卖。这就决定了要有灵活性。于是我们开始转变观念，重要的不是卖产品，而是与客户之间能否建立良好的合作关系，能否取得客户的信任。

批发市场最大的问题是客户不放心，怕被宰。我们努力做到：批发市场同类产品，价格从来不高于其他批发商；新的商品，同类没有的，我们适当高一点儿，但从不宰人；最重要的是建立朋友的合作关系，保证我们的客户不被宰，不吃亏，不上当。

与客户建立关系的过程就是做人的过程。我们摸索到第一条生意经："不要把赚钱放在第一的位置。"最大程度与客户建立良好互动关系，有时少赚，有时不赚。有的这次产品不赚钱，下一次别的产品可能赚钱。不在一次交易、一个机会、一个产品上计较，不呆板，要灵活，把"继续保持做生意的机会"放在第一位。

很多客户都把我们店当成落脚点。来进货，首先进我们店。放下东西后只要说需要什么，就可以去其他家进货了，任由我们打包、发货，对我们极其信任。

就这样，我们维护住了老客户，老客户又给我们带来了新的客户，客户群越来越多。

我们还在经营过程中发现，营业员对产品的认可程度，决定了这个产品的销售好坏。通常营业员认可的产品，客户咨询时，他就会热情而卖力地推荐。如果营业员不认可的产品，即便有客户来问，他也不是很积极。发现这点后，我们再进货时，就会先听取营业员的意见。

在经营中慢慢学会做生意，我们的店也实现了比较稳定的盈利，人气越来越旺。

后来我们逐步总结了一些经验：批发市场上新产品很重要，信息尤其重要。市场流行新产品的时候，若别人捷足先登，等你反应过来，就没机会了；有时不了解其他人的价格，客户说人家多少多少，可以的话就让一些；赊钱的情况也看客户，关系好的写个欠条就可以，给予足够信任；从单一产品做起，品类要越来越多，口红、香水、护肤品、工具等，给客户更多选择，把市场做"活"；尽量给客户提供方便，比如换货，客户是做零售的，卖不掉就不赚钱，作为批发商，退货、换货都可以，这样客户不会亏本还可以进新货。我们的退货可以批给其他客户，不让客户积压，帮客户降低风险。

批发市场竞争激烈，价格透明，拼的是"客户关系"。我们的老客户越来越多，有的客户长达十几年的合作关系，有了感情、交情，保持了长期的合作经营。

生意经就这样一点点累积起来。懂得这些窍门，是崔晓华的天赋，也是在经营过程中逐步摸索总结出来的。

在不断累积经验的同时，崔晓华带着他摸索出来的"生意经"去了义乌。

义乌是个陌生之地。他曾经有个一起上学的朋友辞职和他一起去，说要共同创业。做了一段时间后，看不到希望，就离开了。

儿子坚持下来，即使他面临无资金、无经验、无货源、无客户群的"四无"境地。

卖东西风险很大，卖不掉就只能把货压在那里。刚到义乌时，崔晓华寻找的那些代批发商，只有批发掉才给钱，批发不掉不给钱，批发不掉的货，他要拿回去，压力就全在崔晓华那里了。在这种情况下，崔晓华自知"压"不起货，整天想着怎样把货卖出去。

虽然急着卖货，但崔晓华从不搞歪门邪道，更不做骗人的事。他有他的生意经，那就是："先做人，再做生意。"

"先做人"是指在为人处世上不要怕吃亏，待人要真诚。他的这个做人原则，让很多和他合作过的批发客商，都愿意和他继续长期合作。

他还有条生意经是"一定要广交朋友"。他在义乌做生意的朋友越来越多，资源和信息也越来越发达。

和代批发店交流沟通多了，儿子意识到，要把货卖掉，把生意做大，就必须拥有自己的档口。有自己的档口，不仅不用再找代批发，还有了直接和客户沟通交流的场所，拥有了直接和客户沟通交流的机会，也就能面向全国拓宽自己的客户群。

"做生意，只有拥有了庞大的客户群，才能把生意做大、做好。"这是崔晓华总结出来的生意经，一直贯穿至今，成了事业越做越大的重要信条。

崔晓华在义乌就这样一步一步摸索，从无资金、无经验、无货源、无客户群，慢慢地通过自己的努力，积累资金、总结经验、寻找货源、拓展客户，在义乌逐渐站住了脚。

崔晓华开始为谋生选择了做化妆品。一路的艰难和坎坷中，他不断努力、不断学习、不断修正、不断调整、不断提高、不断进步，摸索出了自己的生意经，最终凭着真诚做人和不怕困难、艰苦奋斗的精神，走出了一条属于他自己的经营之道。

二 从桥西街到宾王市场

崔晓华在义乌努力打拼，起初代批发利润太少，也不能直接接触客户，不是长久之计。他感到不能一直这样做下去，必须想办法。

唯一的办法就是有自己的档口，直接与客户谈，做自己对外批发的窗口，自己与客户建立关系。

崔晓华在寻找合适档口的时候，遇到了做指甲油生意的朱有正。

朱有正是义乌本地人，在桥西街38号租了一个六平方米的店铺，他的侄女卖指甲油。

桥西街是义乌最早的化妆品批发市场。在得知崔晓华寻找档口后，朱有正问道："你想要多大的？"

崔晓华不假思索地回答说："小一点儿的，大了负担不起！"

朱有正想了想，提议道："要不咱们两家合用一间店铺吧！一家三平方米，你看行不行？"

六平方米听着不大，但租金一次支付一年还是负担不起。朱有正只经营指甲油，占不了多大地方，便想和崔晓华各一半，双方分担租金。正合崔晓华的心意，开始也难以支撑一个六平方米的档口。租一半符合各自的利益。

于是两人一拍即合，两家各占三平方米。

朱有正侄女在那三平方米的地方，放了一张凳子和一排货架，货架上放着指甲油。崔晓华三平方米的地方放一张桌子、一条凳子和一个货架，货架里摆着他的化妆品样品。

就这样，1998年三平方米的地方就成了最初做生意与客户沟通的场所。

挡口虽然很小，毕竟可以和客户直接交流，比代批发好了很多。代批发的客户是别人的，现在客户是自己的，客户就是市场。

有自己的店铺，算是真正开了头，是义乌批发市场经营的第一步。

崔晓华非常擅长与人打交道。义乌是全国的批发市场，他很快在那里认识了来自全国各地的做化妆品的朋友，慢慢建立了全国的客户群。

刚开始，崔晓华只是靠批发东莞陈献综的货，那支口红笔质量好，要的人很多，所以相比周围同等条件下的店铺，他那三平方米店里的生意还是很不错的。

与此同时，崔晓华进一步了解客户对产品的需求。市场需要什么，什么好卖，只靠陈献综的货源已不能满足客户的需要。需要开拓有优势的货源，寻找新的供货商，最终实现两头扩展：一是商品，不断扩展货源；一是客户，不断扩展客户群。

他开始千方百计地寻找其他货源。

与此同时，我们南京的零售也慢慢做了起来。随着两边店铺越做越好，南京的店也就成了桥西街 38 号批发店的一个窗口。由于两边配合得比较好，桥西街 38 号三平方米的店，也越做越红火。

当时的桥西街整条街都是做化妆品的，但桥西街很短，容量有限。随着义乌市场的扩大，不够用了，化妆品从业者协会提出把化妆品市场搬迁到宾王市场去，就此征求经营户意见。

崔晓华刚做起来，也愿意到新的地方去。但扩大店面最大的问题是资金。

1999 年，崔晓华给我打电话："老爸！我想转移阵地！重新换个地方。"

"为什么？桥西街的生意不好吗？"我不免担心起来。

"那倒不是。它太小了，满足不了发展需要。现在化妆品市场要搬迁，统一搬的。"崔晓华说。

"如果是这样，那就换吧！我支持你，地方太小是不方便，搬去哪儿？"我问。

崔晓华回答说："宾王市场！"

宾王市场位于义乌市宾王路，名字来源于附近一个纪念骆宾王的公园，是 1995 年建立起的小商品批发市场。化妆品市场统一搬迁过来的时候，不是想租哪里就能租到，场地需要抽签。

结果，崔晓华抽到的档口，在宾王市场里边比较偏僻的地方，他觉得不理想，也就放弃了。

接着，他开始在宾王市场外面寻找，并最终找到了一个街边店。

这家街边店是私人的房子，共五层。大概宽五米，深八九米。上层居民自住用，出租的是下面的三层。一层用来做店铺门店有四十多平方米，二层用来做仓库，三层用来住人。

就这样，店铺、住宿、仓库都有了。

搬到宾王市场，有了自己的门头，对我们的化妆品事业有着很大的意义，那是我们化妆品开始蓬勃发展的阶段，有点儿像南京店搬到金桥市场后的情况，生意非常好。生意好的原因，就是仓库在店铺的上面，出货很方便，客户只要说要货，我们随时就能为他发货。

到宾王市场后，店面大了，产品增多了，仍然是做批发。随着场地、货源和产品的升级，生意越做越好。后来因忙不过来，还请了营业员。

2002年下半年，退休后的我和妻子商量，决定把南京的店铺交出去，到义乌全力帮儿子发展。

到义乌后，我们主要在宾王市场店铺里。营业员都是些年轻小女孩，整理货架、给货物打包等等的体力活全部交由我来做，我妻子负责协助收钱。

从没有店铺，只能拿着商品寻找批发店代批发，到有了桥西街38号三平方米的挡口，可以直接与客户打交道。看似变化不算什么，只多了三平方米的地方，却上了一个台阶，不仅让批发出去的商品利润增加，而且还因为那个三平方米的地方，儿子积累了很多客户。而从三平方米的挡口，再到在宾王市场四十平方米的店，更是又上了一个台阶。

从桥西街搬到宾王市场，对我们来说是个提升。当时从桥西街搬到宾王市场，是一个重新洗牌的过程。在桥西街做得好的商家，有些不知道为什么，到了宾王市场后却倒闭了；而有些在桥西街做得不怎么好的，到宾王市场后因为各方面条件的改进，却越来越好了。

我们属于后者。

用我们的话来说，市场"折腾一下，成长一批，死掉一批"。对我们来说，每折腾一次，就渡过一个难关、提升一次、进化一次、上一个台阶。可以说，我们的每次变动，都是一次重新洗牌，都是一次考验上台阶的机会。

崔晓华就这样在义乌一步一个脚印地走出来，一步一步上台阶，一点一点做大。踏踏实实，没有捷径，全靠自己的实干奋斗，在化妆品销售行业有了自己的一席之地。

三 自己要做产品

随着宾王市场店铺的发展，需要的货源越来越多，崔晓华不得不四处寻找好卖的产品。

在寻找货源中，他看上了韩国货。当时韩国化妆品在中国的口碑很好，由于质量好，很受中国消费者喜欢。

崔晓华经过市场调研后，一直希望代理批发韩国产品。

沈阳彩妆商行是东北最早做化妆品的商户。改革开放后，彩妆商行算是化妆品起步较早、做得最成功的了。原因是沈阳和韩国靠近，拥有韩国的货源。

崔晓华满怀信心地去了彩妆商行进货，负责人不在，只有几名营业员。

"我是义乌做化妆品的，想见见老板！"崔晓华说。

彩妆商行的老板当时在全国化妆品流通行业的名气比较大。

营业员上下打量了一番崔晓华，在旁边打了个电话后，走过来说："老板很忙，有什么事和我们说吧！"

"那我在这里等一会儿吧！等你们老板忙完再说。"

"随便！"营业员说完，便不再理他。

崔晓华这等了很长时间，还是没能见着老板。

"能不能再给老板打个电话？我想见见她！"

"都给你说了，有什么事和我们直接说就好了！我们老板没时间！"营业员搪塞道。

看营业员有些不耐烦了，崔晓华只好告辞。

他知道韩国货畅销，想要做的批发商也很多，彩妆商行不缺客户。何况对他们来说，自己的店太小了，实力不值一提。当然，人家不见他，还有一个重要的原因是在义乌已经有合作的批发商了。

但崔晓华是个只要看准了的事，就绝不放弃，一定要做成的人。他没有放弃，很执着地一定要见着老板不可。他相信只要见着老板，就有信心说服她。

崔晓华锲而不舍，一次次地去店里，一次次地提出要见老板。

最终，老板见了他。不出所料，见到崔晓华后，先是被他的诚意打动，接着又认可了他的经营理念，最后老板答应在义乌再增加一个合作伙伴，同意供货。

两人就此结下了缘分。老板是个有魄力讲义气的女老板，叫王莹。人都称她"大姐"。崔晓华同样是懂感恩重感情的人，合作不久，两个人从生意伙伴，逐渐变成了互相信赖的朋友。

此后，彩妆商行的韩国货成为我们在流通市场主要的货源之一；他们后来逐步注册的国内彩妆流通品牌，也逐步成为我们经营合作的主要著名的流通品牌。

随着批发市场的发展，义乌的环境发生了变化，开始出现恶性竞争，尤其价格竞争。所有产品利润都很薄，又要发货，很忙很累，一年下来也不赚钱。

随着货源的增多，商品数量也越来越多。商品数量的增多，带来了一个问题，那就是产品常常鱼龙混杂。我们在进货时一向非常注意，但还是一不小心就会进到假货。一旦假货被工商查到，不仅扣货罚款，而且还会扣人。

有一次，因不知道所进货里有假货，而被扣货、罚款、扣留。儿子在回去的路上琢磨："如果是自己生产，就不会出现不知真假的问题。同时，代理货源来批发，虽然也能赚钱，但利太薄了。怎样才能扩大利润空间，还能在批发市场拥有主动权呢？"

只有拥有了自己的产品，才能解决这两个问题。不过，虽然有这想法，但崔晓华一直觉得时机不够成熟。

有一次，崔晓华寻找货源时，在广州遇到了一个来大陆推销美目胶水半成品的台湾人。

台湾人拿着胶水四处推销,但没有人要。

崔晓华看了他的胶水后,觉得质量比市面上的很多胶水都好,决定和他合作。

"我可以要你这胶水,不过有两个条件!"崔晓华说。

"什么条件?"

"第一是独家代理!第二是你必须教会我怎么使用。"

"第一个条件可以,第二个不行!"

"那很遗憾,那我没办法要!"崔晓华最后说。

台湾人犹豫了,他在大陆推销了很久,只有崔晓华有诚意和兴趣,不与他合作,可能失去一个机会。

"你再想想!想好了再联系!我再去看看别家的胶水!"

他看出了台湾人的犹豫,故意试探他一下。

果然,台湾人急于推销,也就答应了他提出的条件。

崔晓华确实是想批发胶水,他真实的想法是从台湾人那里进胶水原料,再寻找装胶水的容器,自己灌装胶水产品。

这个想法,成了崔晓华自己生产产品的开始。

灌装的过程并不复杂,知道了灌装方法后,购买一台手动灌装机,订购包装盒,坐在床头上灌装,不断地学习,积累最简单的生产经验。

刚开始,心里还是忐忑的,毕竟这是他第一次做产品。虽只是采购来的半成品,但和进成品再批发给别人完全不同。不过,等他把手工灌装的胶水产品批发出去后,发现市场反响还不错,也就放下心来,开始大胆灌装。

手工灌装的第一只胶水产品,为"美目胶水"。一开始只是一种尝试,见市场反应不错,加上自己生产的利润比代理进货的高,崔晓华就萌生自己开工厂的想法。

这时,义乌有一些批发商已建有自己的工厂,"自己生产+别人的货源"相结合，前店后厂成了许多经营者追求的一种新趋势。

然而，开工厂生产和私下手工灌装产品完全不一样。手工灌装，只是少量产出，自己店里销售，数量少，原来的客户和市场就可以了。工厂生产数量多，必须要有稳定的客户、稳定的市场，工厂要求的标准也很高。

就在这时，彩妆商行提出可以和崔晓华合作的意愿。

原来，彩妆商行也面临如何提高销售韩国货低利润的问题，期望从韩国进原料，在国内生产产品，同时发展自己的品牌。

大姐非常信任崔晓华，得知他有开厂的想法后，很是支持。表态道："我原来的产品是韩国来的。我有品牌，如果你能在义乌生产，我就进口原料，产品由你来生产。这样就做到你生产、我批发销售，你看怎么样？"

崔晓华很高兴，大姐从韩国进口原料，义乌加工灌装，成品再通过批发市场流通全国。这样一来，原料有了，市场也有了，开工厂的基本条件也就具备了。

于是他欣然同意，并开始为开工厂做准备。

早期没有自己的技术，买的是现成的半成品料体，灌装成产品，通过批发市场卖出去。这是义乌早期化妆品生产都要经历的过程。

灌装产品虽然比不上研发自己的产品，相比纯销售又进了一步。当彩妆商行把"国内流通"品牌交给崔晓华来生产时，我们有了除义乌以外走向全国的市场。

这成了我们从"经销批发"化妆品向"生产制造"化妆品转变的开始。

先有档口，再有市场和客户群，从代理别人的产品，到渴望自己生产产品，所走过的每一步，都是努力求发展的结果，也是市场决定的结果，每一步都要经过一番努力，上一个新台阶。

办工厂生产产品，是崔晓华在化妆品事业上的一大飞跃。从开工厂开始，已不再只满足于做销售了，他要做的是长久的事业；也不再只把化妆品买卖当作谋生手段，而将它看成对人生有意义、对社会有价值的一个新兴行业。

四 大塘下作坊式"工厂"

2000年，随着化妆品经营的发展，观念发生了变化，儿子在创业路上有了更大的胆魄。

他虽然胆子大，做事却很谨慎，每向前跨一步，都要做很多前期准备。

"做产品要有工厂"是件大事，他更不敢马虎。

当时他自己生产面临两个问题：一没有技术，二没有资金。

拥有客户群和市场渠道，但不懂生产，没有技术，急需聘请一位懂生产的厂长。

崔晓华在广东遇到了一位叫曾四立的人，两人结下了不解之缘。

曾四立当时在广东一家工厂打工，是做料体制作和配方生产的。曾和他妻子都在工厂打工。曾四立与崔晓华接触后，彼此都很欣赏，也都觉得对方是值得信任的人。

在得知崔晓华办工厂和需要厂长后，曾四立二话不说，带着妻子从广东来到了义乌。

到义乌前，崔晓华带曾到南京家里，给我介绍说："这是我请的厂长曾四立。"

我和曾四立聊了几句，发现崔晓华的眼光果真没错，曾四立谈吐真诚，为人诚实，是个值得信任的老实人。

有了厂长后，崔晓华就开始筹建工厂。按要求，必须先注册公司并取得生产许可证才可以生产，而注册公司最低需要50万元注册资金。

那时虽然生意做得不错，可钱都在货里。50万元注册资金对我们全家来说，是个大数字。

全家人在一起算了一下，崔晓华能拿出的钱，我和妻子手里有的加起来，还有近20万元的缺口。

我和妻子商量，不管怎么困难也要支持儿子，想办法助他完成注册。于是，我翻着电话簿，寻找能借钱的人。

"老头子，你想到问谁借了？"妻子问我。

"晓君那里应该能拿出来一些！"我无奈地说，"问问她吧，毕竟是一家人！"

我和妻子在犹豫中，还是决定告诉崔晓君。

未料，她爽快地答应了，表态道："弟弟开工厂是好事！这忙我一定要帮！"接着说，"晚上我和孙伟商量商量！"

孙伟是我家大女婿。为不让崔晓君为难，我提议道："你别说了，还是让我和你妈给他说吧！"

孙伟听了情况，也表示支持，但还是有些顾虑。我和妻子建议孙伟和我们一起去义乌转转，实地考察一下，他觉得没有风险了再借。

于是，孙伟开车，我和妻子、崔晓君一起去了义乌。

在义乌，我们看了店铺的销售，去考察了店铺货源，已有了一定规模，又听了开工厂的计划，放心了，孙伟很快凑出约20万元资金，交给了我和妻子。

我将我的和凑出来的近30万元资金汇给儿子的时候，叮嘱说："也就这点能力了。亲兄弟明算账，注册完成你第一时间将你姐姐、姐夫的钱先还回去。"

"放心！一注册完就还给他们！"

2000年，崔晓华在义乌注册了义乌伊人化妆品有限公司。

公司完成注册后，经朱有正介绍，在他家所在的大塘下租了农民自建的住房三层作工厂。

大塘下位于义乌的近郊，朱有正家就在这个村子里。租的这幢住房在大塘下村一个小山包上，共有五层。

房东上面两层留给自己住，下边三层，全都租给崔晓华办工厂。

第一层做仓库，第二层做生产车间，第三层住人和办公。二层因为要做生产车间，装修时将二层所有房间都打通，形成了一个生产的场地。约一百多平方米的地方，安装了一条6米长的灌装、包装生产线。就这样，一百多平方米、一条生产线的车间就有了。

工厂很简陋，工人也不多，管理人员加上工人总共只有十几个人。

运输工具也只有一辆面包车，需要载人时载人，需要拉货时拉货。

这座简易的小作坊，听起来有流水线，其实也就一条。听起来是生产，开始实质上也就是采购半成品，用半成品原料灌装成产品，后来才慢慢地自己学做乳化制料。

条件虽简陋，但卫生条件合格，于是开始生产。凭着这样一个小作坊，崔晓华和厂长带领大家，生产出了一件又一件的彩妆产品。产品除了用购买的原料生产的"美目胶水"外，还有用大姐提供的韩国原料膏体而生产的睫毛膏。

最开始的时候，车间灌装机很简陋，是单孔灌装机，完全靠手工。手工灌装效率太低，之后又添置了多孔灌装机。灌装机灌好后，利用传送带传到包装区域，由工人进行手工包装。操作流程是一边灌一边包装，最多的时候，连续作业一天能生产几十万支，效率非常高。

大家在一起工作，没有管理人员和员工之分。没有老板、厂长、工人、家属之分。大家一起干活、一起吃饭、一起居住、一起拉家常、嘘寒问暖、相互关照，就像一家人一样。

崔晓华一直秉持着自己的做人原则，把员工当家人，有很强的亲和力，能把大家凝聚在一起。有活一起干，有钱一起分。每个人都将自己与工厂的兴衰联系在一起。大家同命运、共进退。

小工厂里没有一个闲人，大家都尽心尽力地干活。没有上下班时间概念，也没有休息时间，即便是吃饭，大家也是匆匆吃完，马上又去干活。平时我和妻子在宾王市场的店里，关门后有时会到厂里帮忙。忙的时候，连宾王市场里的营业员，一下班也会主动跑到厂里干活。

有一次，有批货要得急，天一亮就要交货。为了赶货，所有人都在干通宵。即便这样，大家也毫无怨言，就像在干自己的事一样。大家一起干活，齐心协力，完成任务后，就像打了一场胜仗，每个人都开心得不得了。

那艰辛而美好的岁月，我终生难忘。

在小小的流水线，我们先后生产了胶水、睫毛膏、唇彩三个爆款产品，效率很高，日夜生产，供不应求。

当时我们主要为流通批发市场，一边生产一边销售。我们的"伊人"品牌化妆品，通过宾王市场走向全国。为彩妆商行生产的"国内流通品牌"都从沈阳批发到全国。在义乌、沈阳有通往全国的渠道，按市场实际需求进行生产，没有压过货，什么好卖就生产什么，急着要的订单连夜生产，利润也比只代理批发别人的产品要高许多。大塘下的这座小工厂只是一个小作坊，却是我们开工厂做产品的起点。

我们从做代理彩妆批发销售到自己生产产品，上了一个大大的台阶。

从1997年初崔晓华刚到义乌买化妆品没有档口，到有了一个和别人合租六平方米的档口，再到拥有了40平方米个体户的店铺，最后拥有化妆品公司和自己的工厂，短短四年时间，在义乌接连上了好几个台阶。

每上一个台阶，都与艰苦奋斗、敢闯敢干分不开，与每一个员工家人的不懈努力分不开。我们全家人在不断"升级"的过程中干劲十足，对未来充满了希望。

五　新配方战胜了韩国货

路要一步步走，成功要一点点积累，没有捷径可走。

大塘下小工厂的建成，取得生产许可，对奋勇向前的崔晓华来说，仅仅是开了一个头。他没有豪言壮语，但我很清楚，他有自己的目标，有不懈追求的梦想。

他的梦想是什么？研发出属于自己的产品。

没错，研发自己的产品，这才是他开工厂的追求。

然而，小小的工厂里，并没有人懂研发。最早灌装胶水，是采购半成品原料，在他人指导下一边试一边学，一边请教一边试验，全靠自己摸索而搞成的。

有一天，崔晓华和厂长曾四立聊起了研发配方的事，针对从韩国进口半成品原料内容物，自己灌装睫毛膏。崔晓华说："要不，咱们来自己试验配方？"

"试试就试试！"曾四立话不多，但行动力很强。

自此，他们俩整日凑在一起，拿着韩国睫毛膏，揣摩、研究它的功效特长。从分析功效开始，研究选择原料。采购原料就向供应商请教，每提出一种配方进行试验，就在自己的手上、胳膊上画，试效果，不断地比较，再改再试。

"不对！好像不是这样！"

"那就再试！"

失败了不气馁，一遍又一遍地试。厂里的工人看到两个大男人，每天把手和胳膊画得一道一道，全都忍不住笑，但同时也发自内心地钦佩不已。

"日日夜夜，一次又一次，永不放弃，将不可能变为可能！"

就这样，崔晓华和曾四立不停地画，不停地研究、试验、改进。

自己研究配方，要了解原料的特性，如何使用、如何乳化，没有老师，不懂就请教原料供应商，然后自己琢磨、试验、再总结。

不知道试了多少遍，试着试着，有一天，崔晓华指着自己手上的两道，问曾四立："你看看，这两道，哪道是用咱们的配方画的？"

"这两道难道不是一个配方？"曾四立左看看右看看，还是说，

"分辨不出！"

"真分辨不出？"

曾四立又认真看看，还是摇摇头。

崔晓华这下高兴了。

"我试试！我试试！"

曾四立用韩国睫毛膏和自己研究的配方，分别在自己的手上、胳膊上又画了几道，喃喃道："太像了！太像了！简直一样！"

"我们成功了，曾厂长！"崔晓华兴奋得快要跳起来了，"再问问其他人，如果都分辨不出来，那我们就生产点试试！"

又问了几个人，依然分辨不出，从产品的着色、品相、黏稠度、防水性、卸妆性乃至于触觉效果，都非常接近。接着，开始少量试生产，在自己的店里试着卖。

2002年冬天，从韩国进口的睫毛膏半成品，在运输存储过程中，因天气寒冷，膏体被冻了。

"怎么办？这下就灌装不了了！"曾四立着急地对崔晓华说，"就是解冻后勉强装进去，也不能用，妆效很差，不易上色，容易脱落。"

"市场上'国内流通品牌'睫毛膏卖得很火，不能断货，"崔晓华说，"沈阳那里还催着要货呢！"

"国内流通品牌"两款睫毛膏，在当时国内市场占据很高的份额，断货对彩妆商行及其全国的批发商来说，损失都很大。

"现在怎么办？"

思来想去，讨论来讨论去，终于下定决心："用咱们自己配方的膏体！"

"能行吗？"曾四立有些犹豫。

"试试吧！不试怎么知道行不行？再说了，这也是没办法的办法！"

没有想到的是，等他们用自己研发的膏体灌装好，拿到市场上销售，不仅品质和功效同韩国原装睫毛膏没有分别，还具备了韩国原装膏体所不具备的防冻功能，妆效清爽，易卸妆，不晕染，市场反应非常好。

韩国的进口膏体，在低温寒冷时效果大幅下降，不能用。自己研发出的配方制作的膏体，却可以在同等温度下，依然做到不冻结，妆效不降，从性能上超过了韩国睫毛膏。

除了防冻外，我们的产品还有两大优势，一是睫毛纤长浓密的效果好，一点不亚于当时国际大品牌的妆效；还有一个优势是不怕水、易卸妆。持妆不会因水融化而眼圈变黑，卸妆时候用清水拍一拍，就整块掉下来。这几个优势，都是韩国货所不具备的。

自己研发的睫毛膏打败了韩国货，崔晓华和曾四立非常兴奋。他们的信心来了，两个人忍不住大喊大叫："我们也可以创新，也可以研发产品！""我们的产品完全可以替代韩国货！"

自己研发的第一支睫毛膏配方，就这么诞生，就这么成功了！

自此，崔晓华带领团队用自己研制出的配方生产产品。慢慢地，自主研制的产品占领了很大的一部分市场。随着研制产品的品类增多，品牌增多，所占的市场份额越来越多，韩国货所占的市场份额也就减少，越来越少。

后来，国内流通市场销售火爆的四款彩妆品牌，包括我们自己的"伊人"睫毛膏，都用自己研制的膏体，再也不需从韩国进口半成品膏体了。

自主研制睫毛膏的成功，让崔晓华和曾四立打破了"不懂自主研发"的迷信，他们摸索试验的劲头、信心也就更足了。在研发试验中，他们不断学习、摸索、总结、提高，相信自己。

除了成功研发睫毛膏，他们还研发了唇彩膏体，取名"璀璨唇彩"，涂在嘴唇上更亮、更滋润，显得更俏丽。一系列产品，一经上市，备受好评，很快火爆全国流通市场。

自己研发和生产的前提，是要有销售渠道，要有市场需求。没有这两方面的前提，开工厂就是死路一条。有了市场，又有了自己的工厂，加上自己创新研发，主动权也就逐步掌握在自己手里了。

这是崔晓华的化妆品事业逐步走向更高阶段、迈出的最重要的一步。

从不懂产品研发，到自己研发的睫毛膏产品超过了韩国货，说起来只是一个偶然，实际上却是崔晓华和曾四立为研发下足了功夫，在机会来的时候早就做好了准备。

"永不放弃，没有什么不可能，将不可能变为可能"，是我们一家人的信念。它不断鼓励着研发团队反复研究总结，反复试验，经历无数次失败，从不放弃，最后做到一个又一个创新产品的诞生。

从2000年到2004年，是工厂的初期发展阶段。在此期间，主要生产睫毛膏、唇彩和胶水这三类产品。在五六个品牌中应用，派生出多个产品系列家族，累计数十个产品，通过流通市场走向全国。尤其是国内先后出现的几个流通彩妆品牌的热销，支持了小工厂前期的发展。在协助义乌营销、办工厂过程中，我很欣慰地发现："只有不努力，没有不可能。""将不可能变为可能"是我和妻子从太行山一路走出来的精神动力，也是林县红旗渠人身上固有的一股劲儿，原来早已在崔晓华身上展现无遗。慢慢地，"将不可能变为可能"的信条，成了我们一家人和企业发展的理念。凭着这股劲，我们战胜了一个个困难，成功研发了一个又一个产品，创造了一个又一个奇迹。

六　发展中的困境

在一步一个台阶，一步一步上升和发展的同时，市场环境不断发展变化，义乌流通市场的先天不足也不断地暴露出来。

随着市场经济的大发展，义乌成了国内最先发展起来的批发市场，成了全国小商品批发基地，也成了竞争最为激烈的大市场。这样的环境下，商品繁多，有好的、有差的、有真的、有假的、有国外的、有国内的，小商品令人眼花缭乱。

短缺经济时代，多样化满足了社会需求，同时带来了严重的问题，就是市场上产品好坏真假混杂。有时连经营者自己也分不出真假。市场好卖就能卖。品类越来越多，客户群越来越大，竞争越来越激烈，行业却越来越出现诸多不规范。各家各户产品野蛮生长，乱象丛生。

义乌名声越来越下降。提起义乌，人们就会想到价格低、质量差、伪劣多。化妆品市场，在其他地方生产的，同样的东西，价格比义乌高很多。有的产品虽然质量很好，标注义乌产也往往卖不上好价钱。

与此同时，正因批发市场混乱，有的人还在做批发，有的人在批发赚钱后，开始做自己的品牌，市场出现了分化。当时化妆品行业主要是国外品牌的天下。民族品牌从无到有，国产新品牌在竞争中慢慢出现成长。

当时我们开发生产的国内著名流通彩妆品牌，以及"伊人"等国产产品，质量很好，在流通市场卖得很火，销量很高。但就是卖不上好价格。这个时候，彩妆商行也急切地需要提升自己的品牌价值，也想摆脱标注义乌的局限。

其间，晓华在江苏华威国防工业公司上班时的同事，是一名大学生，后来辞职也来到义乌，跟崔晓华做了几个月，觉得店太小，品牌小，没前途，就跳槽到别人家更大的店去了，那里进口品牌产品多。

我们实力不足，积累有限，只能一边学习、一边进步。

大塘下的小工厂，相比之前只有店铺代理批发，确实上了一个台阶。化妆品行业对产品生产是有规范要求的，条件不过关就不能生产。正因如此，政府相关部门经常到工厂突袭检查。

可工厂实在太简陋，条件也有限，实验室和检验化验、流水线虽然都有，但监管部门对卫生达标要求很高，隔三岔五来检查。

小工厂条件有限，尽力按照标准生产。当时中国小微企业正处在蓬勃发展阶段，各种生产管理不是特别规范，导致有很多模棱两可的地方，而工厂最怕的就是因检查而导致生产停顿。

为了生存，他们经常晚上生产、白天卖货。有时候订货要得很急，还是要在白天生产。生产就有可能遇到检查，政府相关部门发现一点不规范，就会要求停产整改。为应对检查，员工累得筋疲力尽，工厂也免不了有时被罚款和整改。为减少整改风险，凡来到小工厂声称是政府哪个部门、哪个机构的，都不敢怠慢。不仅请吃饭，还要表示表示，把这些人当贵宾一样接待。

创业小工厂的老板，个个心里怕检查，是整个社会的一个共性。一些不法分子从中看到了机会，有的就开始钻空子、搞欺骗，冒充政府某某部门的人员来敲诈。

有一次，有个精瘦的男人穿着税务人员的制服，大摇大摆地说："我是税务局的稽查员！"

工厂一听很是紧张，即刻热情接待，在请吃了大餐后，还送了礼物。收了礼物此人还不罢休，暗示要钱只要给钱就走人。

崔晓华不明就里，也不敢多问，只好拿钱出血这才了事。

一段时间后，听说那人被抓了，才知道遇到了假冒的征税员。假冒征税员敲诈小工厂，还有职业骗子冒充政府人员上门检查。为工厂生产不受影响，被查者根本不会怀疑对方是真是假，更不敢去问。这个人之所以栽了，是当他敲诈到一家在税务局有熟人的工厂时，老板打电话给税务局去核实，结果露了馅，他被抓进了派出所。

这不是长久之计，这样下去肯定不行。

通过这些遭遇，我们开始思考，为什么会遇到骗子？我们怎么样才能更加规范？若想不再遇到这种情况，就必须做出改变。

反思后意识到，照这样的局面走下去，在义乌是不可能有较大发展的。

"福兮祸之所伏，祸兮福之所倚。"很多时候，坏事可以变好事。看似遭受损失，却能促使我们去发现自身的问题，进而改变自己、提升自己、完善自己。

随着市场竞争的不断加剧，在义乌生产销售价值不高的产品，随着社会的发展，人们生活需求的提高，只在流通市场求生存，发展空间受限。

在大多数人还没有意识到的时候，我们已敏锐地意识到，义乌作坊式的小工厂生产，不能适应市场未来发展的需要，反而会成为继续前行的阻碍。工厂面临转型升级的严峻的考验。

我们一家人不得不思考：工厂怎样才能持续发展下去？突破方向在哪里？未来的路在哪里？

人生如棋，一生就关键几步，一招不慎，满盘皆输。面对每一步困难，不贪图眼前舒适，而是追求长远可能。选择初升的行业，迎难而上，踏着时代的步伐，向未来广阔的前景奋斗。

第八章　全家人走进同行业

一　大女儿接管南京市场

进入化妆品行业最初是儿子一个人，后来全家人陆续进入。这是个循序渐进的"创业过程"，也是一家人从体制内逐步走到同一行业的"心路历程"。

1999年，在金桥市场，我们成立了南京允弘化妆品有限公司。

2001年，我从中国电子物资苏浙公司退休后，完全进入了经营化妆品事业。

在南京当时做得挺好的，每个月可以赚几万元。我和妻子过得很开心。

不久，我和妻子决定放弃南京去义乌，初心是期望抱孙子的。

儿子恋爱多年因为拼事业，到2000年在南京为他举办婚礼。

婚礼前后两人一直在义乌打拼。眼看他们在义乌慢慢打下一片天下，可还是没有要孩子，我妻子有些急了。

有一天夜里，我妻子辗转反侧，怎么都睡不着。

"老头子！"听着妻子的语气，我就猜到了他的心思。"又想抱孙子了？"

妻子叹息道："趁我们年龄不大，身体还好，还能帮他带。"

我安慰道："现在正是干事业的时候，他们太忙了！"

妻子沉默一会儿，忍不住说："老头子，要不，咱们去义乌吧！"

妻子说的时候，小心翼翼地看着我，她怕我不愿意离开南京。

我看着妻子满是担忧的眼神，很是理解，但是没急于表态。

她见我没吱声，继续说："我们去，起码可以帮忙，让他们放心，生了孩子也有人帮带！"

"先睡吧，让我想想！"

妻子想去义乌抱孙子，可我还要思考，如果我和她离开南京去义乌，那么南京的生意怎么办？

南京的店，依托着义乌，是非常有优势的，生意也很好。这个时候放弃吗？肯定不行，太可惜了。不放弃，又能交给谁呢？

我把这种担心说了，妻子便和我一起，开始寻找合适接手的人。

经过一段时间的考量，形成了三种思路：一个是承包给我们第一个营业员。她从1997年跟我们站零售柜台，卖化妆品，人可靠，有经验，能力不错，可以信任；二是转让给品牌供货商的业务经理——美神公司来指导的业务员。他原在广东美神总部上班，来南京给我们支持帮助一段时间，不想再回广东打工了，想自己开店经营化妆品。他人品好，也值得信任；三是交给我们的大女婿孙伟。他原做过财务公司，现在房地产公司属下的物业公司上班，事情不多，闲暇时间多，做过财务公司，人很精明，刚好可以接手做这个事情。

三种方案，如果纯粹从经营化妆品角度看，无疑前两种思路更合适，他们有经验，都是长期做化妆品行业的。

不过，我们的大女婿是自家人，左思右想后，我们决定先征询女儿女婿的意见。如果他愿意接手，就交给他来做。如果他不做，我们再从其他两个人中选择一个。

女儿和女婿商量后，最后决定接手经营，当时女儿还在中国银行上班，一时没法退下来，主要由女婿孙伟接手经营管理。

2002年下半年，我们将货物盘点后，把整个店铺、仓库、营业员、货品、客户以及供货商等全部移交给了他们。

"好好做！等赚了钱，再把成本给我们就行了！"

"爸妈放心！我一定把生意做好！"女婿信心满满。

果真是隔行如隔山。女婿做财务出身，账算得好，但对化妆品批发业务和客户不是太熟悉。他正在熟悉经营业绩逐步好转时，急于在南京繁华商业街万达商场投资开零售店，结果门槛、成本及投资太高。金桥的流通货品是以中低档产品为主，没有著名的高档品牌支撑，经营不景气，举步维艰。

他满腔热情，也非常投入用心，但经验不足，追求快速盈利未必能取得好业绩。与营业员理念上磨合不充分，小的意见不一致导致营业员辞职。经验丰富的营业员离开，换新的营业员，经营慢慢大不如前。这一次转手变故，让生意没有起色，处在了维持的状态。

有一天，妻子忽然对我说："南京店进展不大太可惜。我觉得大女儿如下来做，可能会好起来。"

于是我们就动员女儿："要不你提早退休，离开银行把南京的经营做起来吧。"

女儿犹豫很久，一方面舍不得离开铁饭碗，银行毕竟旱涝保收，没有风险；另一方面，做生意毕竟有风险，市场竞争难把握，盈亏不一定。"老爸，我行吗？"

我说："没问题，你善于沟通，有亲和力，家人支持你。"

虽然我们支持她来做，但没办法强行要求她。

女儿也面临艰难的选择：要不要舍掉银行的工作？不出来，金桥市场一时起不来。离开银行如果做得好还可以，如果做得不好，辛苦不说还要冒较大的风险，还不如原来在体制内收入稳定。怎么办？万一做得不好呢，银行也回不去了啊！

离开体制舍不得，出来有风险，下决心难。怎么也很难迈出这一步。

经过很长时间的思想观念的斗争，到2006年大女儿最终决定要奋斗，就不要怕风险，从银行离开走向市场。

就这样，崔晓君正式加入了家族的化妆品行业，开始主管南京的店铺，女婿协助经营。两人配合，女婿发挥其财务、网络、物流管理优势，力量也大了。

崔晓君的个性和我们一家人很像，能吃苦，懂变通，善沟通交流，业务能力强。她接手后与义乌的配合大大增强，南京生意又逐步好转起来。货源和客户开始增加，网上销售有了起色，盈利也开始好转起来。

离开了体制内转到体制外，一开始也有不安。做了几年后，慢慢做得好起来，每年的利润收入远远高于在银行的收入，她再也没有后悔，再也没有后顾之忧了。

此后，南京的经营发展，便一直由崔晓君为主，一直做到"玛丽黛佳"品牌的诞生；之后转为"玛丽黛佳"的江苏总代理，兼做网络销售和电子商务，逐步发展壮大。

"合适的人做合适的事就是效率和效益"，要敢于吃点苦头，冒点风险。做生意不是文化高、人精明就一定能做好的；不是简单的买卖关系，更需要的是为人处世、与人交往等多方面的综合素养。崔晓君身上有做生意的基因，进入化妆品行业后，不断学习进步，出人意料地越做越好，最终成为我们家族企业里不可缺少的一员。

二　把工厂迁离义乌

从2000年公司成立以来，大塘下的小工厂，虽设备简陋，但在三年的时间里，以"美目胶水""睫毛膏""璀璨唇彩"这三个类别的彩妆产品上，为东北彩妆商行和国内四五个知名的彩妆流通品牌，提供了几十款畅销的产品。这是进入化妆品行业初期，积累了经验，打开了市场，提高了研发技术，增强了信心，也积累了第一桶金，奠定了继续壮大发展的基础。

与此同时，工厂生产和营销，也不断遭遇各种矛盾、阻力和困难。随着市场的不断发展，各种竞争中的问题也渐渐显现。

第一个问题是产品被肆意假冒。

2000年以后，从计划经济转入市场经济后，经过一段时间的转型发展，小商品生产正如火如荼。"只要有商品就不愁卖。"有的为了降低成本，大量仿冒制造品牌产品。市场上销售的并不全是自己生产的产品，还代理销售别人生产的产品。这些产品涉及全国各地的货源。很多商品难免分辨不出真假，误进一些假冒产品在所难免。自己制造的品牌产品，只要市场旺销，就会到处被仿冒。就是及时发现了被仿冒，明明看着给自己造成损失，打假成本太高，也打不起假，流通市场产品交易的混乱，给企业和客户都造成损失。

第二个问题是义乌小商品市场的局限性。

义乌作为全国性的小商品中心，商品很多，名气很大。但随着发展，各种商品在价格上出现恶性竞争，导致低劣产品的出现，口碑也备受质疑。我们的产品在义乌生产，质量好、效率高、成本低。但在义乌的工厂大多是小作坊式的，不够规范，给市场的印象就是义乌生产的产品，大多是低档、低质产品。

第三个问题是好产品卖不出好价钱。

在义乌，我们的产品品质比较高，特别是"国内著名的流通品牌"，市场需求大，产品口碑好，但因为在义乌生产，总给人档次不高的感觉，价格也上不去，利润始终很低。品牌方对在义乌生产总感觉不太好。出于对品牌未来营销的考虑，"国内著名的流通品牌"的包装上标注生产地址为义乌，总不是长久之计。

随着时间的推移，我们慢慢都意识到了产品标注生产地址的重要性，但又无法回避和改变。

有一次开会讨论，大姐问道："有没有其他办法，标注不出现'义乌'两个字？好的品牌，品质不错，就因产地标义乌，售价上不去，档次自然就下去了！"

崔晓华何曾不是多次思考过这个问题呢？标注和实际产地一致是法规规范要求的啊。

不仅"国内著名的流通品牌"价格受产地影响，我们自主研发的美目胶水、璀璨唇彩，尽管销售火爆，但价格也都上不去。提高价格，销量就下降，理由也是产地标注问题。也曾想过把产地变成珠海、汕头等地委托生产，除了要交昂贵的管理费外，仍然涉嫌违规不合法，存在巨大风险。

"产地不能随便改注别的地方，查出来风险很大！"

"那就要想办法改变这种情况，'国内著名的流通品牌'不能继续再在义乌生产！"

环境恶化，义乌成了低档产品的代名词。再好品质的产品，只要产地标注义乌，都不可能卖出好价钱。

代理别人的货，真假难辨有风险；小作坊加工生产不规范，也阻碍着企业的发展；地址标注问题无法解决……种种问题摆在眼前，怎么办？

到2003年，对发展问题已有切身之痛的崔晓华，开始思考今后的出路，不得不权衡利弊。想要解决问题，根源还是要避开"义乌"二字样。

在义乌生产的优势是：成本低、管理相对宽松，与义乌流通市场近，产销衔接方便，小企业的压力小。但对于想扩大生产、加快企业发展来说，产地存在先天不足，成了一种限制。要既合法合规生产，又能提升产品档次、价位，只有一条路：工厂迁离义乌。

当做这个决定时，我们都很矛盾。当时在义乌很多企业都面临同样的问题。但他们大多都是想办法继续降低成本，扩大中低端市场产品销售。我们居然决定迁离义乌，向高端制造品牌进军，迎着风险上，接受高成本的挑战和考验。这需要很高的眼光和胆魄。

有的问:"为什么要迁走?风险太大。"

"你想想,工厂搬离义乌,既能满足'国内著名的流通品牌'产品的需要,也能满足企业未来发展的需要,更为做品牌,解决好产品能卖好价钱的问题。"

"搬迁工厂可不是小事,考虑要慎重再慎重啊!"公司高层有的提出疑问。

儿子非常笃定地强调说:"这是今后唯一的出路。"

想想也是,不用担心害怕,风险总会有。

我们已经拥有比较稳定的市场和客户,客户也有走向高端的需求。

"想好了,就坚决找地方搬吧,全家人观念一致。"

虽是这么说,但心里还是不踏实,压力很大。我们知道搬厂的时机是成熟的,也是未来发展的需要,可今后要面临更多的是未知,需要更大的决心和勇气。

从小作坊低价值向正规制造高价值转型升级,是由市场需求决定的。离开义乌风险大,但留在义乌更没有前途。怎么办?想要未来改变命运,就只能迎着困难上,不怕冒风险,敢于重新开始创业,积极参与市场竞争,在竞争中求发展。

无论如何,我们已经做出了把工厂搬离义乌的决定。我们满怀希望地期待着新工厂选址的尘埃落定。

三 辞职上市公司

2004年,我们开始为工厂搬离义乌做各项准备。

工厂要搬离,但在义乌的销售却不能停。这就又出现了一个问题:工厂搬走,我们离开后义乌的销售谁来负责呢?

正在为义乌销售无人管理烦恼的时候,小女儿崔晓红也正面临着人生的重大选择。在佛山照明11年的合同到期后,她还要不要续约?

自 1993 年底到佛山照明实习后，崔晓红便留在了那里工作，之后成了家、买了房，她的公公婆婆一直和他们同住，一家人和睦幸福，生活稳定。

从谈恋爱到结婚，她和老公在佛山照明上市公司上班。夫妻同在一家企业，既有优势，也有劣势。优势是两个人朝夕相处，劣势是如果这家企业效益出现了问题，将会影响整个家庭的稳定。

崔晓红合同期满时，佛山照明已是上市公司，效益不错，但崔晓红还是有了不再续约并重新规划人生的想法。

这正是民营经济大发展的时期，崔晓红也有同事辞职出去的。有成功的，也有失败的。崔晓红没有明确谈过到底为什么想改变人生的轨道，但我想，多少和我们家后来做生意有关，看到了她哥哥一步一步做得还不错，受到了影响。

更重要的还是她对自己的人生之路有新想法。人生的路是自己走的。

当时我们正准备把工厂搬离义乌。宾王市场店铺怎么办？谁来管？这是个没办法解决的问题。当儿子知道妹妹不想续约时，便动了一个念头，他想让她到义乌来。

这不是一件小事，儿子找我商量。

我知道事情的严重性，带着警醒的语气说："儿子啊，你千万不要硬劝妹妹来义乌，她自己的人生路，你要让她自己做决定！"

"晓红是自家人，我想让她来做销售，这样我们大家都放心！"

"一家人当然好啦，事是这么回事。可如果她来了，情况还没有她在佛山好，那怎么办？你会落埋怨的，还会影响你们兄妹感情。"

"知道了，让她自己决定！"

和儿子沟通过后，我又给小女儿打电话，叮嘱道："来不来义乌，你一定要想清楚再做决定。毕竟你的家已安在了佛山，如果你一个人来义乌，将会面临夫妻分居的问题。未来怎么样也说不清楚，是未知的，有风险的，你要慎重考虑。"

"我们两个人在一个单位,早晚也要有个人出来。"

"能承受风险,来帮哥哥,是好事,但一定要自己决定,我和你哥都不能替你决定。好,能承受;不好,也要自己承受。"

"老爸你放心,我会和他们商量后决定的!"崔晓红用一种似乎早已想好了的平静语气说。

崔晓红和家人商量后,决定一个人先来义乌。她丈夫、公公婆婆和孩子暂时留在佛山。

她工作了十年的佛山照明不希望她走,挽留不成后只好放手。

后来才知道,崔晓红当时跟她老公说过这样的话:"前半生我靠你,后半生我要搞好这个家。"

就这样,崔晓红离开工作了十年的佛山照明,2004年底一个人来到了义乌,正式加入我们家的化妆品行业。

崔晓红进入新行业,半路出家完全是从零开始。

她刚来义乌的时候,我们的店铺还在宾王市场,工厂因没有选定地方,也还没有搬走。

崔晓红是学无线电专业的,平时连化妆都不会,也没有做过生意,更不知道怎么卖化妆品,我和妻子都很为她担心。

我对她说:"女儿啊,做生意跟上班不一样,你可都要从头学起!"

妻子也对她说:"女儿啊,很不容易,得好好学。"

崔晓红倒一点也不担心。

"你们放心吧!反正我就跟着我哥学,他走到哪里,我就跟到哪里,我就不信我学不会!"

崔晓红身上的这一股劲儿,只要决定了做,就一定要做成做好的劲儿,和她哥哥可以说是如出一辙。

小女儿来到义乌后,我对崔晓华特别交代道:"亲兄妹是一家人,创事业也要一条心,在做事情上一定不要保留,一起奋斗。"

崔晓华点点头说:"我知道。"

崔晓红处事果断利落，崔晓华为人诚恳大方，两个人性格方面恰好有一种互补性，所以兄妹二人从小到大是最容易达成默契的。

崔晓红从零开始，跟着崔晓华学习谈生意，学习与客户交流，学得很用心，也学得很快，过程中也经历过诸多艰辛，好在她的学习能力强，会举一反三，很短时间内就摸透了销售的门道。

那时候，晓华在义乌小有名气，逢人介绍"这是我的妹妹崔晓红"，晓红开玩笑说，以后我一定要人介绍时候说"这是崔晓红的哥哥"。

崔晓红善于学习，一年一个台阶。从头学起，学产品，学沟通，学谈判，学研发，学化妆，很快成了行家里手。2005年初，我们将工厂搬到上海奉贤，崔晓红完全接管了义乌的销售。

她负责义乌市场后，工作忙碌，只能每隔几个月回佛山一趟。夫妻两地分居的日子一直持续近五年，直到2008年，丈夫也从佛山照明辞职来到上海，也加入了化妆品生产行业。崔晓红才和女儿、丈夫及公公婆婆团聚在上海。

这同时意味着，我们全家人在十年时间内，从不同的行业、在不同的时点以不同的方式转行，都投身到化妆品这个行业中来了。

1997年，崔晓华率先进入化妆品行业。我妻子协助看店，我还在单位上班，我属于半进入；2001年，我退休后完全进入化妆品行业；2006年，崔晓君辞职进入化妆品行业；2004年，崔晓红辞职进入化妆品行业；2008年，崔晓红的丈夫也从佛山照明辞职，来到上海，也加入了化妆品生产行业。

两代人、四个家庭、全家人，全部从体制内出来，依次进入化妆品行业，用了十年时间。虽然我们进入化妆品行业的时间、先后顺序不同，但只要进来了，每个人都做得非常出色。

崔晓红虽是最晚进入，但在一段时间的历练后，她不仅对化妆品销售越来越在行，还挖掘出了在彩妆和品牌方面的潜在天赋，她的人生也随着这次选择，再一次绽放出不一样的精彩。

想起几十年前,我带着他们从太行山走出来,来到城市后,在计划经济环境下,千方百计想办法找工作,一个个进入体制内。而今又都一个一个从体制内走出来,从做个体户开始,走向了化妆品行业,最终都放弃了"铁饭碗",离开了体制内,而走向了民营经济。

我们一家人的选择,令同时代的很多人感到不可思议。在某种意义上来说,打破了传统观念,走在了时代改革浪潮的前头。

一家人就这样兜兜转转,本来在各自的工作领域,却因化妆品事业而重新走在了一起。为我们一家人,不畏艰险,不图舒适,刻苦奋斗的精神,在战胜困难中慢慢积累,成长进步和沉淀,为每个人骨子里具有太行山人那种敢闯敢干的胆魄,经过锲而不舍的努力取得成功,而深感欣慰和骄傲。

永远不要把希望寄托在别人身上。与其依靠他人,不如靠自己。漫长的创业之路,困难与艰辛靠自己面对和承担。以积极的心态战胜困难,永远不要失去对企业的主动权,失去控制就等于失败。

从太行山到上海滩
(艰苦奋斗改变命运的人生回忆)

第四部分　勇闯上海滩

在南京浦口花旗营陆军指挥学院营区时的一家人

在挫折中勇敢坚持，在困难中不忘奋斗，在挑战中创造突破，在艰苦中积累业绩。摸着时代的脉搏前行，一步一个脚印，为事业成功打下了坚实的基础。

第九章　在上海滩立足

一　初遇考验

"有心栽花花不发，无心插柳柳成荫"，位于大塘下的"义乌伊人"小工厂，搬离义乌到上海，充满了戏剧性。

2004年下半年，计划将小工厂搬离义乌，便四处开始寻找合适的厂址。崔晓华他多年前在苏州甪直打工，熟悉当地环境，也有朋友帮忙，第一选择是去甪直发展。经朋友介绍，选中工业区一家停产的厂房，建筑物被统一方便面暂时占用做仓库。

"房子什么时候可以腾出来使用？"

"等方便面卖完腾出来就可以交房！"

"什么时候可以卖完？"

对方摇摇头："不知道！"

等待，只能等待。

等到什么时候？不确定。崔晓华很郁闷，只好一边等待，一边继续寻找。

2004年第四季度的时候，楼秀余参加一个饭局，也邀请朱有正一起参加。

席间自然聊到楼秀余在上海建工厂的事。楼秀余是做油墨涂料的，他在上海奉贤区邬桥镇买地建了一家厂房，面积约三千平方米，成立上海邦尔油墨涂料有限公司，厂房建设已竣工。因地处黄浦江上游，环保要求很严。涂料生产污水处理排放无法解决，环评审批无法过关。厂房只能做贸易，不需很大面积，绝大部分闲置。

朱有正了解崔晓华正在为寻找厂房奔波发愁呢！当即与崔晓华联系，自然对上海厂房的使用都很感兴趣。

"在上海做油墨生产，环保很麻烦，不可能通过。"

"厂房生产化妆品倒是容易通过环保审批的。"

"如果油墨生产另选地址，不失是一个好主意。"

"大塘下的工厂搬迁地址找到了吗？"

"苏州甪直看好一家，但被占用着，要等待。"

"你要不要到上海来啊？"

"到上海？"

"楼老板的厂房可以租给你！"

崔晓华愣了半晌。

"搬去上海？"崔晓华恍恍惚惚地说，"这事以前还没想过，这样吧，等我好好想想。"

崔晓华后来和我商量的时候，我也愣了一下。我们从来没主动考虑去上海。不过我觉得这或许是个机会："咱们先去上海看看，看后再做决定！"

说行动就行动，儿子和我连夜到上海考察，发现新厂房刚建好，周围环境也符合我们的期待。

楼秀余说："厂房共两幢，其中一幢已经租给了温州做电器的一个老板。还有一幢，如果你们要，就租给你们。"

"挺好！"我说，"看着还不错！"

"我也觉得不错，苏州就不考虑了！"崔晓华眼中露出光芒。

我们当场拍板，租下了其中一幢厂房。办公楼和温州"VM"电器厂合用，一家一半。二年后，温州电器厂租用的厂房及办公楼，被楼秀余收了回来，全部租给了我们。

厂房租下来后，崔晓华准备与台湾人办合资企业，马不停蹄地在上海注册了"上海甫晨化妆品有限公司"。

2004年11月，在上海注册"上海甫晨化妆品有限公司"后，我们决定按照化妆品厂房的要求，开始进行装修，由我具体负责整体装修施工。

厂房装修之初，小工厂还在义乌正常生产。我妻子还在义乌店铺里，我一个大老爷们，也不会做饭，连吃饭的地方也没有，一日三餐不定时，饿了就步行去邬桥街上吃，忙起来有时连饭也忘记吃。

化妆品工厂装修不是小事，从工程设计到施工、用料以及安全，都需要认真监督，这是个艰巨的工程，我从来没有学过或做过工程。我边学边干，全力以赴日夜在工地，督促整个进度按期完成。

厂房装修好了，从规格上来说，与义乌的大塘下小工厂相比，车间1 000多平，档次高了很多，只是与上海更好的化妆品厂房相比，还有待提升，但对于我们的生产来说已经足够了。

就这样阴差阳错，也是天意安排，我们就落地来到了上海奉贤。

从义乌走到上海，对我们企业来说，是跨了一大步。在义乌的同行、朋友对我们搬迁上海很不理解，也不看好，觉得步子迈得太大了，风险太大了，到上海办厂是众所周知的成本高，很难立足。

义乌有它自身的优势。首先，义乌是以个体户的名义纳税。按档口面积大小定额纳税。不按销售额多少收税，销售不开票，没有财务建账。其次，义乌市场管理灵活、松散，相对来说成本低，经营压力小。

义乌适合个体户小商品发展，这是我们最初能在义乌发展起来的重要原因，但要继续发展，想要生产高质量的品牌产品，就必须去更适合的地方。生产规范、质量要求较高的上海，距离义乌又不远，也是中国化妆品行业最早发展的地方，无疑是最好的选择。

但一下子从义乌到上海，到底行不行，我们心里没底。

崔晓华进入化妆品这一行列，中间不管遇到什么挑战，只要他愿意去尝试，我们都会支持。来上海当然也是如此。来上海是一种挑战，是有点儿冒险，但同时是机会，也是希望，谁也不知道未来的无限可能性。

最大的风险在于严峻的成本考验，最大的希望则是在上海站住脚，站稳脚。"上海"二字所能带来的"价值"，是其他任何地方所无法比拟的。

整体来说，来上海风险大、压力大、困难大，但值得一搏。

2005年3月与台商成立上海化妆品合资公司。5月，带着忐忑与希望，我们正式将工厂从义乌搬到了上海。

搬来上海不久，我和崔晓华有一次深入的沟通和交谈。

那天，我们沿着邬桥镇的街道，一边走一边聊。

我能感受到大家刚到上海的兴奋，但更多的是对未来前景的不确定，不知面对经营难题怎么才能解决，以及会承受怎样的压力。我语气沉重地说："儿子啊，搬来上海生产，在义乌那些便利、享受的那些低价优势可能都没有了。"

崔晓华淡定地回答："我知道。"

"上海管理规范，硬件要求高，劳动力、运输成本都高，主要是成本高的问题。"

"这些我都算过了。"

"你有没有想过，在上海怎么立足生存下去？"

"想过，从决定来上海的那天起，我就一直在想！"崔晓华缓缓地说，"要想在上海立住脚，就要消化增加的成本。想消化成本就必须开发新产品，提高售价。只依靠原来在义乌生产的中低端产品，肯定不行！"

我点了点头，很是欣慰。搬来上海的决定，好像有些仓促，但崔晓华的头脑一直很清醒。他早就做出了非常明确的判断：决定能否在上海站住脚的，关键是能不能开发出适销对路的新产品。

"能出高质量的新产品，就能在上海生存；搞不出来好产品，就可能死！只有拼一拼了！"

崔晓华的语气非常坚定。

那一天的谈话，我们达成了共识：工厂要靠"研发新产品、规范管理"才能在上海站住脚。

与此同时，我们还是做了进退两手准备。努力拼搏的是：研发出高质量的新产品，并通过提高新产品的品质和价值，消化在上海的高成本，立足在上海滩发展。留下一手是：保留了在义乌的销售团队和店铺。如果研发不出新产品，不能如意打开市场，无法消化高成本，在上海生存不下去，就只好返回义乌，再做中低端产品和销售。

义乌是我们起步的地方，有我们的渠道和市场；只是将大塘下的"伊人"工厂搬来上海，是发展产品研发制造的部分；义乌的店铺、流通市场渠道和客户是继续发展，也是留有退路。来上海发展，是寄希望产品制造、销售两条腿都强起来，前进会更快一些。

虽然我们留有退路，但要在上海站住脚，发展好上海的彩妆产品研发制造，是我们倾尽全力、克服一切困难、奋斗拼搏要实现的目标。我们由义乌小商品市场起步，由销售中低端流通产品，到上海转型升级，做中高端产品和品牌，在中国化妆品市场占有一席之地，是我们努力要追求的长远目标。

二 美好的合资愿望

为了在上海站住脚，公司把全部精力都放在了开发新产品上。

开发新产品的核心是研发技术，但当时，我们最欠缺的就是研发技术和经验。虽然在义乌也曾研发出几款自己的产品，但类别少、数量也不多，并不能支撑在上海的后续发展。

早在义乌工厂研发产品时，崔晓华在采购原料、半成品中，认识了来大陆推销原料的一个台湾人莱先生。我们迫切期望学习产品配方和研发技术，学习原料的性能和功效运用；莱先生要推销自己从海外采购来的原料，赚取可观的利润，也要稳住需方客户的目的，两者的利益相连，目标一致，于是在原料购销和研发产品过程中，两人逐步建立了合作关系。

这个缘故，也促成了与莱先生成立上海合资公司，合作研发、生产新产品。在上海开始筹建上海合资公司时，我们把莱先生视作"化妆品"专家，将其奉若神明，把他视作未来事业发展最重要的引路人。

就这样，我们把研发新产品的希望，全部寄托在和莱先生合作的美好愿望上。

这个莱先生他曾在台湾当过化妆品厂厂长，在日本著名的化妆品公司做过技术研发，他的优势就是新品研发。崔晓华好像从他身上看到了在上海发展的曙光和希望，满怀诚意和他合作，带着他到处考察，到沈阳、南京各地，看我们已经营八年建立的渠道、市场，看我们的前期所有的经营成果。

记得最开始的时候，崔晓华还只有一辆长安小面包车。他经常把莱先生从上海拉到义乌，又拉到南京去旅游。一次，他陪莱先生去九华山游玩，回来南京时，我们一家人尽心尽力一路作陪。为让他和他的娇妻玩得开心，不管吃饭还是住宿，我们都选择最好的地方，极尽地主之谊。

莱先生了解了我们的实力和市场后，也表达了合作的愿望。崔晓华很高兴，认为我们有市场、有渠道、有销路和客户，莱先生有技术、有经验，这样合作可以实现互补，一定能做大做强，一定可以成功，所以满怀信心。

莱先生要求我们先在上海注册合资公司，承诺合资公司注册好后，他的投资资金就到位、人员也到位。

在上海工厂选址确定以后，根据国家当时的规定，境内不能以个人名义与外商合资办企业，必须以公司为股东与外商合作。为研发生产新产品,期望莱先生能发挥技术优势,我们特意将生产工厂注册为中外合资企业。

2004年11月,我们先以内资身份在上海注册了化妆品贸易公司,那时双方谈好的合资公司的合作方式是和莱先生股份各占一半,由台湾人提供原料、负责研发。

工厂装修好后,在2005年3月又在上海注册了研发制造产品的合资化妆品有限公司"。期盼能通过创新,尽快研发出新产品。

2004年12月,我们开始装修厂房,按照标准,找专家设计,生产流程也完全符合化妆品监管规范要求,按GNP净化标准,对空气净化、人流、物流、墙面、地坪都严格按净化标准进行装修,经验收合格,先取得卫生许可证,再申请取得生产许可证,两证齐全后,才可以合规生产。

刚到上海投资建厂,我们资金紧张,特别是实验室的设备条件有限,比较简陋。监管部门一位负责化妆品监管的医生在验收时,提出实验室设备简陋,检验标准不高,通过非常勉强。崔晓华诚恳地解释说:"现在资金紧张,但我们会严格控制生产流程,设备会尽快逐步增加,不断提高检验标准。"

到2005年5月,经历半年厂房装修,拿到卫生许可证、生产许可证,取得了产品合法的生产资格。

万事俱备,出乎莱先生的意料。他这才打消疑虑,正式进来参与合作。

到签署合资协议时,莱先生说他的资金被他妻子投在理财上了,尚未到期拿不出来。不足部分让崔晓华先暂时为他垫付,崔晓华答应了。

莱先生或许看出我们合作心切,或许看出我们研发技术不足,又提出要求,他要占工厂大于50%的股份,法定代表人也必须由他担任。虽然莱先生的提议和要求,都有违之前双方的约定,为顾全大局,崔晓华还是答应了。同时与他明确约定：公司的生产经营管理，只能两个男人参与，意思是，各自的妻子文化背景、经历都不同，都不参与到企业管理和生产中来。

莱先生开始并没有提出异议，爽快答应了。可是当公司开始运作时，莱先生又把他没有工作经验的妻子弄到公司，执意让她负责财务管理。

莱先生的做法，让崔晓华和我都很生气。

"此人的做法得寸进尺，我们对他不太了解，不像是一个好的合伙人！"我告诫崔晓华说。

"他有技术，有经验，咱们办工厂需要技术！"崔晓华无奈地选择妥协。

"我们就让一步吧！不然他不带头研发新产品，未来发展困难更大！""只要他肯出技术，把工厂做强做大，我们少点收益，也没关系。"此前，我和妻子曾去台湾旅游，莱先生曾来台北宾馆看我。当时他丢给我一包台币，莫名其妙地问我："你能不能控制你儿子？"

我把钱甩给他，没有回答。我想，我们一家人一条心、一个共同目标是把企业做上去，不存在控制的问题。他为什么会这么问？当时我就觉得这个莱先生的动机让人怀疑。

眼看着莱先生进来后，一步步得寸进尺，目的显然是在争夺控制权，我和我妻子都已意识到：这个莱先生可能有不良企图。

为此，我曾与儿子发生过一次争执："你有没有想过，这个莱先生到底靠谱不靠谱？"儿子不开心地说："我能怎么办？我们没有技术，他懂技术。你懂吗？要懂的话你来搞啊！"

我虽不认可他步步退让，但我理解他，到上海后面对巨大的压力，面临在上海能否生存立足的严峻考验，他一心要把企业搞上去，一切为企业发展，把家人的利益放在次要地位，也就没再说什么。谁知道，一味地妥协，只会让对方变本加厉。

崔晓华越希望他尽快进厂带团队研发新产品，莱先生越是不急，越是故意拖延时间，甚至很长时间连厂里都不来一次。

崔晓华连续催促他几次后，有一天，莱先生忽然阴阳怪气地说："你老爸是不是还在厂里？"

"是啊，老爸在工厂啊！"崔晓华说，"从决定搬厂，他就一直在负责厂里的事，找这家厂房，装修呀什么的，都是老爸负责的。"

崔晓华不知道莱先生为什么要问这句话。"让你爸离开，我才会进工厂！"莱先生忽然说。崔晓华感到莫名其妙，不解地问："为什么？"莱先生也不说原因，只强调说："总之你老爸必须离开。"

对于他的这个无理要求，崔晓华虽然很气愤，却也仍然是一直忍着。事情已经发展到这种地步，如果因为自己的父亲在厂里，让合作进行不下去，那前期的一切都白费了。

于是，崔晓华再次妥协，让我和妻子离开上海，回义乌店铺。"他心怀叵测，目的不纯！"我气愤地说，"如果他内心坦荡，诚心合作，怎么会怕我在工厂呢？""那现在怎么办？如果你不走，他就不来，难道就这样让合作泡汤？"我知道这个莱先生是怕我，我阅历比他丰富，几十年军旅生涯，十余年企业管理经验，一眼能看穿他的企图，阻碍他实现个人目的。为了不让儿子为难，为了合资企业尽快开始运转，我压抑住怒火，答应回义乌。

那个莱先生比我小几岁，他做化妆品经历比我长，社会阅历没我丰富。然而我一生光明磊落，坚持原则，看问题比较敏锐。居心叵测的人怕我，就不难理解了。不过回忆起来，我这一生遇到的这类人也不超过两个。

纵然有万千不舍和委屈，都化作对儿子的理解和对未来企业发展的期待。我和妻子眼含老泪，默默收拾行李，回义乌静观变化。

崔晓华抱着极大的希望和诚意，一步一步退让妥协，结果莱先生还是极端自私，步步进逼，处处算计。

和莱先生的合作，本来是一件值得祝贺的事，最终美好的愿望破灭了，成为我们来到上海后遇到的最大挫折。

三 被控制的危机

莱先生执意要我离开，我和妻子都觉得不对劲。我退休后协助儿子办厂，虽然我不懂研发技术，但懂市场和管理，对他能有什么威胁？

他要我离开，唯一的解释是：他一开始答应和崔晓华合作，就怀有不可告人的目的。

只是我们以诚恳合作的心态，急于把工厂搞上去，对他选择了信任。

果不出所料，在我和妻子离开工厂，回到义乌后，莱先生的尾巴一个一个暴露出来。

他首先是控制了研发实验室。

研发实验室原来的负责人是曾四立，是在义乌建厂初期专门请来的厂长。曾四立任厂长期间，和崔晓华理念一致，两人齐心协力，同甘共苦，经过无数次试验，最终研发出了首款抗冻、清水可卸妆的旋翘立体睫毛膏的创新配方。之后，又研发了璀璨唇彩等几款市场畅销的自主产品。

曾四立诚实可靠，吃苦耐劳，深得大家敬重，对企业也是有功的。崔晓华很看重他，也很信任他。工厂搬到上海后，崔晓华让他一直负责最重要的配方研发、技术开发、半成品制造。研发新产品所需要的原料、配方、乳化制作、半成品等，都归他管。

可莱先生来到厂里后，先是违反原先约定，让他长期在家且无实际工作经验的妻子来管财务。还把他妻子刚毕业的侄女安排在实验室，取代研发室负责人曾四立的职位，把曾四立调离研发实验室去管生产。

更过分的是，莱先生和他妻子的侄女在实验室时，特地将门关上锁起来，只允许他带来的人进去参与工作。

负责技术研发的曾四立，连实验室的门都不让进了，不能进研发实验室的还有原有研发的员工。情况愈演愈烈，后来，他们连询问的资格都没有了。

这些，崔晓华和曾四立看在眼里，都忍了。

接着，曾四立被调去管生产。乳化车间生产需要采购多种原料，经常需要财务支付配合，莱先生的妻子常以各种理由拖延、刁难，导致原料供应不足，不能按计划生产，工厂按订单向市场供货无法正常进行。

有一次，崔晓华和台湾人沟通时，莱先生竟然说："以后你去外边管市场销售吧！厂里的事，我全权负责，你不用管了！"

崔晓华一听这话，气得半天没说出话来。

原本自己千辛万苦、克服无数困难建起来的彩妆工厂，却连管理权都要被夺去？

这时他才意识到，整个工厂的主导权，已经被莱先生一步一步控制在自己手里了。

更让他难以置信的是，声称专家的莱先生进厂后，几个月过去了，没有开发出一个像样的产品，一个能拿出手的配方也没有搞出来。再加上生产原料采购进货受阻，整个工厂不仅没有新产品出来，就是原来的产品也无法正常生产。

这种局面，简直是一场灾难！

崔晓华面对意想不到与愿望相差甚远的状况，整日愁眉苦脸，压力重重。

曾四立对自己不能进研发实验室很是不满，加上采购原料受制于台湾人的妻子，只能一声叹息，无力回天。

眼见工厂一步步开始走向衰落，曾四立动了辞职回老家的念头。

2006年春节前，曾四立和妻子把行李打包后，向崔晓华提出辞呈。

"过完年，我和妻子就不来了！"曾四立说。

崔晓华惊呆了："不来了？你不来，工厂怎么办？"

"反正我在厂里也做不成什么事，不能发挥作用，好像是个多余的人！"

曾四立说的也是实话。

崔晓华沉默半晌后问："那你回家了，准备干什么？"

"开个摩托车修理铺，总会有口饭吃的！"

"咱们这厂能走到这一步，其实也真不容易！"

说到这里，崔晓华眼含热泪，红了眼圈。

"我知道！"曾四立也哽咽起来，"我也舍不得，可我在这里已经没有价值了。而且看着这个局面，无能为力，我心里也很难受！"

崔晓华望着和自己共同奋斗的"战友"，心中五味杂陈。

"如果你相信我，那就再等等！容我两个月，我一定想办法解决！"

曾四立没答应，也没说不答应。

崔晓华接着说："你不相信我？"

曾四立思考良久，才低声回答说："好！我相信你！"

崔晓华一直遵从着"先做人后做生意"的原则，也是个能忍事、肯吃亏、能吃亏的人。他的做人原则，曾为他带来了实惠，让他拥有了很多客户和朋友。但在与莱先生合作时，他也遵从这个原则，期望对方能体会到这份真诚，希望对方能感动，却导致工厂无法正常经营生产。

不到忍无可忍的地步，崔晓华是不会和莱先生闹崩的。他以前与许多台湾人多次合作，都非常好，非常愉快。谁知这次却遇到一个极端自私保守、心怀叵测、没有公德的莱先生。

崔晓华是个爱才重义的人，和企业一起成长的曾四立被逼得要离开时，他第一次清晰地看到了残酷的现实。如果继续妥协，自己辛辛苦苦创办的工厂，一家人多年艰苦奋斗的成果，就要被莱先生轻而易举地据为己有。

如果不采取行动，任由这样下去的话，只能眼睁睁地看着自己的心血付之东流，企业一步步地滑向倒闭。

危机愈演愈烈，事关企业生死存亡。

崔晓华在几夜未眠后，痛下决心，必须杀伐决断，即使断臂求生，也要铲除障碍。

四　惨痛的教训

崔晓华在思考如何彻底解决和莱先生的合作问题时，整整两个月处在失踪状态。

这两个月，没有人知道他去了哪里，也没有人知道他经历了什么。

这两个月，对我们家里的每一个人，对每一个员工，都是一种煎熬。

我和妻子在义乌，既为他的身体担心，更为公司的存亡担忧。我们老两口，在无数个不眠的夜里唉声叹气，为莱先生的过分而愤怒，为儿子遭遇的不公而心痛，也为创业一路的艰辛而感慨不已。

尽管担忧，但我心里知道，崔晓华一定能跨过这个坎。

两个月后，崔晓华出现了，他消瘦了很多，但眼神也坚定了很多。

他挺直腰板，出现在了莱先生面前，斩钉截铁地说："如果你要工厂，那我就把工厂给你好了，你把我投的钱给我，我自己重新再搞个工厂。如果你不要工厂，那你就退出！"

崔晓华的语气异常坚定，只给莱先生两条路，没有第三条路可走。

莱先生傻眼了，崔晓华一直以来的退让，让他觉得一切都在掌控之中。没想到崔晓华再次出现的时候会是这种反应，会如此决绝而又坚定。

他内心不想退出，刚控制到手的工厂，怎么舍得？可不放手，他不仅没有销售渠道，工厂的主要生产管理干部还没有认可他；要把当初注册公司、筹建工厂的钱全部拿出来，他一时也拿不出那么多钱。

莱先生陷入左右为难的境地。他左思右想，只得退出。

可他退出又不甘心，于是又搬弄心思，提出了一个苛刻的条件。

"退出可以！但我不能白辛苦，要厂里一定的利润作为补偿。"

同时莱先生提出，注册股份中他的资金包括实际没有到位的部分，也要全部收取收益。

这意味着，公司一年的经营利润被他一人拿走，全厂一年的经营都打了水漂；同时意味着公司一年不仅没赚到一分钱，还赔了一大笔钱。

我们都想不通，好好一个工厂差点儿被台湾人弄倒闭，怎么还提出苛刻而无理的要求，简直就是无赖。

快刀斩乱麻，为尽快结束此事，崔晓华最终都同意了。

莱先生再次傻眼了，他没想到，崔晓华居然会同意。他本来只是希望用这种苛刻离谱的方式，逼崔晓华改变想法，或许他可以不必退出。

在各种伎俩都没有得逞而只有退出后，莱先生又开始耍赖，公章不交、财务章不交、办公室钥匙不交。

在曾四立催促时，他又说："交可以，但要把你们原来产品研发的配方资料给我！"

产品配方资料涉及公司的知识产权和核心机密，怎么可能给他？

"这绝对不可能！"曾四立说，"其他都好说，这没得商量，绝没有任何可能！"

见目的没达到，莱先生又开始耍赖："那就把正在市场销售的睫毛膏的配方给我。如果不给，公章、钥匙你们也别想拿回去！"

他来后一个配方也没有搞出来，现在却想带走我们之前研发的配方！曾四立无奈地将此事向崔晓华汇报，说的时候气得浑身发抖。

"给他吧！给他！"崔晓华皱着眉，大手一挥说，"别跟他浪费时间，让他赶快走人！"

我们的睫毛膏配方是崔晓华和曾四立经历了无数个日夜、千辛万苦研发出来的，市场一直畅销，是工厂的核心机密。

可为保住企业，让他尽快离开，崔晓华只好忍痛割肉。

一直以来，为保护我们的产品，我们拒绝向品牌商出售睫毛膏膏体，避免降低我们睫毛膏产品的市场销量。莱先生在强行索走了睫毛膏配方后，很快委托其他工厂制作，向其他品牌商大量出售睫毛膏膏体牟利，挖走了一些老客户。之后，连续多年在市场上直接与我们竞争，抢走了这个品类我们一部分市场份额，给我们造成了巨大的经济损失。

莱先生的做法，不仅导致这一品类产品的市场混乱，也让我们这一品类在市场竞争中处在被动的局面。面对市场份额发生的变化，后来，我们也被迫出售睫毛膏膏体。

做人做事要讲究有理有节，对他人无理要求的过度让步，一定会损害自己的利益。我们企业到上海后初期的发展，莱先生给我们造成的损失是不可估量的。

睫毛膏产品市场份额，我们原来一直占很大比例。莱先生用我们的配方制作并销售膏体，对我们原来市场、对后来"玛丽黛佳"品牌，都产生了一定冲击和负面影响。好在一段时间后，我们不断改进睫毛膏品质，不断提升产品质量，渐渐挽回了一部分市场份额。

这是我们公司发展历程中遇到的一次最大危机，对我们一家人的创业经历来说，也是一次最为惨痛的教训。

我们能实干吃苦，有市场，肯投资，但是初期技术不足，遗憾的是对方私心太重，不是诚心诚意合作，抓住了我们的软肋，一步一步控制企业。我们本想借助他的技术力量发展，结果反而差点儿将企业搞死。

莱先生撤走后，我们在实验室的抽屉里发现一封信，是莱先生的岳父写给自己孙女，也就是莱先生老婆侄女的，信中说："你要好好帮你姑父和姑妈干，厂长的位置以后就是你的，原来那个厂长不久就会离开。"

这封信写出了莱先生阴暗的内心和不良的目的，他根本没打算把工厂做好，而是以合资为幌子，实现他不可告人的企图。也说明了他为什么怕我在厂里，为什么要把为企业发展立下汗马功劳的功臣排挤出去，他的一切行为，都是为了实现他对企业的控制权，为了实现他的阴谋。

这封信更证明了崔晓华痛下决心割除这个毒瘤，对企业发展来说，所具有的长远价值和重要意义。合资是诚心善意的合作，是人品的诚信合作。合作对象另有所图，企业迟早会被搞垮。

与莱先生彻底决裂，付出了巨大代价后，我们收获了经验教训，也收获了成长，意识到合作对象的人品有多么重要。

我们真切地醒悟道：自己决定去目的地，只能靠自己。永远不要把希望寄托在别人身上。漫长的创业之路，困难与艰辛要自己面对和承担。机会靠自己争取，成功靠自己创造。不平凡的人生，外力只能是一种借力，只有靠自己才会成就辉煌的未来。失去对企业的控制权，就等于失败。

五　靠自己站起来

与莱先生决裂，对崔晓华来说，是极其艰难而又痛苦的抉择，也是一个巨大的考验，一切又要从头开始。

自从进入化妆品行业以来，他慢慢地从谋生转变到发自内心地创新创业，把化妆品当作毕生事业，倾注了全部的热诚和心血。

他在痛苦中反思：为把企业做强做大，自己把无限希望寄托在这个台湾人身上，宁肯自己吃亏，一次一次妥协忍让，但为什么结果事与愿违？

自己包容、退让，非但没有感动到他，反而被步步紧逼，合作不得不走向终结。这绝不是开始他想看到的，这更像是老天故意来考验他的。

崔晓华在决定与莱先生摊牌之前，痛苦地征求我的意见。

当时我和妻子在义乌,正在为他的状况心急如焚。

电话响了,妻子看到是崔晓华,紧张地屏住了呼吸。

我拿起电话。

"老爸,我想好了,准备和他决裂了!"

在电话里,听得出来,儿子很是疲惫。

我太了解自己儿子什么性格了,我早等待他决定这一天了。

"做得好!"我大声说,"我和你妈,都支持你的决定!"

崔晓华沙哑着声音说:"如果决裂,之前我们所做的一切,就都白费了!"

"没关系!没什么好怕的。这样很好,以后就靠自己,我们自己搞,一切都从头来过。技术方面,也慢慢来!"

妻子也接过电话安慰道:"是啊,儿子,不怕。"

我们的话给了儿子很大的支持和信心。

和莱先生签完决裂文件的当天,我和妻子就从义乌赶回了上海。

我们如此急迫地赶来,就是为了告诉崔晓华:不用担心,你还有我们,我们支持你,我们永远是你坚强的后盾。

我对崔晓华坦承道:"你和莱先生决裂,我并不吃惊。一开始就发现这个莱先生很多理念想法不合常理,人品也有问题。为什么一定要我离开上海,他才进工厂?他心怀叵测,因为他怕我一眼看穿他隐藏在内心、不敢见光的企图。如果光明磊落、坦诚做人、按规矩做事、没有心怀鬼胎,怎么会怕我呢?"

当时刚到上海,急于解决新产品研发的瓶颈,又苦于我们技术力量薄弱,在新产品配方研发上有软肋,也只能一忍再忍。

结束合作,拿回工厂的主导权,才是对工厂未来发展负责任的做法。我坚定地说:"必须掌握主导权!主导权被别人掌握,等待我们的只能是失败!"

妻子也点点头,用温柔的语气鼓励道:"儿子,你必须重新振作起来。"

说起来容易，将台湾人赶走后，我们又要怎么办呢？

中国台港澳与境内合资企业，工商登记更改很麻烦也很困难。经过一番走访调研，在香港找到一家公司，愿意收购莱先生的股份。这样依然保留了"上海创馨"台港澳与境内合资企业的性质，以最短的时间完成变更后，开始生产。

在将合作结束后的法律风险排除后，崔晓华将全部心思、全部精力投入新产品研发。

开发新产品是我们企业生存的命脉，是掌握市场主动权的关键。研发不出新产品，企业在上海就站不住脚，生存都有危险；只有研发出优质新产品，才能够在上海靠自己的力量站起来。

2005年，因为莱先生的事耽误了研发。2006年整整一年时间，核心的任务都放在研发新产品这件事上，为在上海滩重新站起来而努力。

在此期间，崔晓华和曾四立这对黄金搭档，再次默契配合。崔晓华出主意想点子，曾四立具体操作试验，遇到问题一起讨论研究。他们下定决心，一定要研发出属于自己的创新产品。

如今再回头看，在当时情况下，将莱先生赶走是出于无奈，下了

奉贤区委书记庄木弟赠作者自书诗一首

很大决心。那意味着我们要放弃过去，重新来过；意味着我们完全打消了依靠别人的想法。只有不努力，没有不可能。自力更生，靠自己的力量一定能重新站起来。在事情未成功之前，一切总看似不可能，但事在人为，只要思路对，坚持下去，做着做着就成功了。有超越的决心意志，靠一股不屈的精神力量去追求目标，这是通向成功的必备要素。真正的勇者"创新永远在路上"，善于"变不可能为可能"，要把"不可能"变成奇迹。

虽然"靠自己的力量站起来"这个过程很艰难，但崔晓华很坚定，他不止一次地说："我们一定能在上海滩把这个厂搞好。"

从红旗渠走出来的人，靠坚韧不拔的勇气和努力，也感染着身边的每一个人。我和妻子全力以赴地继续支持着工厂的发展，尽着自己的微薄之力。

这次挫折，也让我们一家人的心靠得更近了，我们相互扶持，共同克难攻坚。最终，依靠研发出市场热销的新产品，我们成功扭转了局面。

不经历风雨，又怎能见彩虹？太行山人靠自己的韧劲，不怕输、不认输、不怕挑战、不怕艰难、不懈努力，在挫折中从头来过；用良好的心态，靠自己的力量，一步一步奋斗，工厂恢复生产；新品研发有序进行，产品不断推出，我们终于在上海滩立住了脚，站起来了！

想起刚到上海时，许多一起在义乌从事化妆品批发的同行都认为，在上海滩立足是不可能的事。与台湾人合作失利后，更有人断言我们很快就会离开上海而重返义乌。

"将不可能变成可能"，是我们最为默契的共同信念，这股精神力量支撑着我们无所畏惧，奋勇向前，不论遇到什么困难，从来没有想过放弃。

最终，我们再一次做到了，我们没有被打倒，我们依靠自己的力量重新站起了起来，再一次把别人认为不可能的事变成了现实。

从低价值向高价值转型升级,是由市场需求决定的。想要改变命运,只能迎着困难上,不怕冒风险,重新开始创业,积极参与市场竞争,在竞争中求生存、谋发展。

第十章　要建自己的制造基地

一　要找一块地

人生之路绝非坦途,创业之路更不平坦。意想不到的挫折和困难,总会不经意间来临。

在北环路 539 号租来的厂房里,莱先生离开后,员工上下一条心,努力让一切从重创中恢复过来。当时主要生产的是 2002 年在义乌开发的第一代 201 胶水、208 多用美目胶水,还有市场流行的璀璨唇彩,2004 年在义乌时创新的第一代 601 睫毛膏,为东北彩妆商行著名的彩妆流通品牌生产供货。

睫毛膏、胶水、唇彩销量扩大,产能有限,订单是饱满的。

就在这时,房东却说,他准备收回房子自己用。

我们知道其实他是想涨租金。

企业到上海付出巨大代价,投资装修厂房刚走向正常。因厂房租赁不稳定,场地没有主动权,刚经历生死抉择,又再次面临生产场地危机,必须做出抉择。

每当遇到重大问题,第一时间儿子都和我一起商量。

看着儿子无助的眼神,我和妻子既心疼又愤怒。

妻子感叹道:"怎么又发生这种事呢!"

面对这种意外,好像已习以为常了,崔晓华反过来安慰道:"老妈，没事。"

接着他平静地说："这提醒了我，租别人的房子开工厂，主动权掌握在别人手里，我们随时都面临风险。"

"那怎么办？"

"最好能向政府要块地，自己建厂房。"

"自己建厂房？"

"对！"

与莱先生合资的教训在前，在上海要长远发展，就一定要有自己的工厂，掌握主动权。

我们父子商量后，意见完全一致，接着，我们立刻行动，开始四处寻找土地。

"能不能给我们调剂一块地，建一个化妆品工厂。"我们向镇政府提出了申请。

"没有国有土地指标，土地协议出让上海已经全部停办。"我们到上海不久，企业规模也不大，纳税也不多，对我们的申请政府工作人员不是很在意。

"土地在企业手里，可以去找有多余土地的企业，他们要愿意转让给你们，可以从他们手里买。"工作人员给我们指出了一条路，并告诉我们，有的企业拿到出让的土地后，没有按规定开发。政府初期土地出让宽松，有的企业取得的土地多，实际开发建设只占用了一小部分，很多土地闲置，你们可以去打听是否有土地要卖。

后来我们才慢慢弄明白，有的企业听信"先上车，后买票"的承诺，购置了土地，建了工厂，后来没有土地指标，工厂建好后，也变成了不合法的违章建筑，这部分土地不能要。政府和企业签订的国有土地出让合同，约定在规定时间内土地不开发，政府有权收回。不收回就要增收税负。买了合规的土地没有开发的企业，为了避免土地被收回，或避免要增交税负，会考虑出让部分闲置土地。

了解这些情况后,我和妻子一有时间,就到邬桥工业区附近,一家一家企业去打听,寻找愿意转让土地的企业。

有一天,我和妻子沿北环路向西走,看到一个厂区围了一大片土地,建筑只占了约四分之一,大片空地长满了一人多高的荒草。我们便到门卫处去询问。

"请问,你们厂里有没有土地转让?"

门卫两个人,其中一个打量了我们一番问:"你们想买地吗?"

我回答说:"是的!我们有买地的打算!"

我打量了一下,发现这个人不像门卫,便问道:"你是这里的什么人?"

一个身穿制服的人冲我大声说:"他是我们厂长!"

"厂长?你好!"我们互相看了看,礼貌地握了一下手,算是结了缘。

厂长点点头,和气地说:"听老板说,地要卖掉一些。老板不在家,出差去了!"

我和妻子一听,看到了希望,高兴极了。

我满怀期待地问:"你们老板什么时候回来?"

"我也说不上来!"厂长回答。

我和妻子好声好气地说:"我们给你留个电话吧!老板回来,麻烦你帮我们问问,如果有意卖,就联系我们!"

厂长点点头,就这么答应了。

一周后,厂长打电话给我们,说老板回来了,的确有卖地的意向。

我和妻子急忙去见老板。

要卖地的企业叫春槟木业,是从大连来上海投资建厂的,背后是伊春的光明家具。主要在大连生产电视机木外壳,出口日本。因为要从上海报关,所以在上海买地建厂,把东北生产好的散装配件,拉到这里来组装出口。这个厂不是经常生产,有出口任务时才生产,经常闲置着。

他们向政府买了38亩国有土地,建厂只用了十亩左右。有28亩左右荒废着，没开发。老板是伊春光明家具厂老板的姐姐，一个年纪稍大的女人。我们和她沟通，她说政府要求土地不能闲置，否则就要收回，他们愿意出让一部分。她开出每亩地价18万元，原来政府出让给他们的价很低，她开的土地转让价比当时政府出让价高，但与企业之间转让的市场价相比并不算高。

我们急着要找地，和儿子商量后，觉得价格可以接受，当场拍板决定，和她很快就签了转让合同。

签合同时，女老板提出：签合同要付50万元定金，其余在土地过户办证时付清。

如果出让方反悔，定金双倍返还。如果我们不要了，定金就不退了。

崔晓华出乎意料地对她说："我们先付定金100万元！表示我们的诚心。"

女老板没料到，我们主动加大定金，她很爽快地签了约。

合同签订完，我和妻子问儿子："为什么要加定金？"

他解释说："找到合适的地块不容易，我们肯定要的。定金多，谁违约付出的代价就大，增加违约的难度，反悔概率就小。"

我们恍然大悟。

女老板划给我们的地，东西长119米、南北长99米，约17.8亩，沿北环路围墙外有代征绿化带五米。女老板这样划分，有意将靠北环路代征土地的成本转嫁给我们，她小算盘打得贼精，把自己整齐的厂区土地，搞成了不规则的L形。

签完合同我们才知道，企业之间是不能买卖土地的。我们急忙又去找政府沟通解决。得知：企业土地不能买卖，企业协商签约后，可以通过政府将土地收回，再办理出让手续。政府答应按程序协助我们办理合法手续，溢价部分支付给卖土地的企业。

签完合同不到一个月，女老板突然反悔说："不卖了。"她认为价格卖亏了。

这下可怎么办？

我气愤地说："不卖！就要双倍返还违约金！200万元！"

女老板既不愿意赔，也拖着不办手续，就这么拖延着僵持着。

不得已，我们又去找政府，希望通过政府让她履行合约。

结果又引出了新的问题。政府出让土地给春槟木业时，每亩八九万元，加上后来增加的农民补偿费、代征费、农保等，每亩总价大概不到13万元。春槟木业土地闲置几年没开发，也没交税，每亩现在18万元转手赚钱，政府没有收益，不行。政府要求土地转让企业给政府每亩补交五万元税。

女老板本觉得土地价卖低了后悔，听政府一说，更坚决地说不卖了，找到了借口。

"不是我的问题，政府要加税，我不能卖。"

当时儿子在外地出差，听到这个消息，一下子蒙了，瘫软在地。

我们进退两难。女老板正好找到一个借口，撕毁已签订生效的土地转让协议；我们已支付定金很难短时间追回；接受提高土地价格，显然要高于周边正常出让价格许多。

我们站在不同的角度，反复考虑：从政府层面，出让土地多年没有得到税收增加，要求补税没有不合理；女老板想多赚土地转让钱，又不想多交税，符合她的逻辑；政府的本意并不是不同意土地转让过户给我们。可结果是我们吃亏，要么此事就黄了；要么我们多付钱，没有别的选择。

我反复思考比较：如果政府加税的部分我们愿意承担，眼前价格是吃了点亏，土地总价会比当时市场价高，可事情办成了，长远并不吃亏；如果放弃，眼下发展需要用地建厂，矛盾无法解决；追回定金可能也是件很麻烦的事。

最后，我提出的决策思路是：政府向春槟追要每亩五万元的税费，我们代春槟承担，大约多支出八九十万元；政府要帮助我们取得合法国有土地出让使用权；敦促女老板履行协议，将土地过户到我们公司名下；经济上吃了点亏，抽掉了女老板反悔的借口。

崔晓华听了我的决策方案后，表示同意，当场大胆决定：政府要求增加的税费，我们替她承担；她必须尽快履行合同；政府要尽快帮助办理合法出让手续。

我们愿意付出较大的代价，无非是想尽快拿到土地证，把建工厂的主动权掌握在我们手里，便于我们在上海滩，快速发展化妆品研发制造事业。

政府同意了，我们催促女老板履行合同。

可我们越急越催，女老板就越拖，找各种理由推托。一直拖到了2006年12月下旬，合同还没有履行。

拿不到国有土地出让合同，就不可能拿到合法的土地证，前期的一切努力都是徒劳的。不断的波折和无奈，给我们造成了很大的困扰。

但困难再多，我们从没想过放弃。我们始终坚信，下定了决心，眼前的困境一定会有转机，无论付出什么代价，都要把这块地的事死磕下来，一定要把建工厂的事办成功。

二 "一波三折"的土地转让

自从工厂迁来上海，从租厂房到买地筹建自己的工厂，历尽磨难，一步一个困难，一步一个台阶。买地的过程更是犹如过山车，真是一波三折。

按照合同早该履约了，可春槟木业的女老板硬是拖着不办。

她的意图很明显，就是拖着找机会想再提高价格。增加的税款给政府收走了，她没有得到好处，所以不甘心、不配合。

上海土地出让政策意外情况发生了：规定2006年底土地协议出让终止。自2007年1月1日起，所有土地出让必须经公开挂牌竞价拍卖，价高者得。

这个新规，让我们又遇到了新的难题。

若想顺利拿到那块地，必须在2006年12月31日前办完所有出让手续。超过最后截止时间，我们与春槟签订的转让合同就要失效，要取得这块地必须重新挂牌竞价拍卖，结果就不知道是谁的了。

我们越发急了，可是我们越急，女老板越拖。

不得已，我们再次要求政府协助组织召开协调会。

2006年12月31日，离执行新规只剩最后一天，政府召集我们和女老板，第三次进行三方协调。

这天协调会上，女老板又提出加价理由："那块地我修了围墙，施工的工棚还没有拆呢，都花了钱""每亩最少再加两万元""不答应就不拿出原有的土地证"。

女老板不断施压，迫使我们让步，卡住手续不办，要实现自己的目的。

这无疑是耍赖了，可是我们无可奈何。

女老板又狮子大开口："最少再加20万元。"

政府工作人员和稀泥道："那就再加20万元，当场支付，把原来土地证交给规土局。"

她的要求虽然无理，可是刀把子在她手里。我们已经付了那么多钱，耽误了很长时间，到了最关键的时刻，没有时间再犹豫了。

我气愤道："你这就是勒索啊。"

我和儿子商量："还是给吧，办成事才是大局！"

为抢在当日电脑系统关闭前办完手续，经短暂商量后，儿子果断决定："给！但是他们必须马上拿出土地证去过户。"

女老板再也找不出借口推托。

于是，我们将这20万元通过政府第三方转给她，同时明确提出：政府收回土地，款项由政府支付给春槟；政府出让土地给我们，我们向政府支付款项。按约定要求女老板退还 100 万元定金时，她又不愿意给了。不得已，我们只好把定金收据转交政府，要求政府从支付土地总价里，直接扣除那 100 万元。

一切谈妥后，就等女老板拿出土地证了。

可她派厂长去取土地证的路上，又反悔了，打电话给厂长："土地证你不要拿出来给他们。"

"啊？不是都已经说好了吗？只有这最后半天了啊！"

"不行！我说不给就不给！"

女老板出尔反尔，心地善良的厂长很是不满。

"在政府面前，我不能言而无信啊！"

厂长认为她身为老板，这样做事太过分了，便没有听她的，果断地回去将土地证取来，按约定交给了规土局。

厂长的良知和诚信，令我们非常感动，却因为时间紧张，来不及说声感谢。

拿到土地证那一刻，我们才松了一口气。接着，我们立刻兵分三路，争分夺秒地去办手续：一路在税务局计算税额、开税票；一路在银行里等着转账支付税费；银行直接先为我们垫支税费转交税务局，后再从我们账号内扣除，为我们争取了宝贵的时间；另一路跟着土地局长签字后，立即在房地产交易中心，向收件柜台提交各种文件资料。

2006 年 12 月 31 日下午，在房地产交易电脑系统关闭前十分钟，我们将所有需要缴纳的文件、资料都交齐给交易中心工作人员，输入了电脑。

一环接一环，一场战斗，惊险而不中断，在规定的最后一刻，终于完成土地交易的全部手续。

经历了几番波折，邬桥北环路 869 号这块地，在我们付出了巨大的代价后，终于完全合法地出让到我们上海内资公司的名下。

我心中悬了近八个月的那一块石头，土地终于落地了。

拿下这块二手国有土地,是我们一家人闯入上海滩后,在最复杂艰难的情况下,打的一场漂亮仗。

当想起这段经历,过程记忆犹新,情节历历在目,细节惊心动魄。全过程犹如经历了一场没有硝烟的战争。一家人千辛万苦,沉着应战,紧密配合,信心坚定,最终取得了胜利。

三 坐在轮椅上建厂房

2007年第一季度,经历无数波折后,我们终于把国有土地证拿到了手。

之后,我们便开始启动厂房建设设计、筹备等各项工作。

建工厂的工作依然由我负责。

开工建设前,为了开展规划、设计、测量等工作,规土局测量部门在土地的红线边界埋了界石,我们需要先修建围墙,按出让土地红线边界与春槟木业的土地隔开。

准备修筑围墙时,女老板再次百般刁难、违约阻挠。更过分的是,她居然下令门卫,不让我们从大门口进入。

出让给我们的土地在原厂区的围墙里面,进入土地范围内只有一个门。不让进门,从哪里进呢?只能将围墙敲掉一个缺口进去了。

女老板为何如此行事?

因她卖地给我们之后,始终后悔、不甘心,处处设置障碍,但目的没有完全达到,所以故意找碴儿,发泄情绪。我们也知道,如果敲围墙开门,必定遭她阻止,真要闹起来,她也没有办法。即使我们的建设一直不进行,她也不可能再拿回土地使用权了。

我们急需建设新工厂,绝对不会再任由她如此嚣张阻拦。

必须采取主动。于是在敲围墙前,我先让人写出告示张贴,声明这块地政府已经出让给上海甫晨化妆品公司了,地上谁遗留的物品,要在限定时间内拿走，否则将作为无主废品处理，逾期一切后果与我们无关。然后我派人将告示贴在门口附近，令人专门录像，以便留作证据。

为避免事态恶化，我们向派出所出示凭证，说明目的，请求给予合法的支持。在敲围墙施工时，提前让110警车在附近防止有人闹事。

果然，在我们准备破墙开门时，春槟木业厂门口聚集了很多人，个个虎视眈眈，把我们围堵起来。

这时110民警过来了解完情况，出面协调。

民警劝说："这块地政府已经卖给人家了，使用权已经是人家的了，你们不让人家进去、阻拦是没有道理的。"

警察出面，春槟木业的人无理可讲，僵持一会儿，一个个默默退了回去。

然而，当我们进入准备修筑围墙时，他们又出来嚷嚷说，我们的工人不能踏入他们场地的红线。他们明显是故意制造麻烦，在不断地无事生非。

按规定，两家之间土地红线，建设围墙应骑在红线正中间，占地各一半。修围墙时面对这种情形，本可以和他们说道说道，为避免矛盾和冲突，避免不必要的麻烦，我们选择退步，围墙基础外沿全部建在红线我方一侧土地上，这才得以顺利施工，没有再发生冲突。

每当涉及他人利益，我们总会站在对方立场，先为对方想一想。为了不让人家吃亏，总是劝自己说："算了，不要生气。吃亏是福。自己吃点亏，把事情做成功才是最重要的。"

这样，虽然多花了点钱，吃了点亏，但事情总算顺利办成了。

围墙修好后，开始规划设计。我们设计了一栋两层的厂房、宿舍楼共近九千平方米。按照化妆品生产规范和流程，以GNP国际标准，以实现生产效率最高为目标，对图纸进行了反复修改讨论，直到认为最优后，最终确认了施工图纸。

设计完成后，准备进行厂房建设施工。其中，办理前期施工手续最艰难，从规划许可、设计、审图、施工许可，涉及人防、消防、土地、规划、环保等部门，一家一家审批，前后半年多才全部完成。

当我们申报规划许可时，材料审查都合格，证已办好等待拿证了。有部门提出一定要交工程商业保险费，办了商业保险才发证。

这本来在前期提交文件时没有这个要求。

问："这是政府有文件规定，一定要办吗？"

回答说："没有文件，上边有要求。"

又问："工程商业保险，是不是规划许可必备条件？"

"不是。"

但不交商业保险费，证就是压着不发。我们只好找人帮忙疏通。原来是搭车推销保险，通过关系疏通，许可证很快就拿回来了。

整个施工过程中，我们不断遇到各种想象不到的问题，涉及很多部门，既要按规定合法进行，又要疏通各种关系。要正门进出，侧门疏通，才可能减少或避免各种节外生枝。

记得在招标前，一个领导推荐了一个关系户施工队，我们没有拒绝，提出需要公平投标竞争。因我们到上海一年多，流动资金紧张，要求投标单位有部分垫资的能力，需要施工方带部分资金，工程结束一年后，计付银行利息，三年还清。这个关系户的资金压在别的项目上，没实力垫资，且报价也比别人高。协商阶段很多要求他做不到，在第二轮协商时主动退出。可他却怀恨在心，两年后还通过他的关系户，以消防安全检查为名，借机对我们找事罚款。事后一年才知道，是他工程未中标，对我们实施报复。

在基建施工过程中，水电、消防、人防等有许多不太明了的事情，每一件事都很复杂、很难办；都要想办法去解决，每解决一个问题，都如释重负。

开工后，为减低成本缩短工期，我们夜以继日地忙碌。时间再急，也不忘请教专家，不断修改完善施工方案，研究解决施工中遇到的各种问题，确保厂房质量、施工安全和进度。

建设过程中，我一边学习、一边管理，没有把握的事情先请教，搞懂后再决定。现场监督施工，确保施工按计划、按规范，安全、高质量顺利进展。

转眼接近2008年春节，距过年不到15天。

一天，我骑着电瓶车，从邬桥镇回厂区时，因下雪天黑路滑，被电线杆的斜拉钢丝绊倒摔了一跤，电瓶车砸在了腿上，顷刻间，左腿脚脖上段小腿骨折断了。

躺在地上的我，动弹不得，甚为无助。

急忙拨打同事的电话，他们把我送到上海第六人民医院，并马上检查救治。诊断结果，我的左小腿两根骨头彻底断裂，当晚即用粗钢棒打穿脚底拉伸腿骨。

第二天即开刀手术，在小腿内用钢板固定腿骨。

马上要过年了，当时除了儿子还在上海忙碌外，我妻子带着孙子全家人都已经提前去了海南，等我一起过去过年呢，都不在我身边。

家人得知我出事后，心急如焚。他们没办法赶回来，我出院后要赶过去。好在医生告知没有大碍，只是要吃苦罢了，才安心下来。

我只好请了个护工来照顾我。护工见我一个老头子挺可怜的，好奇地问："你家人呢？"

我没有丝毫抱怨，只是笑了笑说："都在海南等我呢。"

护工在了解了我的情况后，伸出了大拇指，钦佩地说："没想到你已是66岁退休老人，如此坚强，还这么能干！那我得好好照顾你，争取你能早日去海南跟家人吃团圆饭。"

手术很成功，康复也顺利。除夕那天，我坐着轮椅，绑着石膏，从上海登上飞往海南三亚的飞机。

上下飞机时，我的轮椅都是被吊车吊着出入机舱。

除夕夜，飞机落地已经很晚了。一家人在三亚订好了年夜饭，在等我到达。饭店的工作人员推迟了下班，我从机场到达饭店，新年的钟声即将敲响。

一家人看到我的时候，眼中都满含热泪。借着新年的气氛，一家人举杯敬酒，我们开开心心地吃团圆饭。我忘记了一路颠簸、辛苦和腿伤的疼痛，心中无比温暖。

从海南过完年回来，儿子为了我更好地康复，特意为我安排了助手和护理，协助我工作的同时，想让我轻松下来伤病快快康复。

春节过后，我坐着轮椅上，由助手推着，依然每天去工地，寸步不离。

妻子心疼地劝我："伤筋动骨一百天，你得好好养着，别去工地了。"

我摇摇头说："必须去！盖房子不是小事，我一天不去，就不放心。"

在工地上，从施工现场到后勤保障，需要我站起来时，我就用双拐挂着站起来。随着时间的推移，慢慢地我从拄双拐逐步变成了单拐，依然每天出现在工地上，事无巨细。

就这样，我这个坐着轮椅的老头儿，每天出现在工地上，成了人

位于奉贤北环路869号彩妆制造工厂

人皆知的大明星。我每天在工地，除了监督检查质量、进程和安全，还要与施工方、监理方开会讨论，解决施工中存在的问题。

2008年，经过近一年的辛苦，新厂房和宿舍全都建好了。

这也是我们工厂搬到上海后，第一次自己修建的第一幢厂房。

拥有自己的厂房，有了自己的生产基地，为我们在上海提升研发能力，开发新产品，扩大产能，再上一个新台阶，创造了重要的硬件条件。

先贤孟子说："天将降大任于斯人也，必先苦其心志，劳其筋骨，饿其体肤，空乏其身。"这段经历，对我们全家来说是非常难忘的磨练，对我尤其如此。如今，我小腿里那块钢板还在，还留着手术伤疤，提醒我永远难忘那奋斗的岁月。

坐在轮椅上建工厂，是我人生中值得骄傲的回忆。小腿上的伤疤和体内的钢板，时刻提醒着一切都来之不易，是我们不怕吃苦、迎难而上的标志。

"艰苦创业、不怕吃苦，改变命运"是从太行山出来的红旗渠人的基因，是我们一家人的性格。每个人都在默默践行。不管什么时候，遇到什么苦难，身临什么处境，该出现时、该上前时、该承担时，都毫不犹豫地冲上第一线，为了实现最好的结果而不顾一切，变不可能为可能。

我们始终相信，只要勤奋努力，不惧曲折，顽强拼搏，现在所吃的每一份苦，付出的每一份艰辛，必将在未来产生一份收获。

四　困难重重的厂房扩建

2008那一年，我们家发生了两件事，可谓"双喜临门"。第一是在自己买的一块土地上厂房顺利开工建设；第二是我家大孙子在香港诞生。

2005年之前，我们当个体户，那都还是在为生存而忙，现在是发展我们家族的化妆品事业。期盼能创立一家民族品牌的企业。

2005年5月，小工厂从义乌搬迁上海，三年时间里，我们战胜了差一点儿把我们搞倒闭的那个台湾人，凭着一家人和员工不懈的努力和奋斗，在上海滩立住了脚，站了起来，为企业在上海快速发展，打下了坚实的基础。

大孙子的到来，更为家族未来的事业发展，带来无限的希望。

一切重新开始，展现无限生机，企业和人茁壮成长，翻开了企业成长崭新的篇章。

到2010年，为除了原东北彩妆商行著名流通品牌，开发制造产品外，又增加了国内新的流通彩妆品牌，再加上自主终端品牌"玛丽黛佳"销售火爆，义乌国际商贸城店铺的自由流通品牌"玛丽佳人""咚咚"等，产品品类不断增加，销量越来越多，工厂的订单饱和，产能越来越不能满足市场订单的需要。

市场订单需求势头不减，厂房面积不够用，急需扩大产能，怎么办？

这时儿子问我："老爸，我们能不能再向政府要块地扩建厂房？"

我思考片刻，根据我对形势的分析了解，认为已无可能：政府没有土地出让指标，企业之间土地转让也已非常困难，只能想其他办法。

北环路869号厂房的规划设计，全程都是我具体操作实施。我提出了一个大胆的想法："能不能对原有车间建筑进行扩建改造？"

儿子一听，兴奋地说："好！扩建就交给你了，你去研究方案，看怎么解决。"

于是，研究对原厂房车间进行扩建改造一事就交给了我，这成了摆在我面前的一项新的任务。

我本认为，在原两层生产车间的基础上再增加一层不难，就找来上海同济大学最权威的建筑结构设计专家,来现场勘测研究。结果,他提出很多新的矛盾和问题,个个都很难解决,规划改扩建方案遇到了困难。

原来厂房车间设计每层3 100多平方米,当时设计时,根本没有考虑后来可能会加层。虽然计算桩基基础时载荷留有余地,但上面再加一层的载荷,基础的承重就不够了。

请来的同济大学和其他专业机构专家,有权威的抗震防震专家、建筑结构专家、基础设计专家等,研究讨论方案,差不多搞了半年,得出结论是:必须从底层开始加固桩基基础,不然会有风险。

从基础加固,企业必须停产。可生产供货不能停啊!停产损失太大。这次对厂房扩建改造的前提是,必须要确保不停电,也不停产。

如何才能既不停产,又能实现再往上增加一层面积,既保证新扩建的建筑安全,又保证改造期间正常生产的安全?

我苦思冥想,一定要解决这个问题。在不断咨询请教专家的过程中,我遇到了奉贤区原建筑设计院曾任副院长的建筑结构专家屠文红,人们都她称"屠工"。

为解决这个问题,我和屠工成了好朋友。她又帮我找了许多专家,一起查验原来的设计图纸,计算原来的载荷数据,研究如何不改变原来基础设计,又确保安全牢固地实现加层。我们最终找到一个可行的设计思路和方案,使车间加层方案得以实施。

接下来,专家们还研究解决了原建筑立柱加高对接口避免脆弱、确保牢固的问题:没有从底层加起,而是在顶层原立柱下面一段开始衔接加粗加固,到上部后再收回去向上,解决了这个难题。此外,还对楼顶屋面板做车间地坪承重不够,又提升加一米,以形成新的车间地面层,满足车间承重的要求。对原楼梯墙体下沉部分,做局部基础加固的同时,还新增了载货电梯。

对已建好并正常生产的厂房进行改造,不是一件简单的事。改造时,除需要考虑满足需求、建筑安全、保证正常生产秩序、员工安全等问题外,所有改造都必须符合政府在土地性质、规划、设计、招标、施工等建设流程上的要求,必须合规合法,特别是规划、环保、消防等方面,每一个问题都不容忽视。

我们这块地最初购买时是在政府规划的园区工业用地范围,后来政府调整规划,因在黄浦江上游,土地性质发生改变,变成了保留工业用地的"198"板块,"保留"就变成了严格控制扩建范围,这也给我们改扩建增加了难度,带来了麻烦。

也就是说,我们必须走特殊审批通道和流程。立项需要园区、镇政府先签字同意,符合上海产业政策,亩均纳税达标,对环保没有负面影响,经经委、发改委、规划、环保、投资管理等七个政府部门先行审查,召开现场勘测研究预审会通过后,才可一步步向下走流程。

好在此时,我们上海创元工厂,已成为邬桥园区纳税大户,亩均纳税远远超过要求标准,成为当地占用土地资源指标最少、亩均产出效益最高的企业。

在合规合法上,我们一直做得比较好,得到了政府各部门的支持。因此在厂房改造中,要走特殊通道时,奉贤区经委、发改委、环保局、规划局、土地局、投资管理中心、镇政府和园区七家单位,均在预审时一次通过,同意按流程办理报建手续。

在厂房改造动工前,因有了政府七家单位预审盖章同意,我们的厂房改造工程在正式报批报建审批过程中,在合规合法的同时,才得以顺利获得审批。

可见,企业发展越快、纳税越多,政府越重视,企业越能得到政府的支持,遇到问题去解决时,也能得到更多的便利和支持。

在工程具体施工阶段,每个问题都要和专家一起讨论研究,经反复论证、确定细节后,再由我具体组织实施。

就这样，工厂改造扩建，施工和车间生产科学安排，一天没有停工停产，实现了互不影响、互不干扰。我们用了一年时间，车间增加了一层，产能扩大将近一倍，还增建了一栋员工宿舍。土地 11 854.8 平方米没变，容积率比原来提高到 0.5，厂房由原来 8 000 多平方米，就可以扩大到 14 000 余平方米。原国有土地出让产权证，也顺利换成了扩建后新的产证。

到上海后，从 2005 年租厂房，2007 年买土地自建厂房，2012 年完成对原厂房改造扩建，用了七年时间。厂房面积不断地变化，见证了工厂产能不断扩大，企业的发展一年一个台阶，工厂面貌一年一个样，一步步变好、变美、变强，企业发展进入了新的阶段。

五　曲折的集体土地规划再建

2012 年，我们完成了北环路 869 号厂房的改扩建改造。

可企业高速发展，厂房面积还是不够用，产能仍然不能满足市场需求，生产仓库都要到外面租赁使用。

儿子崔晓华再一次提出："我们需要再建一个厂房。老爸，能不能想办法再搞块地啊？"

我同意儿子的提议，于是再一次开始到处找地。

我们每年纳税快速增长，亩均纳税很高，所以才再次要求政府，能不能再协调一块地。

虽然政府也推荐我们看了几个地方，但由于诸多矛盾都没有成功。

后来，管工业的镇长告诉我："邬桥镇上有一家倒闭的集体企业，过去是做社队农业机具的厂房，已空置多年，过去的老房子都是危房，可以拆除重建，你们要不要？"

我和儿子马上去实地查看。这块地处在邬桥镇社区集中居民区内，房屋大部破旧倒塌，一片荒凉景象，流浪者在里边养鸡养鸭，还养了猪羊。这里距我们北环路869号厂房约两公里，我们觉得地面建筑没有利用价值，但这块土地区位不错，如果允许建工厂，在小城镇内员工生活方便。

经了解才知道，这里原是邬桥机械五金厂，大办乡镇企业时，也曾是邬桥镇的骨干企业，生产农村使用的农业机械等等。厂房位于安东路309号，土地不到18亩，现在属庄行镇集体所有。企业倒闭停产多年，但一直没有注销。债权债务已经处理完毕，没有收入，也没有在职员工。

我们看过后，觉得土地符合我们的使用需求。但我们根本就不了解集体土地能不能建厂房的相关政策规定，也没有人给我们介绍集体土地上能不能建厂房，怎么才能建工厂。

我还记得那次与代表镇政府的镇长的谈话。我说：

"看过了，希望能把土地给我们建工厂。"

镇长说："地面的危旧建筑是集体资产，要经过第三方评估作价，按评估价你们投标收购。土地跟房产走，一起转让给你们使用。"

"需要按当年国有土地出让价标准向政府支付土地出让金。"

"土地可以出让，但现在没有国有土地指标，以后一旦有指标，政府优先给你们办国有土地出让手续。"

"价格按当年国有土地出让价结算。合同中写明，今后土地市场价格变动，出让时按原价不增不减。"

就这样达成共识，按照当年国有土地出让价每亩28万左右，要求支付到镇所属资产管理公司。地面房产评估价约100万左右，没有任何实际使用价值，为了能使用这块土地建厂房，我们就同意了。

接着，奉贤区国资委下达同意出售的批文，第三方资产公司评估出具报告，拍卖公司登报公示后挂牌拍卖，我们以上海内资公司的名义，按不低于评估总价投标，中标并确认成交。

可是到我们付款后，到房地产交易中心过户时，发现了我们从来不知道，也没有想到的两个重大疑难问题。

一个是：集体土地使用权。在居住行政区域范围内人员开设的企业，土地使用权可以转让，就是说企业法定代表人户籍在土地所属镇区范围内，转让过户才是符合法规的。法定代表人，户籍不在该镇区范围内，就难以过户。

再一个难题是：这块土地的位置在邬桥小城镇范围内，没有做过控制性详规。没有控规就不能施工建厂房。

原来乡镇企业土地属集体建设用地，与上海市现行的土地规划政策不符，没有新的小城镇控制性详规，在城镇规划范围内如不是"保留工业用地"，是不准建工厂的。原建筑属于危旧房，可以进行危房改造，但只能"在原址按原面积"改造，不能改变建筑位置和增加面积。就是说，原来房子属危房不安全，对其推翻重造，原来多少面积就只能再建多少面积。

这块集体土地使用权，面积 11 378 平方米，地上原有旧房建筑 4 220.5 平方米。按危旧房改造规定，拆多少复建多少，不能多建。限制了建筑面积。这样的话，建筑面积与我们期望的面积差别太大，根本不能满足当时的需要。

加上土地价每亩 28 万元，地面建筑 100 多万元，不仅成本太高，根本不合算，而且又过不了户。

使用权过户问题怎么办？经过一番周折后，懂行的朋友出主意："企业法定代表人，户籍在镇区范围就可以了。"企业章程规定法定代表人是可以"聘用"。"聘用"两字顺利提供了解决使用权过户难题的思路。

我们企业有部分员工是当地户籍，聘请他出任法定代表人，合规合法不就解决了吗？到 2012 年 5 月终于完成过户。原集体土地使用权和地面集体资产，顺利过户到公司名下。第一个难题就这样解决了。

只能危房改造，不能新建厂房，这个问题镇政府也没办法解决，一下子成了疑难问题，摆在我们面前。

我去找经办的镇长，他两手一摊为难的说，镇一级没有权解决。这时我才发现，出了高价格，不知不觉踏进了一个进退两难、无法实现预定目标的泥潭。给我们出主意的主管工业镇长，可能是出于为企业办事的好心，知道危房可以改造，但集体土地上如何重新建厂房，他也没搞过，不知道通过什么途径，怎样才能解决这个问题。我蒙住了，一下子没有办法，也找不到解决问题的思路。怎么办？

不得已，我们只好找了当时奉贤区规土局的土地科、规划科的科长请教。两位科长很为企业着想，一起到现场调研勘测。

在现场，他们给我出了一个主意："没有控规不能建，建就是违章。要符合法规建厂房，必须要政府给你重新做规划，做'邬桥社区控制性详规'。"

"控规"需要镇、区政府做，报经上海市人民政府批准生效后，就可以建设了。没有小城镇控制性详规，不仅不能建，而且建了也违章。有了小城镇控制性详规，规划这块地仍属于"工业用地"，法律障碍就解除了，就可以建厂房了。

小城镇控制性详规，涉及的部门多、环节多、矛盾多，规划、上报、审批、下达文件，程序繁杂，很是麻烦。

科长说："也不知道政府肯不肯给你们做。就是做，时间也长，没有一两年很难批下来。"

没有路了。

时间长，难、难、难。

可是没有其他办法，只能克服困难想办法做，不然最后就是失败。

接下来，我们只好一次次向政府申请，好在我们纳税多，政府没有拒绝，很支持，探索解决问题的办法，很快组织力量做这个"控规"。

奉贤区政府在重新规划时，在2013年1月22日发文批准邬桥社区两块地"保留工业用地"，其中包含我们这块地。规划递交市里，又经过半年多等待，到6月21日，上海市人民政府发了"红头文件"，《FXS3-0301单元控制性详规》审批通过，原邬桥机械五金厂危旧房屋和土地，才得以拆除合法重建。

为了等这个合规性，用了两年多的时间，过程非常复杂。

就这样，复杂的两个疑难问题解决了，陆续开始用地许可、规划许可、设计审图、施工许可等每一步的审批工作。

虽然规划、审批、建设过程很复杂，鉴于我们已经有了以前的经验，我们夜以继日地努力，办理后边报建审批手续，全套手续都顺利多了，到2014年3月完成项目备案、工程报建，6月环评获批，2015年1月批准该建设项目，通过项目规划、施工许可。

2015年1月，我们终于可以在这块集体的土地上开工了，合法、合规、合流程建设厂房。2015年4月8日，我们正式开工建设，项目总投资五千多万元，建筑两栋五层楼房。面积规划20 200平方米，配电1 250 kW，全部建筑设计负荷承重1吨，消防蓄水500立方米，全部喷淋。全柏油路面，五部电梯，屋顶花园608平方米。施工过程中，又适度调整了部分空间设计，增加了面积的适用性，比初期规划设计更合理，预留部分未来的可变空间，等待机会，可以改造成为更具价值的建筑。

到2016年底竣工投入使用，我们最终建成了在周边标准最高、外观最漂亮、质量最优的现代化的花园厂房，节能环保，全厂采用地源热泵中央空调。

建设完成桩基后，在地面基础施工开始前，在全区域地下打100米深的竖井300余口，地下井内埋设换热器单U形管总计7万余米，6个分区5个检查井用章鱼法连接全部水平管，并设置不同区域集、分水器，在地下室安装地源热泵中央空调主机，可确保1.4万平方米面积，使用节能环保中央空调，车间和办公区降温、取暖，且可全天候四季供热水使用。

邬桥地区地下水位高，地下常年恒温在18摄氏度左右，地源热泵的热交换效率高，节电25%以上。地源热泵中央空调，夏天把室内的热能搬到地下储热，冬季从地下提取热能，把热搬到室内供暖。采用地源热泵空调，清洁环保，没有任何污染。虽然投资成本高，但是一次性的投资，节能省电，舒适环保，预计10年左右就可收回成本。

据我们所知，在奉贤工业厂房，使用地源热泵中央空调我们是第一家，也是最先进的。

不仅如此，我们建的工厂，从外观上来看，就是一座商业用房。当你走到里面，才会发现是一座工厂。之所以要修建成这样，我们是考虑未来具有可变性。如果以后城镇经济更发达了，工厂需要搬走，厂房随时可以改变为商业使用。

就是说修建这座新厂房时，我们想得很远。

和之前建厂一样，每一项设计、每一步进程、每一个细节，我都到场参加研究、亲自检查、亲自验收，不放过每一个环节。我觉得，自己要对未来负责，对历史负责。建起来的工厂要精益求精，要经受得起时间的检验，要做到既省钱又保证质量。

2016年底竣工后，开始了装修工作，于2018年5月完成办公室装修，行政办公人员全部搬入，全部正式投入使用。

在集体土地上改建厂房，很难拿到房产证。多少人都说，集体土地建房拿不到证。不要说"绿证"，就是那个"红证"也很难拿。集体土地上的建筑，办产证网络经常处于关闭状态，办证资料往往都很难输入系统，更不要说办出房产证。很难的事情往往也有诀窍，不是绝对不可能。选对机会、走对思路，用对人员，还是可以办成的。经过各方努力，产证最后还是拿到了。不过也留有遗憾，集体土地使用

位于奉贤安东路309号新建厂房

权转国有出让,只是停留在协议文本上了。也不知要等到何年。

有了这座新厂房后,我们拥有了北环路869号建筑1.4万余平米和安东路309号约2.2万平米,两处合计厂房面积近3.5万平,为创立中国最具价值的彩妆研发制造基地,创立民族彩妆品牌,为及时满足市场快速发展的需求,奠定了坚实的硬件保障。

不断努力探索将不可能变成可能,是我们始终不懈追求的信念。积极进取发挥主观能动性,是这股精神力量鼓舞去认识和探索未知,将看似不可能变为现实。不惧困难,奋勇向前,从不放弃。

第十一章　靠产业链优势竞争

一　残酷的竞争环境

改革开放前,中国化妆品没有形成独立的产业规模。改革开放后,国外化妆品巨头和品牌,纷纷涌入中国市场,占领了绝大部分的市场份额。

化妆品产业是一个完全开放的快消品市场,国外品牌发展了几十年,实力雄厚,在铺天盖地的广告宣传之下,中国市场几乎是国外品牌一统天下。

中国化妆品产业是从无到有,从个体户做起,从小规模小作坊起步,市场生存环境不好,长期受外资企业和品牌的挤压,在与国外企业和品牌竞争中,一步步地在夹缝中成长发展。

我们到上海后,企业技术薄弱、实力不足、成本高、利润低,每一步发展都是举步维艰。如何提高市场竞争力,稳步发展,是我们进入上海后长时间必须面对的一个严峻挑战,是时时刻刻困扰我们的重点问题。

我们认识到,中国化妆品品牌企业要向市场要饭吃,但长期处于欧美日韩品牌包围之中,被这些老品牌长期强势碾压,在夹缝中求生存。要冲出重围,必须主动参与市场竞争,只有具备较强的竞争能力,才能在与国外品牌的竞争中,求生存,求发展,才有未来。

我们一路走来,和很多起步的中国品牌一样,不断遭遇假冒冲击和国际大品牌的打压。

最早在市场上旺销的产品,是我们生产的睫毛膏,特别是商行的著名流通品牌睫毛膏,质量好、价格低、性价比高,深受中国普通消费者喜欢。然而,在当时的中国,只要市场上卖得火,性价比高有钱赚,就有人仿造,因为造价低、门槛低、容易仿。

曾经一段时间,各地假冒的"流通彩妆品牌"产品到处都是,尤其在珠三角地区,仿造、假冒比比皆是,有的在市场上更是低价倾销。那时没有法律保护意识和措施,也没有防伪手段,对假冒产品打不了假,也打不起假,也不知道如何才能有效打假。

著名彩妆流通品牌属彩妆商行所有,产品是在上海由我们开发制造,两个市场主体,对打假责任不明。但当南方某地工商接到举报,查到假冒我们产品需要鉴定真假时,我们只能做出是不是我们生产的鉴定结论,邮寄给当地工商去处理。

对市场打假,程序繁杂,举证困难,成本又高,只能任凭假冒产品泛滥。

就这样,开发一个新产品,如果市场表现一般,销售业绩不好;一旦产品好卖,一定会被仿冒,则经营受损失。尤其是弱小的民营企业,发展举步维艰,随时都有倒闭的危险。

我们在发展中,除了担心假冒产品的恶意竞争,还要处处受到国际大牌的市场挤压,有时还会受到其他国内国际品牌借"打假"之名,以各种手段无端打击和挤压。

记得是2008年,我们开发的一款浓密睫毛膏在流通市场销售火爆,深受消费者欢迎,全国销售业绩非常好,市场占有份额越来越多,对某国际知名品牌在该品类市场销售造成了冲击和影响,引起该品牌高层的关注。

于是,该品牌专门研究我们产品的包装标注,千方百计要打压我们产品的销售。

他们在进入中国前，于马德里注册了国际商标，该商标自然转入中国市场使用。我们在产品外包装上标注有"浓密""卷翘"字样，他们认为我们睫毛膏产品标注的"浓密""卷翘"字样侵犯了他们的商标权。

为打击我们产品销售，他们专门招募组织了一些无业人员，拿着我们的产品做标样，到处查找我们产品的集聚地及销售渠道，向工商举报我们侵犯商标权，按举报产品业绩数量多少，给无业人员发放现金奖励。

实际上，他们早知道我们的睫毛膏产品是通过义乌仓库中转流向全国市场的，就雇用了一组无业人员，暗中隐蔽在我们仓库附近，专等我们入库时，抓我们的证据。一天，我们刚刚生产出来的一批睫毛膏，载着十多万支的运货车从上海运到义乌仓库，第二天上午，就被那个品牌雇的"侦探"带着义乌工商纠察大队，将我们的产品全部查封、拉走、封存，等候处理。

那个国际大品牌出于市场竞争的需要，对我们自主研发的主打产品进行了有计划、有预谋的打击，妄图一棍子将我们打死。

我们很快研究了中国的《商标法》。《商标法》规定"不能将描述产品功能的词语"作为商标注册，列入知识产权保护范围要求法律保护，"浓密"和"卷翘"显然是对睫毛膏功能的描述，而不是商标本身。

我们并没有构成侵权，我们不服。后来，我们四方打听，才知道，类似的案件在广东已发生多起。于是，我们聘请了参与处理过几次同类商标侵权案的律师，授权他代理处理此事。这时才知道，这家国际品牌已在广东用同样的手段，对几家美妆品牌公司进行了举报查处。

原来，某国际品牌公司专门针对成长快的中国民族品牌，以这样的方式进行打击。

最终的结果，这些被打击的民族品牌均遭受了很大损失。也都已经向国家商标局提出申诉，要求撤销这家国际品牌公司在中国注册的"不符合中国商标法"的商标内容。

律师建议我们和几家同样被打击过的中国企业联合起来,向国家商标局申诉商标争议,保护民族品牌的生存发展。最终,国家商标局裁定某国际品牌"注册的商标内容元素无效",我们睫毛膏的标注不构成商标侵权。

官司赢了,但事情已经拖了一年多。

当初义乌查封我们产品的机构,通知我们把全部产品拉回来。可产品一年来无法在市场销售,在这个时候即将过期,给我们造成了巨大的经济损失。其间,我们还被相关执法机构的某些人,以种种借口勒索,让我们承受着巨大压力,不断遭受经济损失。

公司和品牌在成长过程中,还经常受到个别动机不纯的所谓专业人员,打着"保护消费者权益"的幌子,以赚取钱财为目的,故意用不法手段恶意"投诉敲诈",要求你十倍、几十倍地赔款。为避免和减少这种现象对企业的骚扰,在发展过程中,我们千方百计让企业合法合规经营。

除了通过合法途径,企业的危机公关也很重要。为此我们专门成立法规部,收集有关法律法规,学习研究有关法律法规的修改变化,及时调整我们产品的标识标注,处理商标、专利、广告用语等有关问题,以免被人钻空子,以防范漏洞,保护我们的合法权益。

所有能管到你的人,都可以随时找你的麻烦。有时小事处理不周就可能让你垮台。一个因项目未中标的人,一直耿耿于怀,几年后还通过关系对我们进行报复。

中国化妆品民营企业、民族品牌,不仅要承担奢侈品高额的消费税负,还长期被国际大牌挤压、打击,在夹缝中求生存、求发展。在这样的市场商业环境下,一个普通老百姓要经营一家民营企业,困难可想而知。

唯有不断努力,永不言弃,靠奋斗的精神支撑,困难压不跨,竞争挤不倒,才能一步一步慢慢成长,稳妥地发展,走向成功。

回忆起来。真是一言难尽,无限感慨!幸运的是,我们没有倒下，我们在不断求索！

二 好产品是市场竞争的基础

在自由竞争的市场环境中，中国化妆品企业和民族品牌，自生自灭，成长非常艰难。但要发展下去，必须不断提升自己的市场竞争力。竞争，首先是产品的竞争，产品是市场竞争的基础。

产品竞争实际是研发技术的竞争，我们深知这一点。于是，提升技术研发能力，开发出好产品，成了决定企业能否生存发展的命脉。

到上海后，为了打造好产品，我们首先集中资源，投资于技术研发，突破配方研发和产品开发。

我们不断选拔培养配方研究、产品开发、技术管理人才，团队也由开始的两三个人，到后来从事技术研发和产品开发的人员，逐步达

作者（右三）与上海创元位于法国图卢兹彩妆研发实验室团队成员合影

到近 200 人，其中大专以上学历占 57%，本科及硕士以上占 22%。

为向化妆品技术先进的国家学习，增强研发实力，我们先后在日本、法国、韩国投资建立了研发实验室，选进新型优秀人才，选购研发先进设备，跟踪国外的行业发展趋势，选择最新的原材料，形成一支技术力量雄厚的专业研发队伍，不断提升技术研发和产品开发能力。

我们不断加强自己技术中心的建设，选择新原料，运用新技术，在新产品开发中，创新能力才能不断释放出来。由于始终把提升技术能力放在第一位，研发能力得到不断提升。截至 2019 年，我们先后申请技术专利 71 项，已取得授权 37 项，其中发明专利 13 项，已取得授权 1 项。我们的研发中心先后被奉贤区、上海市认定为"奉贤区企业技术中心""市级企业技术中心"（第 24 批），企业在 2017 年被评为奉贤区专利试点企业，2018 年入围"上海市专精特新"中小企业。

公司研发实验室命名为"四力实验室"也在竞争中快速成长。实验室党员占员工数四分之一，先后获多项荣誉，被评为市、区两级"企业技术中心""上海市职工创新工作室"、上海市民营经济系统青年文明号，并争创上海市巾帼文明岗。实验室带头人曾四立荣获奉贤区首届"奉贤工匠"称号。

正因为高度重视研发力量的投入，产品才能不断进化、不断创新，产品类别一个一个诞生，不断扩充增多，在进化中升级换代。

搬迁上海前，崔晓华在与客户交流中，发现客商推荐的胶水很有商业价值，当即签约独家销售协议。从灌装第一支假睫毛胶水开始，开创了我们进入化妆品行业后，具有里程碑意义的产品制造，生产出第一代 201 假睫毛专用胶水。这款产品在市场深受好评，产品实现年销售 400 万支的业绩。后来市场上大量仿造，为规避假冒，2013 年将包装升级到第二代 202 胶水，创造了年销售 600 万支的传奇；为抵抗不断被诸多假冒伪劣产品的冲击，2018 年再次对配方及包装同时改造升级，提高价值，开发出第三代 203 胶水，创造年售出 800 万支的销量奇迹。

美容胶水不断创新升级，被国内专业彩妆师、知名演员广泛使用，变成免费为该产品"代言"，产品知名度越来越高，销量不断创出新高。后来，产品包装多次创新改变，提高价格后甩开仿冒产品，至今仍在市场旺销。

同时，我们根据市场需要，找准产品技术难点，创造出新品类产品。一开始我们不生产唇彩。此时，市场上流行璀璨唇彩，但我们发现流行的唇彩珠光会沉淀，影响使用效果，这是一个技术研发难点。崔晓华、曾四立两人反复研究思考，认为突破珠光沉淀问题就能创造出新效果，经上百次试验、测试，不断改变配方和用料，终于解决了料体内珠光沉淀问题，突破难点，自主研发出首款璀璨唇彩产品。

璀璨唇彩是我们研发的第二款产品。由于从技术难点入手，打开了新思路，后来又不断对配方改造升级，该产品先后应用于十多个品牌，开发出四十余款不同配方的唇彩家族，衍生出近一百款唇彩产品。就这样，我们增添了新的彩妆品项，使璀璨唇彩遍布全国，在市场上风靡一时。

我们针对产品存在的缺陷，突破配方技术，成功地创新睫毛膏，并战胜了韩国货。原来从韩国进口的睫毛膏，在中国市场一直畅销。有一年冬天降温，韩国睫毛膏膏体出现了冻结现象，效果降低化妆难以使用。我们就针对防冻问题，创新研发出抗冻睫毛膏膏体，配方经零下18摄氏度考验，仍可正常使用，不影响妆效。不仅如此，还可以使眼睫毛仍达到纤长、卷翘的效果，且用清水即可卸妆。我们就这样自主研发出了601配方睫毛膏，大大优于韩国睫毛膏性能，开发出"旋翘立体"睫毛膏，引起市场轰动。

此款睫毛膏至今已延续销售了15年，配方不断换代升级，改造包装，形成第二代602、第三代603，开创了化妆品彩妆市场新途径，并应用于各种品牌，派生出睫毛膏大家族近千款产品。正是自主创新研发的这款睫毛膏,奠定了上海创元"睫毛膏大王"的行业地位,为中国彩妆睫毛膏品类发展,做出了重要的贡献。

2007年,我们研发首创了一款"纤维睫毛膏",纤维和嫁接液双管分别灌装,上市后即引起市场的轰动。这支睫毛膏使用时,在睫毛上刷一层较薄嫁接液,嫁接液未干时刷适量完美修长纤维,使用嫁接液均匀将其完全刷染。嫁接液中融合了极具附着力的聚合物,能牢牢地黏附纤维在睫毛表面,纤维能轻易嫁接睫毛,可轻易塑造超凡纤长的睫毛,能使睫毛增长、贴合柔顺、舒适,易上料、易嫁接、易纤长,妆效持久,顺滑没有负重感,呈现出逼真的效果。用后发现,睫毛瞬间拉伸至纤长,缔造出意想不到的卷翘弧度,塑造出纤长的睫毛,根根分明,俏丽动人,化妆效果极为优良,消费者对产品评价很高。

这支纤维睫毛膏产品上市以来,市场销售逐年增多,占领了很大的市场份额,年消耗进口纤维约3吨,使用睫毛膏膏体近25吨,嫁接液28吨,年销售产品350万支以上。正是这一创新成果,为企业积累了发展的动力。

创新永不满足,我们又开创了化妆笔类新产品。2010年之前,眼线笔类产品生产主要是卷包芯类眼线笔,化妆效果始终不够理想。研发技术人员受钢笔结构的启发,将钢笔结构原理用于化妆笔类产品开发。针对眼线液原来比较黏稠、画线易断断续续的情况,首先改造眼线液配方,解决笔类产品画线流液不间断问题。经过数百次的试验、改进和验证,实现了眼线笔画出的颜色超黑、画线超持久,一支眼线笔连续画线百米以上不间断。先开发出第一代797眼线笔,又创新出第二代tank眼线笔、速干眼线水笔,在化妆笔类产品上,直液式化妆笔诞生,实现笔类产品新突破,一上市就火了起来,一直卖到现在,仍在持续火爆。由于不断创新突破,大大提升了产品的价值,彻底改变了原来眼线类产品销售不畅的命运,为企业创造了销售奇迹。

卸妆产品是彩妆中的一个品类,以前从未生产过。想进入卸妆产品市场,开发普通卸妆液,很难撬动消费者。我们的研发人员从研究消费者痛点出发,不断寻找新原料,进行试验改进,最终研发出一款卸妆凝胶,且卸完妆可不用洗面奶,可用手直接卸妆,很快形成了公司的一个新的彩妆产品品类。

公司的研发,做到了能力年年有提升,产品年年有创新,开发的彩妆产品年年出爆品,市场销售量、订货量逐年增加,市场的销货量平均年增长30%以上。

彩妆产品属于时尚快消品,流行快、更新变化快,市场竞争力大小,很大程度取决于新品的快速开发能力。由于我们的专业技能和核心竞争力的提升,自主研发创新的彩妆新品,投放市场一年比一年多,每年约占市场在售品项的25%～30%,向市场提供新产品由100款左右增加到280款,再到400款以上。产品多,质量好,深受市场好评。

企业唯有好产品才有竞争力,才有议价权,才能创造价值卖出好价格,把研发能力作为核心,研发出适销对路的好产品,满足消费者需求。并通过不断提高研发能力,做到了好产品不断推出,为企业稳步快速发展做出了贡献,为企业竞争力的不断提升提供了支撑。

三 向技术设备和工艺要效率

我们知道,生产制造产品,离不开先进的技术设备、熟练有素的工人、成熟的制造工艺、严格的管理体系。以上缺一不可,每一个环节都至关重要。

刚到上海时,公司技术设备比较落后,生产主要依靠密集劳动力手工作业,效率低,品质不稳定。面对日益激烈的市场竞争和挑战,在求新创新理念指引下,在技术设备更新换代上,我们不断变革、改造更新,投资更新生产技术设备,提高产品自动化水平,提高产能及生产效率。

生产技术设备升级改造,光制料设备这一项,就改造了三代。我们逐步引进了全球高端的制料设备,最先进的制料设备有30余台套,引进了德国"EKATO均质乳化"设备,满足乳化类、腊基类、粉类产品内容物的制料。乳化效率、能力大大提升,每年可产各类彩妆产品内容物料体3 000吨左右。灌装设备方面,我们先后引进法国的"KALIX(西瑞斯)全自动灌装封尾"设备、韩国"水乳霜灌装线""多功能灌装系统",使我们生产中的灌装自动化水平居于行业先进行列。

口红生产开始几年,主要靠手工作业,速度慢、产量低、成品合格率也低。后来,我们下决心改善口红生产技术设备,先后购进自动灌装设备16台(套),实现口红灌装、包装流水线连续生产,产能、效率、质量稳定性均大幅度提高,也使得公司口红品类产品的生产能力和市场份额快速增长。

化妆笔类生产一直是技术设备难点。为此,我们组织力量,自主创新,开发笔类组装流水线,成功开发笔类灌装设备12台(套),形成7条自动组装流水线,并创新在线设备自动全检,笔类制造技术有了新的突破,大大降低了人工成本,使笔类产品产能、效率均提高30%以上。

彩妆产品生产,由于品类多、批次多,订单转换频繁,半成品原料的称量配比一直是一个难点。靠人工称量很容易出现差错,造成浪费,也极易产生废品或造成产品呆滞。为解决这个问题,我们投巨资进口瑞士梅特勒的精密"智能称量及配料管理系统",彻底改变了原来的状态。这套"称量混料制料系统",在国内行业屈指可数,处于国际先进水平,确保了化妆品内容物配料生产的精准度,避免了配料出错而造成失误,使产品质量系统更稳定。

最初,防伪贴标都是靠手工作业,速度慢、效率低。2007年,我们开始采用激光机喷码系统,实现在线自动喷码。到2020年,全厂购置激光喷码机55台(套),95%以上的产品做到激光喷码全覆盖,从整体上提高了产品的防伪层次。

为了品牌产品防窜货,我们在2008年又率先引入兆信防伪、防窜货条形码采集系统,做到了一物一码可以追溯。在追溯机制保障下,实现了渠道品牌价格合理回归,消除了品牌在渠道中的混乱现象,也保护了消费者正当权益。

为进一步降低人员劳动强度,提升产品质量稳定水平,2018年,我们又全面引进视觉检测系统(CCD),做到先进视觉设备生产线全覆盖,把瑕疵产品留在工厂内部,进行集中处理,实现为市场提供的产品零缺陷,产品质量更稳定。

我们的化妆粉类产品开发,在2017年以前一直徘徊不前,技术设备比较落后。为彻底改变这一局面,公司下决心加强粉类产品的技术研发,同时重点投入设备改造,先后投资购入了高精尖的制造设备,在设备和制造工艺上,不断创新突破。经过试验改善不懈努力,到2018年,粉类产品的干粉、湿粉生产设备增加了20台(套),全自动粉类组装生产线两条,能生产高标准的高光粉,制造出艺术性很高的精雕粉类产品。国外和国内同行看后都感到惊讶。在"粉类"制造技术上实现弯道超车,用人减少,组装生产效率大幅提升,跃升到行业内粉类制造技术最前沿。

在技术设备改造上,我们始终跟踪国内外技术最高端,舍得投入国际上最新、最优的前沿设备,不断淘汰旧的工艺和设备,用最优制造工艺、大量应用自动化、专业化先进生产制造设备,逐步实现各类产品生产标准化、高效化、智能化。按照现在行业的标准,无疑让同行望其项背。

经过不断努力,我们消除了原来靠劳动力、以手工生产为主、自动设备较少、生产效率较低、质量控制不稳定的状态,减少了劳动力消耗,提高了生产效率,稳定了产品质量。最终实现了严格的生产技术规范、先进的专业生产设备、精准的产品制造工艺三者完美结合。

从根本上保证了多类别、多品种、多产线产品制造的优质顺畅，有效保证了不同品牌、不同消费层次群体，对彩妆产品消费快速变化的市场需求。

快速精准对接新的市场需求，面向世界，聚集全球行业智慧，几年内先后投资上亿元，不断采取优胜劣汰措施，改造提升生产设备自动化水平。在技术改造过程中，保留原有部份设备优势，吸收外部各种新的技术，不断引进高端制造设备，大大提高了我们各品类产品生产技术的先进性。

自动化设备的广泛有效应用，在厂房硬件面积恒定有限的情况下，公司为客户制造产品，扩充了充足的产能。在 2008 年前，年产能 2 000 万支左右，以后每年平均以 30% 以上速度增长，到 2010 年产能达 5 000 万支，2017 年产能超过亿支，现在设备产能，每月可为市场提供 1 500 万支合格的彩妆产品。

设备技术先进，自动化程度高，确保产品质量稳定，降低了生产成本，提高了生产效率，也提升了企业的竞争力，为企业发展提供了强劲的动力和源泉。

截至目前，我们研发制造的美妆产品，逐步涵盖了彩妆的全品类，有唇彩、唇釉、睫毛膏、美目胶水、粉饼、散粉、眼影、高光粉、粉底液、BB 霜、眼线液、眼线笔、眉笔、口红、唇线笔、美容笔、卸妆油、化妆水等。

我们始终遵循质量第一、诚信为本的宗旨，朝着不断开发、勇于创新的方向，牢记真诚合作、实现双赢的理念，追求产品一流、品牌一流的奋斗目标，为所有品牌企业研发制造优质产品。

我们为近二十余个彩妆品牌，开发制造不同品类的彩妆产品。不是代工生产制造，不接受来料加工。业务模式是设计＋供应链＋制造，接受品牌方委托提供从创意、研发、设计到生产的所有服务。是 ODM 原始的设计制造商。对技术、设备、系统管理有更严格较高的要求。

我们的彩妆产品，都是运用自己掌握的技术和知识产权，自己创新、自己研发、自己设计、自己制造我们开发的产品。

目前，我们的产品已出口销售到美国、法国、德国、中国台湾、日本、新加坡、泰国、迪拜、柬埔寨、英国、意大利、澳大利亚等20多个国家和地区市场，为40余家海内外品牌生产制造彩妆产品，性能独特，品质优良，深受消费者欢迎，在国内外同行业内，享有较高声誉和良好口碑。

四　企业竞争离不开供应链优势

制造企业参与市场竞争，不只是靠一家成品企业制造产品，而是需要多家企业共同参与，形成一个产业制造供应链系统，依靠系统的快速性、灵活性、创新能力，打造具有全产业的竞争优势。

产品制造需要厂房硬件、技术研发能力、产品创新能力、完善的质量管理体系、先进高效的生产设备。但是市场的快速变化，激烈竞争，供应链能力的高低强弱、在短时间内产品制造供货能力、新品上市速度，都直接影响到企业在市场上的竞争力。

一个产品的诞生，配方研发，新原料、新材料选择采购，包材容器配套供应，产品外观包装设计，模具开发制造，产品质量检验，品牌市场营销策划，整个过程牵涉几十家企业，都离不开高效健全的供应链系统。

产品从无到有，从设计到生产，从原材料采购到产品市场营销，依托的是一个稳定、系统的全产业链系统。产业链各相关环节配合都强，参与市场竞争的优势就强，这正是我们一直在全力追求的理念和信条。到上海十多年快速发展的实践证明，这无疑是市场竞争最正确的选择。

我们到上海后，逐步将原来在珠海、汕头、厦门等距离比较远、新品开发配套速度比较慢、技术进步不快的供应商调整到上海周边。选择设备先进、开发实力强、反应速度快、配合态度好、合作理念与我们接近或一致的企业，形成完整的供应链配套体系。

我们在上海工厂附近投资了上海洋明塑胶科技有限公司，支持其收购其他塑胶企业，添置先进设备，发展壮大，专门为我们供应塑胶容器制品。同时，我们还投资了模具厂，为新产品开发提供模具配套。睫毛膏上要用毛刷，对外采购的时候，往往因毛刷用材、造型好坏，直接影响睫毛膏刷出来的化妆效果。为培养一个直接配合睫毛膏研发的团队，按我们新品开发思路，配合研发并专供毛刷，我们专门从山东引进一个专业做毛刷的团队，他们到上海后，给他们免费提供生产场地、水电等各种条件。他们在我们厂内专门为我们研发制造毛刷，成为睫毛膏毛刷开发专家。这个团队经过几年的孵化，后来成长为一家独立的毛刷制造企业。

原来一家刚起步的小型印刷厂，在为我们产品包装配套中快速成长为一家彩印厂。也有起步不久的化妆品生产企业在与我们配套生产部分产品过程中，不断提升研发技术，现已成长为一家高新技术企业。

上海欧润化妆品公司在与我们配套生产部分产品过程中，不断提升研发技术，现已成长为一家高新技术企业。

在供应链企业中，我们引入优胜劣汰机制，带动了铝材容器制造、包装印刷、铝塑表面处理等一批相关企业成长；多家著名的容器制造企业，逐步与我们建立起稳定的合作伙伴关系，形成实力强劲的供应链，为我们新产品开发、生产制造，及时提供最新、质量稳定的配件和材料；重点的材料供应链企业，均是用一备一；建立一套竞争考核奖励淘汰机制，每家的竞争能力都一览无余。

我们将近 50 家容器类供应商、近 40 家外包材类以及化妆工具供应配套企业，全年供货数量、品质、周期、成本、响应时间，全部进入供应链电脑管理系统；分三大类，均按照新项目开发、质量管理、订单管理与服务、成本、创新与发展五个子系统,按标准累计年度实际供货得分,评定出卓越、优秀、合格、不合格等级。对每家供应商的绩效评估评分,竞争评选出排名序列,每年评出前10家供应商。使近百家供应链企业,形成自然优胜劣汰竞争生态链。

我们每年定期召开供应链会议,公布业绩,统一目标,协调策略,形成市场密切配合、利益共享、风险共担的伙伴竞争共同体。

供应商供应的配件品质越来越好、配合度越来越高、创新能力越来越强,我们的整体竞争优势也越来越明显。

全产业链共同参与市场竞争,凸显其优势。过去新产品开发上市,最快也要三个月以上,通常要半年左右时间。现在,不到一个月即可投放市场,大大提高了市场响应速度和竞争力。

在激烈的市场竞争中,这是十多年来我们能够快速发展最成功的经验之一。依靠着供应链建设的强专业性和技术性,经过长时间的选择优化,靠市场口碑和品牌表现,从原料、包装、设计、制造各环节中,我们成长为有广泛影响力的彩妆制造优秀企业。

同时,我们全面培育整合产业链、融合价值链,建立合理的资源配置型平台。以客户需求为导向,以提高质量和效率为目标,通过提升供应链智能化水平,实现高端要素配置的深度优化,逐步形成了网络化、平台化,数字化、打通全产业链供应主体,为行业创新发展全面赋能,实现了化妆品全产业链上下游既有专业分工又有密切协同。

2018年,基于公平、公开、公正原则,在上万家供应链企业中,经过行业梳理和信誉检验,按业绩、规模、口碑、创新力、影响力、未来前景六大指标,通过行业公告,经过评选、专业审核,上海创元成功入选"中国化妆品供应链100强企业名单"。

随着科技飞速发展,消费观念快速改变,消费者越来越占据消费主导,对彩妆产品外观、功能,要求更趋多样化、个性化,对服务质量、价格要求更高。"以消费者为中心",消费个性化催生差异化,从产品外观款式、材料材质、功能、服务、价格，到流程、技术等，建立柔性供应链，从端到端实现按需生产，满足消费者个性化、高要求、多种不同需求，是新消费时代，彩妆制造企业必须面对解决的难题。控制多项成本，提高生产效率，快速反应，减少库存积压，实现柔性供应链订制，是新消费时代企业供应链必须攻克的难点。

围绕供应链，从产品、成品与半成品，如何降低库存积压，实现工艺技术先进化、物料准时化、管理标准化，到原材料的价格控制、成品次品率控制、生产周期等，多维度降成本。推行快速反应的柔性供应链订制。这种新型供应链，按前端需求，快速响应实现按需生产，大幅度提高生产效率和效益。通过订制平台实现智能化订单、智能生产、智能仓储及智能物流系统的建立，改造并实现智能工厂，打通上游品牌和消费者的订制订单，和后端、直接连接生产线供应链订制，形成全套解决方案，实现规模化订制按需生产，实现销售主导生产的新模式，帮助企业逐步实现零库存，减轻资金压力，避免成本的过度消耗。

我们的研发部门、技术部门、生产部门、品牌销售部门，全产业链一条心，心无旁骛，坚持专业生产彩妆，做中国最有价值的彩妆供应商；专攻彩妆研发技术，做国内最精的彩妆产品；专营"玛丽黛佳"品牌，做中国最有价值的民族艺术彩妆品牌，让天下没有难化的妆。在全供应链优势的支持下，我们正在借助互联网的优势，将全产业链打通，改变传统商业模式的弊端，一步一步接近目标，走向民族品牌新的高地。

五 高标准严格检测为产品保驾护航

在制造生产中，产品质量是第一位的。对原料和产品进行严格检测至关重要。

刚迁到上海时，我们对原料商提供的原料反复筛选把关，但进入产品生产后，仍然时不时会发生产品质量问题，造成半成品不合格或报废，甚至有的进入产品后，由于质量问题而造成意想不到的损失。

以包材容器的材质为例，有时会出现与内容物不相容的问题，影响产品的品质稳定，出现质量问题，特别是有些容器存在隐性缺陷，靠观感难以发现，无法预先检查出来。为保证产品质量，我们要求所有生产上市的产品，都必须检测合格后，向主管机关备案，方可投放市场销售。

要做到这点，有赖于先进的仪器设备和严格的检验技术，来保证产品的质量稳定。

为了加强检测技术力量，我们专门成立了检测实验室，购置了行业内最先进的检测设备，如 ICP-MS、HPLC-MS、HPLC、GC、红外光谱仪、微生物菌种鉴定仪、电热恒温培养箱、真空干燥箱、恒温水浴锅、霉菌培养箱、净化操作台、无菌室、电导率仪、数显酸度计、数显黏度计、投影仪等。

为提升检测水平，我们购置了世界一流的检测设备，如安捷伦、赛默飞、尼康、梅里埃、安东帕、亚太拉斯、梅特勒、博勒飞等先进设备，配置了一支从事化妆品检测能力强的专业队伍，积累检测经验十年以上，专业技术人员三十余人，人均检测七年以上。

经过十多年的培养、筛选，我们的检测队伍不断壮大，同时不断优化检测方法，提高检测能力。到 2016 年，我们取得了 CNAS 国家实验室、CMA 资质认定，通过了 ISO/IEC 17025 实验室质量管理体系认证；有 180 项检测项目，获得 CMA 和 CNAS 认可；被认可的检测方法有 400 余项。

先进的检测设备、高标准的检测技术能力，对产品开发所使用的原料、包材、容器以及半成品、成品，进行严格的高标准的检测，提前发现可能带入产品生命周期中的风险，及时预先解决，将产品质量可能的隐患消灭在产品开发阶段，不论在国内销售，还是出口国外，确保产品质量符合消费者所在地的法律法规，保护了消费者的权益。

选用原料，不只是依靠原料供应商的质量承诺，要根据原料标样、检验标准，对原料色泽、气味、性状、黏度、pH值、耐热耐寒，以及微生物细菌总数、霉菌酵母菌等，逐一严格检验，合格后方可使用，避免进入产品后造成损失。

生产过程中，对生产使用的半成品、包材、容器、用具以及产成品，进行理化检验、配方毒理分析、防腐剂含量检测，进行有毒有害物质检测等。每批半成品，要对其色泽、气味、性状、耐热、耐寒、pH值、黏度、细菌总数、霉菌酵母菌、粪大肠菌群和金黄色葡萄球菌进行检验，对使用感、功能、妆效、卸妆效果、性能指标等检测，以上全部检验合格后，方可进入生产使用。

每批产品所生产的第一支产品，都要先通过检验合格这一关，然后才能开始后续产品生产。在流水线的各道工序，进行多工序、多点位状态检验，各条不同的生产流水线，安装有40台（套）的视觉检测配套系统，产品质量管控更稳定，及时发现纠正产品缺陷，防止有缺陷的产品流入市场，实现产品零缺陷。

我们生产的所有产品，都按照模块化、节点化、流程化进行检测，确保质量达标优良，实现没有一支不合格的产品流入市场。

就这样，在国内化妆品行业，我们具备了一流检测技术能力。从开始一个检测实验室，经十多年的努力，不断投入设备改善，人才成长提升，技术孵化发展，逐步成长独立成为一家具有独立检测资质的检测服务机构。

多年来，我们没有出现产品投放市场后再被召回的现象。正因为如此坚持高标准、严要求的检测，生产高品质的彩妆产品，才具有较强的竞争力，很快在国内外彩妆行业赢得很高的声誉。

先进的检测确保了产品质量。在稳定发展的基础上，上海创元于2017年开始导入卓越绩效管理模式，参与奉贤区区长质量奖评审。质量奖要求符合产业导向、环境保护、节能减排、安全生产、知识产权保护、质量等法律法规的要求，具备相关资质、证照，并依法纳税是对企业的褒奖。我们导入了卓越的绩效管理模式，建立了有效运行的质量管理体系，形成了自我完善的质量改进机制，具有卓越的经营绩效。经过申报、推荐、资格审查、资料评审后，区长质量奖评审专家组及区、镇有关部门领导进行现场评审，后经区政府审查批准，上海创元于2019年获得"第八届奉贤区区长质量奖"银奖。

作为一家民营企业，十年磨一剑。在中国化妆品产业之都——上海奉贤，在我们具有一流检测能力的基础上，我们孵化出一家专业的化妆品检测中心，而今它已成长为一家独立的第三方专业化妆品检测技术服务机构。

"检测机构"具有独立法人资格，拥有全方位的检测能力，取得了国家认证机构"化妆品产品备案"检测资质认证，具有为化妆品企业提供第三方检测服务的资质，可对国产化妆品、进口化妆品进行检测备案，对化妆品、日用化学品、化工原料、包材、化妆用具进行合规性检测，对厂房进行洁净区验证、第三方验货等，具备对产品微生物、重金属、防腐剂、禁用物等，进行高标准、高精密度的分析和检测能力，出具准确的检测报告，在国际上受到广泛认可。

专业检测机构，可为所有产品的研发、备案保驾护航，可根据不同产品，按美洲、欧洲、亚洲、东南亚等不同的国家和地区规定，选择符合目的地法律法规和客户要求，用中国国标方法、ISO方法或UPS的检测方法，按照客户的具体要求进行各项检测，进行配方毒理分析、防腐挑战测试、防腐剂含量检测、有毒有害物质检测、妆效测试、皮肤敏感性测试、眼部刺激性测试、化妆品安全性评价等。此外，我们对于化妆品包材检测还拥有数百种自主开发的包材检测方法，对不同类型包材，从外观到功能性，具有全方位检测评价方法，处于行业领先地位。

除了上述检测之外，对非特殊用途化妆品、进口化妆品的备案，提供产品备案检测服务,可对化妆品企业进行环境验证、空调系统验证、水系统验证、压缩空气系统验证等。我们拥有工业CT扫描设备,可对包材内部结构和尺寸有无损伤,进行检测和分析,避免产品生产后出现异常。

"晓创检测"与"东方美谷检验检测"建立了战略合作关系。我们创新发展,追求卓越,共同打造长三角地区化妆品权威检验检测机构,为"东方美谷"化妆品产业和品牌升级发展注入活力,成为第三方独立检测机构中的一颗璀璨明星。

六 创立泡罩自动化生产线

2012年,崔晓华去韩国考察,看到一家企业用泡罩自动包装设备生产化妆品,这在中国美妆制造行业还没有见到过。

回国后,经过一番研究,他以独到的眼光认为,自动化泡罩生产属于高技术设备。随着科技的快速发展,自动化泡罩包装在化妆品产品制造中一定具有广阔的前景。

全自动的泡罩制造流水线

有一天,他对我说:"老爸,我在韩国看到一种新设备,我觉得很不错!"

我好奇地问:"什么设备?"

他说:"自动化生产设备,国内没见过,我决定做第一个吃螃蟹的人。"

国内没见过,且设备投资巨大,到底行不行啊?我有点儿担忧,但相信儿子的判断。

化妆品制造属于劳动密集型行业,尤其彩妆产品,属于时尚产业,市场变化快、产品类别多、批量小、用工多、效率低,机械化自动化生产难度大,制造成本每年上升20%~30%。快速增加的成本,特别是劳动力成本逐年提高,企业负担越来越重。

在这种形势下,引进自动化泡罩设备,虽然投资成本高,但可减少用人,实现产品生产制造全程自动化,产出效率高,能大大提高企业自动化生产水平,有望成为企业未来新的效益增长点。

这套设备成本巨大,但我支持儿子的决定。

崔晓华没有犹豫,果断投入巨资,引进了自动化泡罩生产线,同时取得在中国化妆品领域泡罩生产设备的独家经营使用权。

我们生产制造的各类彩妆产品,规格、型号、设计、磨具都不同,按照产品的制造要求,须对泡罩自动化生产设备进行量身研发定制。

为将这项处于国际领先水平、拥有多项专利技术的自动化泡罩制造设备引进国内,并尽快投入生产,我们专门组织了一个团队,到韩国全程参加设备改造、培训学习,从产品开发设计、模具制造、设备安装调试、障碍排除,全面掌握所有技术流程细节。

设备引入中国后,我们在厂区内专门对泡罩生产场地进行了净化装修,很快完成设备安装调试,开始对彩妆产品的小样、试用品、赠品,以及部分产品等进行试生产。

泡罩生产设备流水线在国内投产后,用于连续生产的上下覆盖膜材，都要从韩国进口，成本高、周期长。开始只能用于产品小样、试用品、赠品等生产，给企业带来的经济收益有限。此时有人提出疑问，市场主要旺销的彩妆产品，订单少，盈利低，投了那么多钱，能不能收回投资，什么时候才能收回投资？

很多人对当初的决定质疑。

而崔晓华始终坚持认为，寻找国内合格的膜材供货商，要配合国内膜材生产企业，改善技术提高品质，快速实现国产膜材替代韩国进口，就可大大降低成本。

经过两三年与国内供货商的合作，不断研究探索和改进，国产膜材很快达到韩国同等的质量水平，且供货快，成本大幅度下降，为大批量泡罩生产彩妆商品，开辟了广阔的道路。

负责泡罩生产业务的管理人员很用心，也很努力。我们曾多次讨论沟通，初期以生产小样、试用品、赠品为主，可以视作练兵阶段；膜材实现国产替代是创造发展基础；集中力量开发泡罩彩妆商品，为知名度高的国际国内大品牌生产，为要求携带方便的一次性日用洗化、消杀、护肤、护发、彩妆、面膜、眼膜等小容量、便携带的产品进行泡罩生产，前途广阔，市场销量一定很大。

果不其然。三年内，我们先后投资近7 000万元，用于泡罩自动化生产技术设备，连续三次升级改进泡罩设备技术性能，产能大幅提升。三次升级换代后。一代更比一代先进，自动化产出效率更高，公司已具备为各类产品开发模具、制造各类产品的能力，自动化泡罩生产制造很快打开了市场。

泡罩产出的产品市场影响不断扩大，引起了国内外著名品牌公司高度关注。纷纷要求商谈、委托为其品牌新产品设计、开发生产；日用品巨头宝洁公司、联合利华公司，均来洽谈新型产品的泡罩生产供货；一批国际、国内的著名品牌企业通过验厂，要求我们为其研发制造部分产品。订单量快速增加，原来一条自动泡罩流水线，不能满足订单要求，很快改造升级增加到两条、四条自动化泡罩生产设备，现在已有五条线可满负荷生产。截至目前，我们的泡罩生产制造流水线为品牌公司供应泡罩产品，每年由3 600万件迅速提高到6 000万件，销售额也由3 800万元，迅速提高到9 000万元左右。

崔晓华当初的预判和决策都得到了验证。引进泡罩自动化制造生产线，节省了人工，大大提升了生产自动化水平，提高了开发制造产品的市场竞争力，为企业今后的发展开辟了一个具有潜力的新的效益增长点。

七 中国制造走向国际市场

我们创业十几年来，一个个新产品走向市场，一个个爆款产品广受好评，我们信心百倍。

就在这个时候，有人质疑：你们生产的彩妆产品，在美国到底能不能卖？质量有没有美国的好？有没有人要？

我也曾思考过这个问题，渴望有一个答案。

有一年，我到美国去旅游，出发前我特意准备，随身带了一些我们生产的各类彩妆样品。到美国后，我把它们拿给美国销售彩妆的店铺老板看。

他们拿到样品后，一开始是质疑的，我百般说服让他们试用，才答应可以试试。

一段时间后，他们给出了结果，老板高兴地说："你们的产品太棒啦，我们超喜欢！"

老板回馈，试用者对我们的产品评价很高："没想到中国生产的化妆品这么棒！"

这时我相信，中国制造的产品质量一点儿不比美国的差。可是，为什么不能打入美国市场，为什么进入美国市场那么难呢？

我们一直梦想，上海创元开发生产的美妆产品能卖到美国去。然而由于对美国的消费习惯和市场不了解，又存在语言障碍，加之没有美国的渠道，实现这个梦想比较困难。

后来我们发现了问题的症结所在，主要是美国的海关保护政策，海关壁垒政策将我们的产品堵在国门之外。换句话说，只要突破他们的海关壁垒，中国制造的产品质量一点儿也不差，一定能在国外卖得好，打开一片天地。

有一家香港公司是专做进出口业务的，在美国有化妆产品销售，他们一直看好创元开发的产品，希望和我们合作。授权他们享有美国独家代理权，全权负责在美国的销售和市场推广。

向美国市场销售中国的彩妆产品，打开美国市场，我们一直抱有很大的期望，于是我们答应了。然而，由他们控制产品在美国独家营销权，我们虽然满怀期待，经过了两三年，结果外销业务发展缓慢，不温不火，销量长期徘徊不前。

我们开始思索，我们生产的"纤维睫毛膏"产品，在中国的国际大品牌主动要求我们为其旗下品牌开发生产供货，这款睫毛膏在国内市场销售旺盛，为什么外销发展缓慢呢？

原因有两个：一是我们没有掌握直接开发国外品牌客户的主动权，二是外销能力不足。

认识到这点，公司迅速调整外销策略，组建专业的外销团队，提升外销能力。同时，终止原来第三方的独家代理权，组建自己的国际营销团队。

我们的销售团队很快壮大起来，由原来的2人迅速扩大到25人，直接面对国外的品牌客户，为国外品牌开发独具技术优势的产品。

与此同时，创新外销通道，扩大境外客户群，国际客户群迅速增加，同时在美国、法国、中国香港、日本聘请外籍专业销售员工，并逐步成立了美国、日本、韩国、中国香港销售分公司，外销业务范围不断扩大，打开了局面。

我们极为重视产品质量和信誉，特别是为国际著名品牌供货，国外品牌客户给予高度评价。通过某国际化妆品集团验厂后，其美国高管来上海创元工厂实地考察，对生产设备及管理流程详细考察后，忍不住赞赏说："我看过全球优秀的化妆品工厂，不少于200家。像你们这样，重视应用先进技术设备，合理使用人工，严格管控产品质量，又不降低产出效率，是我见到的为数不多的工厂之一。"

到2017年，我们先后与美国数个著名化妆品高端品牌进行战略合作，为其订制开发纤维睫毛膏、双头眉笔、眼线笔等，中国化妆品企业为美国高端品牌，进行"中国制造"研发生产彩妆产品，并将"中国制造"的产品推广到美国高端品牌市场，开创了美国品牌畅销产品的先例。

为美国著名化妆品品牌研发制造的产品，供货两年后，于2018年5月，在美国著名化妆品公司召开的全球供应链大会上，为上海创元颁发了"最可靠供应商""最灵活供应商""最具经济效益供应商"三项奖励。曾为欧莱雅供货多年的厂商，长期期盼都未曾获得这样的评价。上海创元用两年时间，即攀登到了为美国著名品牌供货免检的高度。

我们出口到美国的产品，在美国备受消费者欢迎。专为美国著名品牌开发生产的三角眉笔、极细眉笔、扁平眉笔，更是在美国市场眉笔产品中，销量进入前十名；为美国品牌开发制造的部分产品，在美国媒体、行业杂志、网络平台等年度评比中，屡屡获奖。

我们为美国美国著名品牌生产的眼线胶笔、弯头眼线笔、极细眉笔、PIXI睫毛膏等产品，分别被美国女性健康杂志、美国美妆权威allure杂志、美国时尚杂志、美国网络平台等媒体评为2016年度、2017年度"最佳彩妆产品""最佳睫毛膏"，2019年度"最创新产品奖""最佳眼线笔"；我们生产的液体眼线笔，被美国著名主持人奥普拉·温弗里创办的O magazine评为2019年度最佳"秋季彩妆产品奖"。

经过多年的不懈努力，我们的产品打入了国际市场，源源不断地出口海外。

2014年,我们通过美国著名品牌公司验厂并向美国供货后,接着通过了韩国著名品牌公司,美国联合日化集团,以及日本资生堂、狮王公司的验厂,逐步下达订单。目前,我们的产品逐步销往美国、德国、法国、英国、比利时、俄罗斯、日本、韩国、迪拜、澳大利亚、印度、印度尼西亚、泰国、新加坡、菲律宾、拉脱维亚以及中国台湾、香港等多个国家和地区,向海外国际品牌生产供货的近50个品牌。我们并逐步为海外国际高端奢侈品牌客户研发供应产品。

近些年来,我们的外销业绩发展迅猛,向海外品牌客户供货达近五千万支,海外销售收入由2012年前的5万美元,到2019年达到5 000万美元,增长了近千倍。公司外销营业收入,占总收入比重逐年上升。由于外销返税,公司盈利能力增长,业绩喜人。

我们那支全球首创的睫毛膏,国际彩妆大牌都很喜欢,希望能为他们开发供货,但却要求产品不能标"中国制造",这给我们出了难题:中国生产的产品不标中国制造,不符合世贸规则。这个问题一直困扰着我们,再加上美国发起贸易战关税增加到25%,我们该怎么办?

"中国制造"要真正打入国际市场,扩大海外销售,就要考虑走国际化道路,在海外能制造产品。于是,我们首选在韩国投资建厂。

这是迈出跨国制造的第一步。2017年,我们斥资在韩国购买几千平方米厂房,同年7月在韩国完成注册,次年8月完成对厂房装修改造,2019年3月中国技术正式在海外投入生产。

在韩国的制造工厂,已具备了化妆品制料、充填、包装、仓储运输等全流程生产能力,充分应用在中国形成的经验和有效管理体系,结合韩国实际情况,在品质管控、制造工艺、供应链管理等方面,快速形成完整的生产管理体系;配置先进的自动化生产设备,可生产眼线笔、睫毛膏、眉笔、口红、眼影、泡罩等,具备年产3 000万支彩妆产品的能力。

就这样，我们依托国内的全球化信息管理系统，实现韩国与国内集团以及全球各分支机构，保持24小时在线生产信息共享管理，可及时高效地进行全球化业务运营。

我们依托国内强大的技术积累、管理支持和信息共享经验，中国制造技术在韩国应用能力日臻完善。产品除在韩国本土销售外，还返销中国大陆。美国、日本、韩国著名的国际品牌销往欧美、东南亚等地区，为跟踪国际化妆品发展方向，结合韩国时尚创新流行趋势，我们在韩国设立了技术研究所，与国内产品研发技术中心相互配合，快速开发符合国际流行趋势的前沿新产品，提高了对高端消费市场的供应能力，扩大了在国际市场的竞争力，为拓展国际业务空间，实现"中国制造"走向国际化，贡献更多新的力量。

自2008年起，上海创元实现了稳步发展。2019年荣获中国轻工业联合会"中国轻工业化妆品行业十强"企业；自2016年起连续三年入围"奉贤区财富百强企业"，并从第56位上升到第38位；上海创元集团旗下负责玛丽黛佳营销企业"上海震亮"同时跻身财富百强企业。两家企业均获评奉贤区首批"三个一百"领军型企业。

未来，面对复杂多变的国内外形势，围绕上海服务、上海制造、上海购物、上海文化"四大品牌"，我们将继续努力，继续奋斗，突破艰巨繁重的变革任务，力争把上海创元打造成高效联动的供应链整合平台，把"玛丽黛佳"打造成为中国骄傲的民族彩妆品牌，向实现"两个中国第一"的目标努力奋进！

世间只有想不通的人，没有走不通的路。唯有迎难而上，永不言弃，脚踏实地，奋斗不息，才能困难压不垮，竞争挤不倒，一步步成长，稳妥地走向成功。

第十二章　创立自主品牌"玛丽黛佳"

一　终端品牌的诞生

我常以感恩的心说："没有早期彩妆商行著名流通品牌，就没有现在的上海工厂。"我们的工厂自2005年迁到上海后的发展，离不开在义乌批发市场前期的渠道积累和铺垫，更离不开"火烈鸟"品牌在流通市场营销的支持。

搬来上海前，我们在大塘下开设作坊式小工厂，没有自己的品牌，主要为沈阳彩妆商行的流通彩妆生产，品牌有著名的流通彩妆品牌"某某鸟""某某蒙""某某猫""某某丽人"等。在中国彩妆流通市场的销售火爆，为我们迁来上海生产发展积累了原始资本。

2005年5月我们到上海后，整个工厂产能80%以上，主要为东北彩妆商行生产流通品牌产品，我们自己的"伊人"品牌约20%。除此之外，没有其他品牌，产品品类也很单一。

东北彩妆商行老板和崔晓华在合作中相互高度信任，不分你我，相互成就，精诚合作，一直很愉快。"某某鸟""某某蒙""某某猫""某某丽人"等品牌，工厂开发生产，流通渠道营销，优势互补，利益共享。

双方精诚合作，同坐在一条板凳上，都盯着"市场消费者需求"这个目标，有时半年一年都不用对账。产品开发出来，有时可以先销售,后定价。只要产品消费者喜欢、卖得好,能打开市场,结算谁多一点少一点都无所谓,从来不争利益,一荣俱荣,双方都受益,都得到了发展。

工厂迁到上海后不久,上海产品制造工厂和东北彩妆商行营销之间,在向哪里去?走什么路?发展理念上出现了分歧。

主要是对如何提升产品价值和产品消费税认识上的差异造成的。彩妆产品当时属于奢侈品范围,国家对奢侈品要征收高额的消费税,2016年11月前,消费税率30%,后来才调整为15%。消费税可以转移到流通环节,但要在生产环节征收。我们到上海后生产的产品,都是适合流通市场销售的品牌,售价不高、盈利低,靠数量而不靠价。消费税不论在哪个环节征,都难以承受。

高额的税负,在生产制造与产品营销两家分别独立核算的企业之间,必然会产生了矛盾。彩妆商行认为上海制造工厂就是营销企业的生产基地,产品由他们销售,上海工厂管产品开发和生产制造。上海制造工厂就是"某某鸟""某某蒙""某某猫""某某丽人"等流通品牌的工厂。

工厂在义乌国际商贸城自己的店铺张挂上海制造工厂的招牌,会影响"商行彩妆品牌"的发展。这些品牌长期走流通渠道,低价格、毛利率低,流通市场灵活,零售商都是定额税,税负低。而上海税负管理规范,都是按产量征收。特别是化妆品,除增值税外,还有消费税,2016年11月前,在生产环节征收30%的奢侈品消费税,税负要摊入产品价格内,转移到销售环节,流通品牌实行低价营销,高额消费税难以承担。

对生产制造工厂来说,必须交纳消费税,但微薄的盈利水平,实在难以支撑和承担。

本应转移到产品流通环节的消费税,生产商在出厂时就要交纳。在企业创建初期,产品档次不高、品牌价值也不高,消费税分摊到产品价格内,必然提高售价。提高价格后,市场卖不动,订单减少;不提高售价，继续低价售卖，税负难以承担；单靠生产商消化承担消费税，极难长期生存发展，矛盾突出。

工厂迁上海后，高额消费税摊入成本，产品品质与定价、生产商与销售商如何分摊消费税，始终是摆在企业面临的尖锐矛盾和问题。

到底该怎么办？

对此，上海制造工厂和品牌营销商数次平心商讨税负分摊比例，盈利水平太低，产品价值不高，始终难以达成共识。

对工厂来说，必须开发新产品，创造新的价值，通过提高品质、提高售价来消化部分成本，这样才能维持生存。在巨大的压力下，上海工厂把主要的精力用在了研发新品上。

2006年初的一天，崔晓华和曾四立带着团队，有了一个开发新型睫毛膏研发的灵感。过去的睫毛膏是膏体里混合进部分纤维一起用。如果将纤维、膏体分装在俩个小容器里，化妆时睫毛膏、纤维分别轮流使用，眼睫毛效果是不是会更好？纤维、膏体分装这种方式在国内尚没有见过。当时他们认为这可能是一个值得研究的机会，说不定能创造出一个新产品呢。他与曾四立反反复复地进行深入讨论，研究这种睫毛膏的优缺点、价值点在哪里、哪里有研究改进的空间？形成新的创意后，有了第一款睫毛膏开发成功的经验积累，决定自主研发这支产品。他先做出样品，那段时间出差期间或在家里，一直装在身上，天天琢磨。一年多时间里，反复试验、改进、再试验、再改进，天天想着突破和创新，不知试了多少次，不知经过多少个不眠之夜，光那个"毛毛"纤维，全球范围找原料，选用试验纤维不下十余种，最终找到一种接近真睫毛的纤维，能打造逼真、纤长、浓密的睫毛化妆效果。经不断试验，创新研发出了一款可以拉长睫毛的嫁接式睫毛膏，效果奇好，实属全球首创。

到了年底，最终研发成功。

这支睫毛膏将膏体和纤维分装两个容器内，并突破了苍蝇腿的不良妆效,最终给消费者带来更愉悦的使用体验,在这个品类上实现新突破,创造了靠这支睫毛膏打天下的传奇。

无数次试用、无数人使用后评估,一致认为产品品质好,用后效果好,反响强烈。通过创新的新产品、新价格,让产品系列从低端走向中高端,提高售价,大家都对这支产品投放市场抱有很大信心。

我们分析认为,创新研发出的这款新产品,如果继续走低价流通路线,根本无法支撑上海高额的成本。有了这款睫毛膏,可以大大提高其售价,走高端路线。这样就可以消化高额税负的成本,实现盈利的积累,这是事关企业未来发展的重要战略。

崔晓华欣喜若狂地把他的理念想法,并带着产品,来到东北彩妆商行,与营销的老板沟通协商。没想到,双方再一次发生观念的冲突。

长期在批发市场经营,熟悉流通环节,积累了丰富经验,在全国占有一定市场份额的"流通品牌"老板,她坚持走习惯的路子,继续低定价多销、走中低端流通市场来赢得未来。

在东北,两个人为此发生了激烈的争议。

"我做化妆品这么多年,根据我的经验,定价高卖不出去,没有人要。听我的,只有低定价、大批量销售才能生存!"对方坚定自信的语气,不容置疑。

"这款产品真的很好,我们可以提高价格试试。"崔晓华解释道。

"不可能的!"

"事在人为,天下没有什么不可能!"

七八年的精诚合作,第一次发生了如此激烈的争执。

崔晓华激动地说:"上海工厂要发展,就必须根据市场变化做调整。人们的生活水平提高了,消费要求也高了。产品也一样,继续走低品质、低售价路线,义乌制造在小商品批发市场销售可以,但在上海生产制造,只走批发市场,要生存下去绝对不行。"

对方坚持道:"走低价批发是最保险的,不管什么时候,都是最保险的！这款新品睫毛膏，如果提高价格，我们流通渠道没法做，我就不做！"两个人各抒己见，两种思路，谁也说服不了谁。

两个人都没有错。只是对未来消费市场发展定位不同，产品要走的营销渠道不同，自然形成的观念不同，选择的定价、营销策略也就不同。

沉默，在一阵沉默后，崔晓华下定了决心说：工厂面临如何转型升级，如何在上海生存下去的问题。关乎未来能不能健康发展的问题。

"你如果不能做，只好我们自己做！"

"你确定这样的价位？自己做？"

"就这款睫毛膏。这么高妆效的睫毛膏，提高价格，体现其价值一定可以！"

"好！那我们就分别试试看，半年后看结果。你失败了别怪我没提醒你。"

就这款"纤维睫毛膏"，后来有人叫它"毛毛睫毛膏"。

在东北争议后，崔晓华很快把来龙去脉与妹妹崔晓红沟通商量。

崔晓红2004年从佛山照明离职后，来义乌一直负责批发市场销售。她听了介绍后陷入深深的思考：这涉及产品走流通路线还是走终端品牌路线，是争取较高的毛利水平还是低毛利，如果继续低价、低毛利，不能消化不断增高的成本，不能积累实力发展，如何聘请高级人才？如何投入产品创新研发？如何投资技术设备改造？

认识不一致没关系，重要的是我们要创新高质量产品，能不能改变过去低端、低价、低毛利、低品牌的形象，未来的希望在哪里？

崔晓华一脸严肃地说。崔晓红意识到，这不是一件简单的意见分歧……"如果我们继续走流通渠道，恐怕——"

没等她说完，崔晓华打断道："要创新！要坚决改变，走终端品牌，找代理商销售，要做自己的品牌，不走原来低价流通批发渠道！"

"想到一起了！要打破以前大流通、低价位的局限，注册自己的商标，从终端市场开始，开创一条新的道路！"

兄妹两人不谋而合，很快达成默契。

崔晓红当即决定亲自带着"纤维睫毛膏"去闯终端市场。

"晓红！这款睫毛膏能不能打开终端市场，就看你的了！"

"哥，交给我吧，我偏偏就不信邪！"

"我可是赌约在身啊！"

"放心吧！哥，不是赌不赌谁赢的问题，是能不能闯一条新路，打开一片新的天地！"崔晓红半开玩笑地说。

2006年12月底，"纤维睫毛膏"上市，便赢得市场的青睐。

然而好景不长，很快市场上不仅有了仿制品，而且单支产品盈利能力，无法消化高额的推销成本。这让崔晓红意识到，仅靠一支优质单品，在市场上的竞争力、生命力是不够的。不能仅用卖产品的思路做市场，必须做品牌。

崔晓红和崔晓华不得不严肃地商量解决之道。

哥哥崔晓华和妹妹崔晓红，一对好搭档

崔晓华说："我们有渠道，有团队，有工厂，还会研发，毛毛睫毛膏在市场上很受欢迎，这时候不做品牌，什么时候做？"

"哥，这次咱们又不谋而合了！"崔晓红高兴地说。

2007年，我们注册了"玛丽黛佳"商标，崔晓红组成了一个11人的营销团队，专门经营这个品牌。

"玛丽黛佳"诞生，我们有了自己的品牌，终于又开了一扇门，多了一条发展的腿。

品牌有了，但最初只有睫毛膏这一款产品，客户也没见过靠一支产品的品牌，很多人持怀疑态度，有些愿意卖的也是试试看，销量好就继续卖，销量不好就不卖。

终端销售和走流通完全不同。流通的客户群一部分是在义乌批发市场发展的老客户，但做零售，需要统一价位，在全国寻找做得好的零售商和专卖店，开拓专门做零售的终端客户。

就这样，崔晓红在全国建立起了第一批终端零售商。

二　品牌要站立上海发展

"玛丽黛佳"品牌最开始在义乌销售了一年，销售效果不错，消费者接受度高，但是接下来，也面临着"义乌"局限性的问题。

"玛丽黛佳"诞生后，产品好，品牌也好，但因"义乌"二字，降低了品牌自身价值和影响力，好产品在义乌卖不出好价钱。就是说，义乌的环境和模式不适合做终端品牌，尤其不适合发展期望高的高端品牌，特别不适合打造国际化品牌。

于是，崔晓红要求把经营品牌的地址搬到上海来，立足于上海发展。

我们分析了在义乌和在上海的各种利弊，复盘了工厂最初从义乌搬到上海的经历，最后达成共识："玛丽黛佳"品牌总部必须落地国际化大都市——上海。

这是一个需要谨慎做出的重要决策。

到上海发展首要的问题,就是要先解决品牌营销总部、业务经营办公地址问题。

在上海为品牌总部寻找经营办公地址,还是费了一番周折。

经过多方寻找,我在上海闵行区莘庄一个居民区找到一个商务楼,我认为可以做品牌办公选址。关于这个问题,我和儿子、小女儿三个人在莘庄老树咖啡厅,进行了严肃认真的沟通讨论。

我说:选莘城公寓38号,房产价格低,有空置房源,只要下决心做决定,即可以办理入住。今后人员增多的话,根据发展需要还可拓展扩大面积,具有灵活性。

崔晓红认为:先选个地方,能开展品牌推广营销,品牌做大了以后还可以调整变更,希望尽快决定。先选38号开始发展。

崔晓华认为:38号位于居民小区内,客户往来进出沟通不方便,形象也不够理想。

他希望能在莘庄立交桥中间绿地的高层楼房办公,但绿地现已售完暂没有房源,对选定38号持不同意见,迟迟没有表态。

要选理想的绿地,需等待有人出售二手房时才可以,但等到何时,谁也无法定论。

记得那时因为找房子,我妻子曾对崔晓华说:"儿子啊,绿地房子卖完了,就像男人看中的女人已经嫁人,就再选一个吧。"

崔晓华还是认定绿地好,就说:"嫁人了,可以等她离婚后再娶啊!"

崔晓红却说:"可是等不急了啊!"

她是根据"玛丽黛佳"的实际情况,要求尽快敲定地址,快点进入上海,开展品牌终端渠道开发和产品销售。

在老树咖啡厅里,我们各抒己见,严肃认真地沟通讨论,最终达成一致:确定先选定莘城公寓38号17楼一层房产作为"玛丽黛佳"

品牌的中国区营销总部,"玛丽黛佳"入驻上海开展工作。

这一决定,开启了"玛丽黛佳"品牌在上海的落地开局。

接下来,我负责谈判签约,不到半个月即办妥了各项手续,设计装修后即可入驻办公,为品牌在上海发展争取了时间。

同时,崔晓红招兵买马,组建团队,搭建组织架构。

2008年4月18日,在上海青浦区华新镇注册成立了"上海菲扬化妆品有限公司",作为"玛丽黛佳"中国区营销中心,专业推广营销"玛丽黛佳"品牌,正式入驻上海。

我们也由原来做彩妆流通批发,转为重点发展终端品牌营销,开创了品牌快速发展的崭新道路。后来,随着品牌的发展,又逐步收购了38号其他楼层,拓展了企业快速发展新的空间,支持"玛丽黛佳"品牌在上海走过快速发展壮大的十年。

"玛丽黛佳"到上海后,最紧迫的任务就是根据品牌定位,研究开发新产品,开拓扩展终端销售渠道。产品方面,要从消费者对美妆的追求,分析产品市场需求,向工厂提出开发产品的意向和创意,要求工厂与品牌人员共同开发高品质的产品。

产品的零售终端渠道,要到全国各地,按照不同的经济区块,去一个一个地开拓建立。首先在美妆专卖店系统发展,选择各区域有实力、有零售经验的客户,成为"玛丽黛佳"的区域代理商。按照全国统一拟定的营销策略和分销政策,派出区域经理帮助指导代理商,扩充建立网点,建立统一的品牌宣传陈列形象,提供试用品,培训销售员、化妆师队伍。经过几年的努力,区域代理商网点逐步覆盖全国的县级以上城镇,并向乡镇延伸发展。

在发展代理商过程中,有些原来是做批发渠道为主的客户,缺乏做终端零售的经验,往往不擅长组织终端品牌营销管理。很快我们发现,代理商有什么样的经营理念,他们就会走什么样的发展路径。窜货、低价倾销、恶性竞争时有发生,原来做批发擅长的代理商,转做终端品牌后，发展缓慢。

为此，我们不得不对个别区域代理商进行调整更换。选定新的代理商，调整更换都要经过一番艰难的协商沟通，特别涉及经济利益就更加复杂。然而，选对选好一个合格的区域代理商，调整好销售渠道网点，落实好品牌经理和营销策略，非常重要，这就等于打开了一片新的区域市场。

"玛丽黛佳"的营销渠道不断开拓，在开发专营店渠道达到一定规模后，开始发展大客户渠道、大连锁零售渠道、商贸超级市场渠道，并逐步开发了百货商场渠道，如屈臣氏等全国大连锁，同时开拓了电子商务、大客户渠道以及航空渠道，实现全渠道销售。

经过近十年的努力，"玛丽黛佳"的销售渠道涵盖全国所有区域，国内销售网点达1.7万余个。产品从一个品种开始，慢慢增加到几十种，成为一个品牌系列，在市场影响越来越大，成为中国最具影响力的彩妆品牌。

"玛丽黛佳"品牌营销总部在莘庄居民区的商务楼里，走过了从出生到快速成长的十年。然而，对渴望成为中国第一彩妆品牌，准备走国际化路线的"玛丽黛佳"来说，品牌总部长期蜗居在居民区内，逐步显得有些不合适。要提升"玛丽黛佳"品牌价值，要拓展新的项目，在居民小区内办公不利于品牌发展。

"玛丽黛佳"品牌要向更高的阶段发展，需要在上海这个国际大都市有一个更高档次的总部大楼。崔晓红、崔晓华和我都一致期盼能够有机会实现这一愿景。

为"玛丽黛佳"选定一个"更具前景"的总部大楼，自然成了我的又一个重要任务和目标。

适合做时尚彩妆品牌的总部办公楼，对交通、区位、价格、面积、建筑性质等，都有高标准的具体要求，合适的并不好找。到上海城郊找，崔晓红觉得不符合品牌的要求，不愿意去；到上海核心区去找，面积小，价格贵，交通拥堵，很难达到理想。

我用了将近一年的时间，从上海核心区域到城区周边，从商务楼到城郊的工厂，考察谈判的项目不少于20个。要么面积太小，或交通拥堵不便，要么价格昂贵成本太高，要么受控规限制，不能改造扩建，总是难以成功。

就在我一筹莫展之时，为我们奉贤厂房扩建出谋划策的设计专家居文红，在和闵行区政府领导一次饭局聊天时，听说万象城有商务楼要卖，便打电话告诉了我。

我听到消息后，立即离开办公室前去考察。该项目位于闵行区外环线以东、虹莘路以西、吴中路以南，位置很好，这是占地20多万平方米的一座大型商业综合体，总建筑面积52万平方米，其中商业建筑20万平方米、公寓式酒店3万平方米，还有地铁博物馆等。能用于商业办公的建筑有12.8万平方米，一期已销售完毕，现对外销售的是二期。二期只有两栋商务楼，每栋四层6628平方米，钢构建筑已经封顶，内部还在建设，将于2016年交付。

综合来看，万象城是闵行区重点打造发展的商业区，距虹桥交通枢纽10多分钟车程。找了那么久，万象城作为品牌总部办公，我认为是最合适的选择，区位、面积、交通都不错，利于品牌形象价值的提升，是价格有点儿偏高，支付压力大。

我回去后，第一时间和崔晓红沟通，这时我才知道，崔晓红早就去那里看过。

"万象城第一期开盘，就去看过了，价格太高了。"

我仔细想了想，问道："你先看这地方区位，是不是适合？"

崔晓红点点头说："合适品牌未来发展，就是价格太贵，支付压力太大，我没有考虑过。"

"你先考虑适不适合品牌发展使用，能不能满足品牌未来的发展需求，然后咱们再商量价格问题。"

我历来主张把复杂的问题分解开来，一项一项地分析研究。

崔晓红一听，仿佛想到了什么，灵机一动说："老爸，要不我再去看看，研究研究？"

之后，崔晓红又和崔晓华各自去看了两三遍，找人讨论咨询，两个人得出认识结论是：这地方未来肯定好，交通、区位、形象，对提升品牌价值，未来发展有利，地方够用，就是总价高，支付暂时有困难。

我问："这个地方两三年后价值会不会提升，三年后总价值是亏还是赚？"

"价值一定提升！"兄妹俩一起肯定地说。

其实我早已对该项目的未来市场走势做过分析，预判前景看好，价格看涨，是想鼓励他们认识品牌发展前景，认清趋势，能早点下定决心。

为什么不下决心解决长远问题？资金暂时不够，可以贷款呀！我说完，儿子和女儿四目相视，然后会心一笑。

听说玛丽黛佳选定购置总部大楼，几家银行主动给我们信贷支持。银行知道"玛丽黛佳"品牌未来的发展前景看好，希望支持品牌发展，提供大额长期信贷，积极为这个项目申请信贷额度。

最后，我们选择了奉贤有长期开户往来的交通银行，办理了银行贷款。

最终，我们将万象城 V4 商务楼六千余平固定资产，纳入集团公司旗下。约定 2016 年 3 月交付使用。

玛丽黛佳品牌，是上海化妆品营销公司专业的品牌，如何利于品牌今后推广营销上市，降低品牌营运成本，对建筑如何管理使用，如何适应未来企业管理需求，如何打破部门之间的壁垒，实现无障碍沟通？如何利于品牌产品的开发以及有全国经销商的交流，促进品牌价值提升和发展？经过专家反复咨询论证，进行了一番认真的讨论和研究。考虑今后长远发展的灵活可变性，最后该物业由玛丽黛佳品牌经营使用。

不出所料，到 2016 年房产正式交付使用时，万象城的房产价值均已有了一定的提升。

万象城还是买对了,为"玛丽黛佳"品牌提升形象、走向国际,打开了广阔的发展空间。

一直以来,在企业发展中,尤其是需要做重大选择决策时,都是我与儿子、女儿一起分析商量,认知取得一致后,再做出决定。

事后证明,购置土地,建设厂房,选定仓库,公司各项国定资产的建设,我们都是站在市场长远发展需求的角度,面向未来对维度考量,做出决策都没有错。

我体会到,任何情况下,只看眼前一段时间,下决心很难。要站在高处将眼光朝向未来,向远方看趋势,符合大方向再做决定。"站得高"才能超越空间去捕捉方向,"看得远"才能超越时间去预见趋势。只有基于前瞻做出选择,才能保障企业沿着正确方向,朝着长远的目标前进和发展。

"玛丽黛佳"品牌从义乌转到上海后,依托上海工厂的研发制造

位于虹莘路 3999 号万象城的玛丽黛佳总部大楼

实力，产品质量不断提高，营销渠道不断拓展，品牌营销力不断提升，品牌走向千家万户。

让天下没有难化的妆，逐步走向高端消费人群，标志着"玛丽黛佳"品牌在上海滩扎下了根，也一步步攀高峰、上台阶，走向民族品牌稳定发展的新阶段。为走出国门、走向国际市场打下了扎实的基础。

三 "一支睫毛膏"创建终端渠道

2006年12月，"毛毛睫毛膏"研发成功，崔晓红带着这一支首创的睫毛膏，开启了在全国开发建立终端销售渠道的探索旅程。

她只身闯荡，先后去了浙江、山西等地，寻找终端代理商。

此前市场上熟悉的客户，大多是做流通批发产品为主的，并没有彩妆产品做终端专卖的，很多代理商都保持了观望的态度。

就像最初，期望在"火烈鸟"原渠道内做终端产品的时候一样，崔晓红也遭到了无数的冷遇。

开拓新渠道客户的过程极为艰辛，好在崔晓红并没有气馁，而是不厌其烦地自己试用、讲解，用产品的高品质、高效果引领代理商改变观念，鼓励代理商大胆尝试这款产品，慢慢地说服，一点点被接受，一个一个签约。

在得知崔晓红经常遇到冷遇和挫折时，我和妻子都很担心，她一个女孩子在外面闯天下，无法想象她有多么不容易。

我曾担心她会不会因太过辛苦，后悔当初辞职的决定。

妻子偶尔也会在关心问候时，劝女儿道："在外面千万要注意安全，不要太累了，一定要好好照顾身体。"

小女儿总是报喜不报忧，每次都反过来安慰道："老妈，放心吧，你还不知道你女儿啥样？"

"你老爸啊，皱着眉头，担心你太辛苦，后悔干这行了！"

"怎么会呢？老爸你多虑了，我很喜欢这个行业，你相信我，一定能做好的！"

为在全国推销这支睫毛膏，她走了无数地方，见了无数人，说了无数话，每个月的电话费就高达 3 000 多元。最辛苦的时候，腿都跑肿了，嗓子都说哑了。

崔晓红没有白忙，这款"毛毛睫毛膏"很快就给我们带来了惊喜。

产品上市后，在很短时间内就打开了市场，获得了市场的充分肯定和消费者的广泛认可。

作为全球第一款嫁接式睫毛膏，"毛毛睫毛膏"创造了平均 15 秒售出一支的出色业绩，部分网点月销量超过了整个店内所有彩妆的月销售，一时间风靡全国。

一支单品睫毛膏，就这样在市场上"火"了。

"毛毛睫毛膏"作为我们到上海后研发的第一款明星产品，为我们工厂迁到上海后立足做出了巨大贡献，创造了奇迹。

通过这次一支单品切入市场，我们跳开了原来的流通批发市场渠道，定位建立终端代理商专营销售渠道，为我们品牌创立后在市场立足奠定了良好的基础。

这支睫毛膏通过纤维嫁接，刷了睫毛后，眼睫毛立刻增长、增粗，显示出立体美，不仅在技术上有创新，在产品包装上采用手工礼盒，这种做法，也有了新意。

"毛毛睫毛膏"的研发成功，不仅保证了我们研发生产工厂在上海稳住了阵脚，也为"玛丽黛佳"成功建立终端销售渠道，立下了大功。

这支优质产品的成功，是崔晓华和崔晓红密切合作的成功，是他们兄妹联手搭配、做产品和做营销合作的成功。

真是"一支睫毛膏闯天下"，崔晓红在化妆品彩妆方面的潜能终于爆发了。

她半路出家,经过化妆品行业几年的磨练,使她对市场变化的敏感度、对消费者需求变化的把握度,都达到一个新的高度,她更有不达目标绝不罢休的执着,这些因素都促成了她的成功。

历史总是惊人地相似。女儿崔晓红在2007年底拿着一支睫毛膏开辟新渠道,与十年前1997年崔晓华一人闯义乌,所走的路极为相似。兄妹二人为打开一片新市场,不达目标不罢休,不怕困难不惧艰辛,经过了别人无法想象的努力,最终如愿以偿地创造了奇迹。"没有什么不可能,将不可能变为现实",出身于太行山的人,基因里就流淌着一股红旗渠的精神,才达到了别人难以企及的高度。

随着"毛毛睫毛膏"的成功,工厂在产品创新研发的路上更加自信,我们终于成功进入了彩妆行业的高端领域,获得了前所未有的发展契机。

四 产品做到极致就是艺术

任何品牌的价值都要通过产品来传递。"玛丽黛佳"从诞生开始,就秉持一个理念,彩妆不能一味模仿国外品牌,要有自己独有的价值。

"玛丽黛佳"品牌的价值是通过产品创新,把产品做到极致,成为品牌发展的根基。

崔晓红认为,做产品就像做艺术品一样,要用匠人思维,每一款产品都要慢工细琢,精益求精,不做到精致绝不投放市场。

"玛丽黛佳"年年参加行业评选,获奖无数,多次获得"年度十大出色眉妆""年度十大出色面部装饰""年度十大出色眼线""天猫金妆奖""年度眉部造型大奖"等。

品牌创立时,除首创全球嫁接式睫毛膏外,后又开发出无限纤长完美睫毛膏——黑流苏密语睫毛膏,2010年又创新了360度旋转电动睫毛膏。黑流苏密语睫毛膏上市后，入围中国化妆品唯美设计奖、"专家达人口碑奖""美妆百大赏"彩妆类大奖、年度最受欢迎美妆大奖、嫁接科技美睫天后奖、媒体《瑞丽伊人风尚》美容榜样"完美妆效"大奖等，成为中国彩妆市场抢占份额最高的品类，该产品曾荣获2018"年度十大出色睫毛膏"称号。

我们开发的多米诺创意眼影组产品"疯狂的盒子"，个性订制的限量版眼彩盒18款，一上市就引起轰动，当年荣获"最佳眼影品类奖"，玫瑰眼影盘还荣获眼部彩妆类专业评审大奖第一名。

我们开发的酷黑速干眼线水笔产品，获都市丽人编辑推荐奖、爱丽美妆金牌榜、"最佳眼线单品奖""最佳眼线类品类奖"、美丽俏佳人年度网友"享耀"潮流单品奖；塑型双效画眉笔荣获女友家园"年度持久顺滑眉笔"等称号。

我们开发的诸多产品均获大奖无数：元气橙花素颜霜底妆产品荣获爱丽网"最佳人气修颜单品奖"，美丽俏佳人"最享耀潮流美妆单品、都市丽人达人专家口碑奖、最佳口碑素颜霜"等荣誉；无感大师水域亮肤气垫霜荣获瑞丽时尚"完美气垫底妆奖""年度达人推荐产品奖"；水域亮肤气垫霜，荣获瑞丽时尚先锋"极致水润底妆奖"、优家画报"最受欢迎的口碑底妆奖"；光影戏法立体粉，获优家画报"最受欢迎的口碑底妆奖"；新柔润深层卸妆凝胶，荣获嘉人网"非BUY不可"卸妆TOP10大奖；黄金美白BB霜在第五届中国校花大赛上被评为"最受大学生欢迎TOP品牌彩妆大奖"；绒雾柔光美颜霜（雾蘑菇）荣获美妆大赏年度质感美颜奖。

产品获得荣誉的同时，更带来了经济效益。我们推出的小蘑菇新品，上市当年销售额即突破6个亿；我们开发的多米诺眼影也是风靡一时，年销量达1000万支以上；新型底妆小蘑菇，更是让消费者爱不释手，销量火爆。

我们生产的口红也是越来越受到欢迎，轻雾感唇膏、国风涂鸦唇膏、迷你口红、小金钻、小白管等口红不断创新，用复刻微雕和浮雕技艺做成雕花口红。口红质地有50余款，色彩库存有上千个颜色，从产品造型上不断创新突破，在市场广受欢迎。其中，原色印象唇膏荣获"柔美唇色唇妆天后"、闺密网口碑大奖；惊叹水唇膏荣获时尚COSMO社交平台爆款，荣获嘉人百大赏大奖，被《hi beauty 杂志》评为"最受大学生欢迎彩妆品牌""最受女神喜爱的时尚彩妆品牌"。

"玛丽黛佳"依托"上海创元"工厂超强的产品研发能力，结合对新生代消费需求的把握，投放市场的创新产品层出不穷，品牌新品爆品有睫毛膏类、眼影类、眼线笔类、粉底类等，每年上市新品不少于20款，年年出新品、不断出爆品，且一款比一款好，上市后深受好评。

产品做到极致就是艺术，产品做成精品就是文化。艺术和文化支持了品牌的快速发展，促成了"玛丽黛佳"品牌快速发展，实现了中国第一艺术彩妆的品牌目标。

五　塑造中国艺术彩妆品牌

如何提升品牌价值，体现"玛丽黛佳"的不同特点，避免与市场上一般品牌雷同，扩大品牌的影响力，是崔晓红长期思考和探索的问题。

她从小就有艺术天分，又善于思考，用与众不同的眼光、艺术的思维，发现艺术、创造艺术，成功地把"玛丽黛佳"品牌打造成中国唯一的艺术彩妆。

自2010年开始，"玛丽黛佳"通过举办艺术展，不断提升品牌的艺术内涵。"时尚·跨界"艺术展连续举办九届，在业界产生深远的影响，"玛丽黛佳"也跻身成为中国最具影响力的艺术彩妆品牌。

"玛丽黛佳"与国内外优秀艺术家携手，一次次打造震撼人心的艺术盛宴：携手法国艺术家，用油画与彩妆的融合之美，传递色彩正能量，在时尚跨界艺术展上推出"生如夏花"艺术珍藏系列新产品；携手9位艺术家，举办时尚跨界艺术展"寓言"拥抱艺术，呈现集彩妆秀、艺术展、舞蹈等为一体的艺术盛宴，推出《寓言》限量艺术珍藏版产品，耀目上市，深受欢迎；携手新锐灵气插画师蘑菇君，跨界合作推出"万物有灵且美限量艺术珍藏版"；与中国高定第一人王培沂跨界举办"无感之上"，在春夏时装发布会推出新品；携手西班牙艺术家跨界举办"越域精神"艺术展，开启美的冒险之旅；开创首个参与式艺术实验现场"无界之宴"；邀请全球11位艺术家、国际顶尖导演、当代舞蹈艺术家共同演绎大型沉浸式戏剧《不眠之夜Sleep no more》。每一次艺术展都在业界引起轰动，为品牌添加艺术影响力。

"玛丽黛佳"作为业界认可的中国第一个艺术彩妆品牌，也是推动大众美学鉴赏的品牌，连续9年开展艺术展，将艺术思维理念融入彩妆产品，参展参观人数越来越多，一次达到5 000人次，品牌的影响力也越来越大。

"玛丽黛佳"不断创新营销模式，采取各种灵活多样的形式，探索实现新零售，与各类新媒体合作，扩大市场影响力，在消费群体中树立优质品牌的艺术口碑。

"玛丽黛佳"的营销模式大胆多元：第一个使用无人贩卖机，创建全国首家彩妆无人店，"玛丽黛佳色彩穿梭机"登陆上海正大广场，不一样的购物体验，引爆魔都；开创淘宝大学新零售的典范，开创彩妆与新零售结合的新模式；与肯德基合作，粉就是酷，深入人心；与天猫球迷日合作限量发售；与喜力啤酒合作创造绿色《原谅口红》；与上海复星艺术中心合作；与草间弥生合作《爱的礼物集》；与晨光文具合作新年好礼跨界合作营销，引发行业热烈反响；经过反复研究设计，创造出最具艺术腔调、最具销售力的彩妆形象专柜，在全国门店上市，大大提高了"玛丽黛佳"造梦店铺的陈列形象，促进了销售。

"玛丽黛佳"品牌还注重社会影响力传播，携手小凯老师推出彩妆界第一本眉部工具书《画了眉》，开启"眉妆"新时代。与行业权威媒体合作中荣获"中国化妆品唯美商业模式创新奖""中国化妆品品牌排行榜彩妆品类第二名"，多米诺《色彩游乐园》视频宣传片荣获"中国最佳网络广告案例奖"、亚太化妆品创意大赛"D类视频互动奖"，《流苏小姐创想记》荣获亚太化妆品创意大赛"D类视频互动提名奖"，并跨界与中国首部创业喜剧电影《我要你开花》合作，极大提高了"玛丽黛佳"在市场上的知名度和影响力。

此外，"玛丽黛佳"还荣登中国化妆品百货商超大会"十大长效化妆品中国品牌"榜，荣获中国购物中心高峰论坛"中国购物中心金鼎奖"。"玛丽黛佳""十周年·向美而行"于上海东方体育中心举办，开启向美之夜，发布品牌全新理念——灵感不息，邀请人们去探索"生活充满灵感，美无处不在"。"玛丽黛佳"用先锋的色彩，搭建一座时髦变电站，用摩登色彩和迷幻电音，为青春发电，入侵中国规模最大的户外电子音乐节——百威风暴电音节，用色彩和电音掀起一股"怪力风暴"，被评为"中国化妆品百强电商品牌"，荣获泛娱乐与大消费时代暨文化娱乐消费影响力年度颁奖礼"2017年度跨界创新大奖"。

在国际舞台上，"玛丽黛佳"强势登陆国际四大时装周，展示品牌实力。进军纽约时装周，为时装大秀做妆容创意设计；联合服装品牌原创设计师，"玛丽黛佳""本色持妆粉底液"绽放纽约时装周；入驻米兰时装周，成为当天压轴大秀品牌的唯一后台造型赞助品牌；在巴黎时装周，为其时装周大秀做模特妆容的后台设计；征战伦敦时装周，跨界与新锐服装设计师合作；"玛丽黛佳"被授予上海国际模特大赛总决赛指定化妆品牌。

"玛丽黛佳"品牌依靠不断创新，实现品牌的快速发展，奠定了品牌在中国彩妆行业的地位，民族彩妆品牌在国内市场销量第二。

值得骄傲的是，"玛丽黛佳"是第一个进入全球奢侈品销售平台丝芙兰的中国品牌。

丝芙兰在全球33个国家有超过2 500家店铺，年化妆品营业额超千亿元，丝芙兰在中国的253家店铺都有"玛丽黛佳"产品销售。在丝芙兰奢侈品渠道平台，能与欧莱雅、美宝莲等国际大牌同场竞技并肩比拼的"玛丽黛佳"，是中国唯一的民族彩妆品牌。

"玛丽黛佳"在丝芙兰平台表现不凡，荣获丝芙兰"年度明星眼影盘单品奖"，在丝芙兰独家发售的品牌中销售排名第一。丝芙兰经销的30多个彩妆品牌，2018年度"玛丽黛佳"销量排名第六，前5名均为丝芙兰自己独有品牌。

丝芙兰的商品部资深副总裁感叹说："'玛丽黛佳'在新品开发、销售服务、团队合作上都是最好的，'玛丽黛佳'是中国品牌中最有潜力以及最具创意的！"

"玛丽黛佳"借助丝芙兰的国际营销平台进入海外市场，也是第一个进入海外市场的民族彩妆品牌。2018年开始，"玛丽黛佳"品牌产品进入新加坡、马来西亚、泰国、澳大利亚、菲律宾、新西兰等国家以及中国香港地区。2019年开始布局进入美国市场，ODM市场良好，眼线笔、眉笔等口碑绝佳。

现在，从国际一线大牌，到彩妆潮牌，再到大众品牌，我们的产品无处不在。

"玛丽黛佳"出色的品牌创意，自创立起就不断受到好评，在业界获奖无数。2009年荣获"中国彩妆类化妆品年度最佳单品奖"；2011年荣获中国化妆品行业"最佳彩妆品牌""最佳单品奖"；荣获第三届中国化妆品大会"最佳专柜设计""最佳包装设计""最佳推广策划"奖；彩妆店铺荣获"最佳店面设计奖"；被《UP美容》杂志评为"中国彩妆市场首选品牌"；（第六届）中国化妆品大会中荣膺"创意设计奖"；"第五届中国校花大赛最受大学生欢迎TOP品牌彩妆大奖"；"玛丽黛佳"品牌专门营销公司2015年荣获"全国十佳品牌供应商"；在第21届中国美容博览会品牌联盟广东峰会中荣获"年度美盛化妆品品类彩妆品类第一名""年度美盛最受欢迎彩妆品类大奖"。

十年磨一剑。到品牌十年庆贺时,品牌公司年纳税额超亿元,"玛丽黛佳"已成为中国市场具有影响力的彩妆品牌,要把品牌打造成为中国第一民族彩妆品牌的目标,距离只有一步之遥。

六 义乌流通渠道营销不断调整

回顾企业和品牌发展历程,我们做到了生产制造和终端渠道流通渠道兼顾发展两不误,始终不放弃流通渠道的发展。并不断根据市场变化而进行调整和变革。

把大塘下工厂搬迁上海,在义乌的化妆品批发销售一天也没有停止,而是配合上海的发展,跟随市场变化,不断改变经营模式和策略,使业务不断扩大,为上海创元工厂和"玛丽黛佳"品牌的发展,提供了重要支持,做出了重大贡献。

最开始,我们在义乌宾王市场仅有四十平方米左右的个体户店铺,楼下店铺,楼上仓库,只有三四名员工。到 2005 年 11 月,义乌市政府要求化妆品店铺集中到国际商贸城经营,通过竞价投标,我们中标了 14 平方米的店铺两间,将店铺设计成产品开架式陈列,由单一的批发模式转变为批发兼营零售的营销模式,人气高涨,创造了门店销售高峰,收银台天天挤满排队爆棚。

到 2006 年,我们依托"上海创馨"工厂的优势,又在商贸城四楼建立化妆品厂家直销模式,店铺设计成产品仓储开放式陈列,客户在开放式陈列店铺内,自由试用选购,决定采购商品数量。

到 2008 年,市场需求出现新变化,我们再次改变营销思路,第二次对国际商贸城四楼店铺进行改造,用零售思路改变店铺陈列,产品全部开架式陈列,当年我们的店铺设计获得了"中国化妆品大会最佳门店"奖。

在流通渠道中，我们的影响逐步扩大，从而吸引了行业内诸多经营者、消费者，甚至有的还组团远道前来参观，客户向客户宣传介绍。我们的店铺"义乌玛莎"引领了国内化妆品行业流行趋势，为我们带来了很多新老客户。

随着经营面积扩大，经营的品类逐渐增多，有美容、美发、彩妆、护肤、工具、国产及进口香水、指甲油，几乎涵盖了化妆所有的品类，产品档次高、中、低挡齐全，商品品类多达 8 000 余个，与全国 2.5 万家零售店铺建立商品购销关系。

我们力求做到消费者、经营者来到义乌玛莎一家店铺，就可以满足各类需求。这种营销模式的创新，吸引了全国各地的代理商、新老零售商、不同档次的消费者前来洽谈合作，自由选购商品，销售收入年高达 5 亿元，出现了快速增长的局面。

品牌迁到上海发展后，工厂生产的产品流向全国，仍然是通过义乌的物流系统，分流到全国各地营销客户那里。但是产品周转存放仓库，员工办公室、宿舍等，长期均靠租赁厂房，没有自己的基地。为彻底解决这一问题，确保义乌的化妆品经营业务稳定与发展，我们于 2014 年 9 月，在距义乌国际商贸城较近的义东工业园区，廿三里开元北街，收购了一家占地十余亩、建筑面积 1.5 万平方米的玩具厂，彻底解决了通过义乌中转物流仓

义乌玛莎总经理余丽萍，率义乌团队不断进取奋斗 13 年

储运输问题。次年，对办公室、员工宿舍进行改造装修，满足了公司义乌模块的发展。

到 2014 年，中国消费需求再一次发生变化，对进口产品需求越来越多，我们便开始进行进口商品营销，两年内从国外组织进口商品近千种，通过"义乌玛莎"原有网络渠道，覆盖全国的客户，在行业内广泛流传"找进口品，就找玛莎"的良好口碑。

到 2018 年，我们发展国外品牌国内直接总代业务，进口品销售更加稳步扩大，同时根据互联网时代的新情况，加大电商投入，扩大电商团队，增加在线开店，通过多个电商平台，产品在线零售快速提升。

工厂从义乌搬迁上海后，我们在义乌依次注册了"义乌玛莎""义乌菲杨"两家公司，由老员工余丽萍担任总经理。她带领团队，配合上海工厂和"玛丽黛佳"终端品牌，艰苦奋斗十二个春秋，跟随市场变化，不断改变思路，克服诸多困难，多次调整经营模式和策略，营销收入增长了十倍，员工近 100 名，奋战在流通渠道的第一线，取得了不凡的成绩。

在市场竞争中不断进化、提高，而今我们的义乌团队已成为义乌国际商贸城经营化妆品最好的公司之一。成为政府总结、推广、宣传的标杆企业。

义乌团队与上海创元、品牌相互协调，互相支持，互相配合，两地同步发展，实现了良好的经济效益。未来仍将不断挖掘潜力，前景一片光明。

生命不息，奋斗不止，永不放弃，是太行山人的基因和性格。靠奋斗的精神，困难压不跨，竞争挤不倒，唯有不断努力，一步步成长，稳妥地走向成功。每一份艰辛，必将产生一份收获。

第十三章 企业成长离不开奋斗精神

一 风雨同舟的家族精神

一路走来，回顾我们企业经过了不同成长发展历程。2000年前个体户卖化妆品，是为了谋生，义乌大塘下建作坊式工厂制造产品，尝试创办企业，完成了初期积累；2005年工厂搬迁上海，保留了义乌、南京店铺的产品销售，到2008年前将产品开发制造升级到中高档，稳住了在上海发展的基础；之后创立自有品牌"玛丽黛佳"进入上海，工厂研发制造产品、品牌公司开辟终端渠道营销，义乌南京不断变革转型，实现了三地联动相互配合，齐头并进，快速发展。

经过二十余年的时间，跟随着中国改革开放不断变革时代前进的步伐，我们从无到有、从小到大、从低到高，逐步成长为具有一定规模的民营企业。我感到非常庆幸，为了改变命运，一家人一起艰苦奋斗，一起走过创业的路，从一个角度反映了中国经济改革开放成长发展的历程，见证了一个时代。

我庆幸，自己在人生的晚年，能与家人一起重新创业，在一个全新的领域发挥余热，绽放出生命的余晖，提升了人生的价值，我感到无比自豪。

我庆幸，我对三个子女教育取得了成功，在成长中经过艰苦的磨练，在改革开放大潮中，踏着时代的步伐，都取得了人生的成就，共同打造了民营家族企业，先后创办了上海彩妆制造工厂、艺术彩妆品牌，创办了上海创元、震亮、震荣、晓创、义乌玛莎、南京永弘等企业，形成化妆品产业集团化企业发展格局，出现了良好的发展趋势。

一家人从不同时间点、不同的岗位，逐步踏入同一个行业，从无经验、无资金、无资源开始，克服了各种困难，经历了无数的艰辛，从当个体户起步，跟随市场变化，不断转型升级，一点一点付出，发挥各自优势，分工互补，齐心协力，共同打造这艘民营企业航海的船。可以说儿子是船长，小女儿是大副，大女儿是二副，妻子是管事，我只是一个时代的观察者、企业发展战略的谋定者，是家长，又是一个企业航船，在航行中协调躲避风浪险滩的举旗人。

崔晓华以他敏锐的市场眼光、独到的胆识，发现市场需求的亮点、技术研发的闪光点，组织技术研发、生产销售，开拓前进。自他走进化妆品行业那天起，就以真正忠厚的品质，站在他人立场，与人精诚合作。商业胸怀格局越大，合作的伙伴越多，客户的信任度越高，事业的发展就越顺利。

他有敢闯敢干不服输的精神，敢于冒险，坚信"只有不努力，没有不可能"，以创造性的思维、善抓机会的眼光，坚毅果敢，设定超出通常意义的目标。他以坚忍不拔的韧劲，战胜挫折和失败，克服一个个困难，抓住产品研发与技术创新的核心点，突破现状。

他常说，很多事看似不可能，只要思路对、方法对、坚持下去，做着做着就成功了。就这样，他总是变不可能为可能，从而在同行中脱颖而出。

毫无疑问，儿子是我们家族企业创新发展的灵魂人物，是发展业绩的创造者。我只是他坚定的支持者、协助者和关键节点的引导者。

小女儿崔晓红与儿子崔晓华是天生的搭档，一个品牌营销拓展、一个产品研发创新制造，可以说是一个完美的组合。崔晓红在人生职业的转换节点，半路出家，在工厂搬迁上海前，选择进入化妆品行业。从一张白纸，经过刻苦学习，一点点地钻研积累，从学做流通市场销售开始，成功创立"玛丽黛佳"品牌，转型拓展终端品牌营销，不断发现时尚彩妆流行趋势，抓住消费新热点、亮点，跨界创新产品爆款，摸索创意新的销售模式。

她在彩妆行业十几年精耕细作，把"玛丽黛佳"的品牌价值和文化，快速打造成中国艺术彩妆的代表，受到业界高度赞誉，创造了人生传奇。

我没有想到会有这么一天，儿子带领着彩妆产品的"中国制造"，小女儿引领着"玛丽黛佳"艺术彩妆品牌，产品制造与品牌发展相得益彰，兄妹相互配合，为创造两个"中国第一"，发挥各自的智慧与力量。

大女儿崔晓君开朗大方又心直口快，做事果断，为接手南京化妆品批发生意，辞去中国银行工作，作为"玛丽黛佳"品牌在江苏的总代理，开发拓展江苏市场，在南京不断耕耘，为上海化妆品事业发展，发挥助力与协调配合作用。随后将江苏销售改造成上海"玛丽黛佳"的江苏分公司，伴随着家族企业的成长发展，贡献了自己的一份力量。

我的妻子是我们全家人的情感纽带，她总是能把一家人偶尔的分歧、误会和争执，用她那"润物细无声"的温柔与贤惠，化解消除，让一家人的心紧紧靠在一起，称她"总管"一点也不为过。她对我的照顾总是无微不至，我有事都喜欢跟她说，听她的意见，从她那得到包容和理解。在最困难时，一家人总能从她那里获得精神力量。

在企业成长发展的过程中，我参与了所有关键节点和重大问题的决策。我30年的军旅生涯、转业后十余年国有企业经营经验积累，进入私营企业经营从没有感到陌生。我自2001年开始，全力以赴助家族企业发展，奋战了19个春秋。从南京进入化妆品行业起步，到成立"伊人"公司，搬迁上海后负责租厂装修、购地建厂、固定资产购置，以及行政管理、企业文化、公共关系、党务工会等。身为父亲的我，站在儿女身后，为他们事业的每一个进步保驾护航。

我总是用我的人生感悟、社会阅历以及对时代发展的体察,要求他们在党的路线方针指引下,遵守政策法规,认准发展趋势与方向,让企业绕过障碍而少走弯路,力求用正确的思维观念引导企业一步步有序发展。

我和儿女既是家人,又是朋友与伙伴。每次重大决策,儿子都会和我一起商讨,意见趋于一致后,再做决定。在发现有重大风险时,我会义不容辞地站出来,避免企业走入歧途;特别注重企业文化建设,重视企业思想文化教育,成立党支部,确保民营企业在时代前进风浪中,不会迷失航向。

我庆幸作为企业的创建者之一,亲眼见证企业历程的每一个台阶,感悟到企业发展的每一个点滴。

我高兴,我们将创新作为核心理念,用研发实力、用极致的产品,与国内外数十家知名品牌友好合作,每年为世界提供唇彩、睫毛膏、美目胶水、眼线液、眼线笔、口红等千百万支高质量彩妆产品。

我高兴,我们的"玛丽黛佳"品牌打入高端市场,成长为全球化妆品品牌之一,正一步步逼近中国彩妆民族品牌第一。

从为谋生而进入化妆品行业,到把化妆品当成事业,最后带着民族品牌的使命感,我们家的每个人,为这美丽的事业,不断激发热情,不停发光发热。

我每一天都在期待着,也祈祷着,一家人永远携手,风雨同舟,共同奋斗,各司其职,团结协作,迎风破浪,引领着这艘舰队,驶向更加辽阔的远方!

二 稳中求进的坚韧精神

企业发展的历程是一路艰辛、一路困难,没有稳中求进的坚韧精神,根本无法走下去。

我们从做个体户起步，初期基础差、底子薄、实力弱，私营企业时刻被外资大品牌企业包围挤压。市场变化快，竞争激烈，不断经受着市场风浪的冲击，随时都可能垮台倒闭。发展中遇到不顺和难题是家常便饭，逆境与屈辱也往往不可避免。这就需要具有一种韧劲，能忍善忍，尤其身处逆境，置身灾祸，往往要能忍得住，不畏一时困难，坚持下来。

"忍"可以说是一种谋略，不被一时的灾祸压垮，甘于承受一时的痛苦和磨难，忍一忍、熬一熬，就可能迎来机会，熬来转机，可能找到解决办法，渡过难关。

化妆品是一个完全竞争的市场，在竞争中靠自己成长发展，一步一个脚印，稳中前行，时刻避免一步不慎而过早被挤垮、被压倒的危机。我们每向前一步，都把实现目标成功为主，追求发展速度第二，坚持"稳步发展""稳中求进"的思路，坚持不冒进、不盲目追求高速度，扩大规模，充分做好预防困难和意外的准备，从而避免了个体、私营企业在幼苗弱小期就因竞争或各种打压夭折。

稳中求进，无论何时都要坚持"两手准备、两条腿走路"。

在义乌做化妆品批发销售时，我们在极力拓展自己的客户群，发展流通市场的同时，积极与他人合作，通过他人客户扩大市场销售。

在销售代理厂家主打产品时，也积极与其他代理商合作，相互配合，扩大销售份额。

建立流通销售渠道后，代理销售始终没有定价权，没有自己开发的产品，利润薄、效益低，于是我们就创建自己的小工厂，研发制造产品，实现市场营销和产品制造两条腿走路。

在为"火烈鸟""欧蒙"等流通品牌开发制造产品的同时，也注册了自己的流通品牌"伊人""玛丽黛佳"，为自己的品牌开发制造产品。工厂迁到上海初期主要为"火烈鸟"等品牌供货，通过原流通渠道销售，生产制造的中低档次、中低价位的流通产品，适合企业初期发展。当到上海发展时，再只靠原来的产品和品牌，就没有出路。市场成本环境都变了，必须发展中高端品牌产品制造，不能再局限于一两个流通品牌，需要有更多中高端品牌，研发制造较高端的产品，实现较高的毛利来支持企业发展的需求。

"玛丽黛佳"品牌的诞生，标志着我们到上海后转型升级的成功，实现主要经营流通品牌，转变为自主终端品牌为主，开启了"拥有自主品牌"走终端多渠道销售的新阶段。

在为"玛丽黛佳"自主品牌开发产品时，我们同时为其他品牌开发制造产品，实现"ODM"和"OEM"并举。

在为国内品牌企业开发产品，发展国内市场的同时，积极布局为国外客户品牌开发制造产品，开发国外市场。

在加强企业技术研发实验室能力建设时，重视在日本、法国、韩国筹建研发实验室，不断增强新产品研发能力；在集中投资发展"上海创馨""上海创元"的产品研发制造同时，不放弃义乌流通市场的产品销售，形成主次相互配合补充。

在国内工厂生产制造美妆产品时，为应对贸易战对出口的影响，及早布局韩国工厂的产品制造，为成为国际知名大品牌的供货商提前创造了条件。

不论发展处于哪个阶段，我们始终坚持"两条腿走路"，坚持多手准备，多思路，多方案，多支点。不只是一条腿，不单靠一棵树，不单做一个品牌，而是"培育一片森林，合作更多客户，发展多品牌"，坚持"双柱定律"，做到可进可退，稳健前行，避免了一棵树一旦枯萎，企业轻则垮掉，重则死亡的命运，避免了民营企业走不长的魔咒。

为让企业持久发展，我们先做强、后做大，重视打牢基础、练好内功，追求稳步前进，不求短时间轰轰烈烈，而求稳步持久前行，始终立于不败之地。

在前行的途中，有人曾动员我们改行做赚钱快的行业，什么房地产啊,什么医药啊,去追求高利润,但我们始终心无旁骛,坚持"永做彩妆不改变"的信念不动摇。

既然做一个行业,就要在这个行业专心致志,做到最好,做到"精致",站在"顶端"。只有"精""透",才能引领行业,让别人在后面追,只有具有"唯精唯一"的力量,才难以被竞争压倒。

回想迁到上海后,正是由于我们及时调整策略,由做流通产品为主转为做终端彩妆品牌为主,由做中低档产品为主转为做中高档产品为主,由代工贴牌"OEM"为主转向做自主品牌"ODM"与"OEM"并举,技术设备由初中级逐步转向高端自动化,实现创新高效的订制生产。

遇到困难隐忍前行,一步一步稳妥发展,坚定信念永不改行,稳中求进,坚忍不拔,我们做到了,我们成功了。否则,我们根本不可能走到今天,也不会有如此的规模与成就。

三 创造奇迹的红旗渠精神

随着企业和品牌的发展壮大,经常有朋友好奇地问:"你们是怎么做了化妆品行业的啊?你们怎么成长起来的啊?有什么法宝可以分享啊?"

"如果说,我们走的还算是一条成功的路,那么首先是国家选择了一条正确的改革开放发展经济的路,我们是借着经济改革开放的潮流,抓住了时机,切准时代前进的脉搏,跟着民营经济由小到大逐步成长壮大的大潮,才一步一步地走到了今天。"

我总是这么回答。然而我也知道,处在民营经济由小到大发展的潮流中,能够做长久、能够发展壮大的并不多。

所以,我总是遇到这样的追问:"同样的大环境、同样的境遇,能够走到一个行业的前端,你们一定有某些别人不具备的东西!"

是啊,我和儿女原来都是不懂化妆品的,经过十几年的摸爬滚打,渐渐地入了行。尤其是我这个老头子,慢慢也活跃在化妆品行业,年逾古稀的我,经常时髦地出现在彩妆圈和时尚圈,成了和时尚流行打交道的一道独特风景。

我们一家人身上有什么与别人不同吗?

我带着这个问题,重新回望我的人生,回忆和妻子一路的经历,观察儿女们的成长经历和为人处世,寻找着答案。

有一年春天,我回到了久别的故乡太行山麓林州。

几十年后的家乡,已发生了翻天覆地的变化,站在红旗渠畔,看着川流不息的渠水,我的心颤抖了。

我猛然发现,眼前的一切,就是答案。

我才意识到,我们一家人出生于蜿蜒的太行山,在红旗渠畔成长,是故乡的水土滋养了我们。在不知不觉中,红旗渠精神早已渗透进我们的生命里,支撑着我们一家人不怕艰难,走过了几十年的奋斗历程,变不可能为可能。

这也正是我的祖辈世世代代传承的精神。我们一家人血液里流淌的精神,居然和故乡的红旗渠精神高度一致。

我们家族企业发展所承载的精神,正是新时代的"红旗渠精神",激励鼓舞我们不断把不可能变为可能,创造一个又一个奇迹。

时光再次回到1960年,30万勤劳勇敢的林州人,苦战10个春秋,仅仅靠着一锤一铲两只手,在太行山悬崖峭壁上修成了全长1 500公里的红旗渠。我们耳闻目睹见证了家乡父老乡邻,在修建过程中逐步凝聚形成的那种"自力更生、艰苦创业、团结协作、无私奉献"的精神内涵。

我们家人身上流动着的第一种精神,就是"自力更生"。

半个世纪前,林州的父老乡亲建渠全靠自力更生,自己锻造工具,自己制造水泥5 170吨,自己制造炸药1 215吨,自己烧制石灰14.5万吨,所用的工具也是自己修的。林县父老靠着自力更生、艰苦创业，筑成了人工天河。半个世纪以来，自力更生改变命运，影响了无数人，激励着一代又一代人。

我出生后在艰难环境里活下来，父母都是文盲，考上高中却没钱再读书，不得已做民办教师，自然灾害频繁常常食不果腹，为寻求出路去当兵，靠自己闯出路改变命运。妻子带子女随军后，生活拮据，开荒种菜，自力更生。儿子为了生存自谋创业，更是白手起家，靠自己全力奋斗打拼。与台湾人合作企业差点儿倒闭，更是靠自己奋斗重新站起来。小女儿崔晓红也是靠一支创新产品，靠自己只身闯市场、创品牌。不靠天、不靠地，无不都是靠自力更生，通过奋斗改变了自己的命运。

我们家人身上流动着的第二种精神，就是"艰苦创业"。

当年我的父辈们拿着提灯、垫肩，穿着棉袄，风雪中依然在山岭间劳动，不分四季地日夜辛劳，修红旗渠计工分。那时生活困难，没有东西吃，就派专人到处挖野菜煮着吃，肚子虽然空落落的，但没有人叫苦叫累的。祖辈的想法很简单，就是奋斗苦干一辈子，让后代改

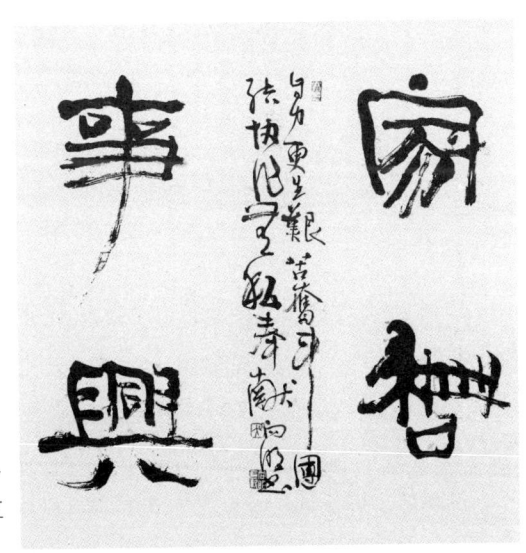

著名书法家吴向明书写了一幅"家和事兴"和"红旗渠精神"

变命运！通过艰苦创业，来完成伟大的心愿。

我和妻子几十年来，从没有刻意渲染当年的艰辛。但一方水土养一方人，我们从小就在苦水里磨练，基因里从来不缺艰苦奋斗的品质。在艰苦条件下不断历练，才有了军旅生涯的成就。妻子一人带三个孩子，在太行山麓含辛茹苦。儿子到义乌创业之初，睡觉连个风扇都没有，只好躺在河边过夜。为开发一个产品经常通宵达旦日夜研究改进。小女儿拿着一支睫毛膏在全国一家一家跑建渠道，把一块一块的硬骨头给啃下来。我们的创业过程，无不是在艰难中奋斗，战胜一个个困难，一点一点积累，慢慢走向成功。

我们家人身上流动着的第三种精神，就是"团结协作"。

修建红旗渠那是要"劈开太行山，誓把山河重安排"！林州人为了这个目标，必须将全县人民的力量团结起来，15个公社，几万民工，自带粮食工具，走进高山深沟，睡席棚，住山洞，指挥设计，开山放炮，炸石凿洞，运料砌坝，分工协作，共同完成目标。

我们企业在发展中，儿子负责规划、技术研发和生产，小女儿负责渠道建设、品牌营销，大女儿在南京为"玛丽黛佳"品牌开辟江苏市场。我妻子是全家人的情感纽带，凝聚人心。我参与重大决策、厂房建设、行政、公共关系维护。一个家族，四个小家，全员参与，发挥各自特长和优势，团结协作，围绕企业每个阶段的发展目标，全力以赴去实现。

我们家人身上流动着的第四种精神，就是"无私奉献"。

红旗渠修建是为改变林县"十年九旱""水缺贵如油"的命运，解决林县人吃水的生存大计。一代人十几年的连续付出，各自村寨小团队利益牺牲，造福子孙后代。林县父老乡亲能做到这点，离不开"不为自己为他人，不为小家为大家"的无私奉献精神。

从最初为谋生而创业，发展到家族企业，我们的事业已经不只是为自己，而是秉持"给大众带来利益，才能让自己拥有利益"的信条，用利他的心，尽社会责任。崔晓华与王姐合作20年，永远为对方着想。对伙伴吃亏是福，对员工亲如家人，扶持同行业，让所有人都赚钱。这种无私的心胸，成就了我们的事业，也提升了我们的人格。

"自力更生、艰苦创业、团结协作、无私奉献"的红旗渠精神，是林县人所独有的一种精神，也是我们家族人的精神。

正是依靠着这样的精神，我们才有了"只有不努力，没有不可能"的气魄，善于创造性地去实践，变不可能为可能，才能创造一个个奇迹，取得一个个成功。

红旗渠精神告诉我们，很多事情看似不可能，只要思路对，坚信事在人为，坚持做下去，做着做着就成功了。正是这种超越意志的精神力量，超出一般意义的目标追求，这种稀缺的精神资源，是通向成功的必备要素，支撑着我们一次次变不可能为可能，一次次地创造奇迹。

生命不息，奋斗不止。在未来，我们立志要创"亚洲最好的彩妆制造企业"，要创"中国最好的民族彩妆品牌"，并以"百年企业、百年品牌"为目标，将红旗渠精神升华为企业品牌所传递的精神价值，带给整个世界。

我相信，只要我们一家人在一起继续奋斗，这目标就一定能实现！

奋斗才是人生荣耀的真谛。

跋：人生启示录

整理完我的回忆录，回望走过的人生道路，几点深刻的启示让我久久难忘，愿我的思考能对阅读者有所裨益。

启示一：思维改变命运，观念决定一切。符合时代发展的思维和观念决定人的行为。我经历过"大跃进"、三年经济困难时期、"文化大革命"，历经了计划经济到改革开放的伟大转折。近80年的人生道路，经历几次重大的时代变迁。从追求安逸生活，谋求铁饭碗，到当个体户，自谋生路，创办民营企业，自己的传统观念曾根深蒂固。市场经济开始时认为当个体户不光彩，到离开体制内走向市场谋生。新旧思想观念曾发生数次尖锐的碰撞与冲突，经受观念的危机和考验。跟随时代前进的步伐，始终不断学习、进化，让思维随社会发展而改变。思维改变命运，思维创造机会，观念决定一切。我的思想观念，随时代的变化与时俱进，不守旧，不僵化，丰富了人生，也收获了生命的价值。

启示二：生命不息，学习不止。能力与知识是从不断学习实践中得来的。从1959年到2002年，工作43年退休后，又协助家人创办企业18年，我工作了60年，我学了60年。从民办教师到军人，由战士到军官，从连队到机关，不断学习。我学教书、练比武、学军事；学"六会"当参谋；从军旅到转业地方，计划经济双轨制过渡期学做生意；退休后又开店卖化妆品到创办企业；规划建厂、企业管理、做民企党建；65岁学开车、考驾照；66岁学会电脑。学习给我力量。每进入一个行业，换一个岗位，遇一个难题，就是一次学习提升的机会。我做到了不畏缩、不惧难、干中学。不断学习新生事物，生命不息，学习不止，让我的思想观念随时代变迁而进化，实现了生命价值的延续。

启示三：成功是艰苦奋斗创造出来的。没有任何成功是轻而易举就能得到的。我和家人经历过无数艰辛，遭遇许多挫折和困难。始终坚信"只有不努力，没有不可能"。成功都是脚踏实地、不怕艰苦，努力奋斗干出来的。做任何事，从不轻言放弃。15年分居不放弃，终于实现一家人随军团聚；不选择在部队安逸退休，进干休所养老，而是冒着风险选择转业，继续工作，吃苦受累争取发展机会；无技术、无资金、无资源、无场地，迎着困难创造机会办企业。太行山人艰苦奋斗的红旗渠精神，鼓舞鞭策着我们，走向了一个又一个的成功。

启示四：面对人生艰辛，勇于做出选择。选择得对与错，决定了一生的成与败。人一生就几步关键的选择。不是选择舒适，就是选择具有前景的未来。往往可能面对不确定和风险，要勇于面对，敢于去奋斗。我人生几步棋，决定了我的命运：面对灾害饥荒，可能打仗、前途不确定时，勇敢选择应征入伍，改变了我的命运；坚持熬15年，选择一家随军外迁，创造了改变命运的机会；不图安逸在部队退休，选择前景不确定的在南京转业，为家人后来的奋斗创造了机会；支持子女在体制内就业不顺、面临失业痛苦时当个体户，发展创办企业，为后来家族企业发展、创立品牌奠定了基础。我庆幸一生几次重大而艰难的选择没有错，虽然吃了不少苦，付出了许多，但我没后悔。在广阔的市场经济风浪里，我和家人经过奋斗，终于改变命运，一步步走向辉煌。

启示五：齐心协力，艰辛也幸福。我是父母做主的传统婚姻，先结婚后恋爱。家庭从贫困到逐步富足，从分居到团聚，从乡下到城市，从军旅生涯到转业地方，从打工、当个体户到全家创办家族企业。一路走来，一个时代一个目标，一家人互相依存，谁也离不

相濡以沫 59 年的妻子永远活在我的心里

开谁。全家始终同心协力，不分你我，共享共用，有多少钱谋多大的事。人生如旅途，有艰苦也有快乐，有眼泪也有欢笑。正因一家人面对困难齐心协力，才有勇气战胜人生旅途中的苦难与艰辛，克服千难万险，最终实现目标，领悟到艰辛也是幸福，奋斗也是生命荣耀的真谛。

图书在版编目（CIP）数据

从太行山到上海滩：艰苦奋斗改变命运的人生回忆/崔东昇著.—上海：文汇出版社，2021.5
ISBN 978-7-5496-3473-6

Ⅰ.①从… Ⅱ.①崔… Ⅲ.①回忆录—中国—当代 Ⅳ.①I251

中国版本图书馆CIP数据核字（2021）第047175号

从太行山到上海滩

艰苦奋斗改变命运的人生回忆

作　　者／崔东昇
特邀策划／闫方博
责任编辑／吴　华
封面装帧／王　翔

出 版 人／周伯军

出版发行／文汇出版社
　　　　　上海市威海路755号
　　　　　（邮政编码200041）
经　　销／全国新华书店
排　　版／南京展望文化发展有限公司
印刷装订／上海新文印刷厂有限公司
版　　次／2021年5月第1版
印　　次／2021年5月第1次印刷
开　　本／889×1194　/32
字　　数／250千字
彩　　插／8
印　　张／9.5

ISBN 978-7-5496-3473-6
定　　价／68.00元